精勤传旧业　黾勉树新篇

古典新知

严佐之 著

近三百年古籍目錄舉要

潘景鄭

長江出版傳媒 崇文書局

目　　录

序

严君佐之初来上海图书馆时，适值我馆重编古籍善本书目，君即参与是役。一书之书名、作者，刊刻年岁，装订形式，皆须明辨而著录之。君好学深思，泛览群籍，于是有志于目录学之业。后即考入华东师范大学古籍研究所，受业于徐震堮、程俊英、周子美诸教授，学业孟晋。余尝以"辨章学术，考镜源流，潜心探索，收效必宏"之语勉之。未几，君著《古籍版本学概论》问世，极便初学，外省读者辗转求之。近又以《近三百年古籍目录举要》一稿见示，属为之序。窃维自来私家藏书近三百年来有目者不过一二百种，其中正式之书目、书志不多，而属于书账者不少。噫，可见编辑书目之不易也。私人藏书可以反映主人之学术研究，蒐集方向。昔洪亮吉《北江诗话》有云："藏书家有数等：钱少詹大昕、戴吉士震，为考订家；卢学士文弨、翁阁学方纲，为校雠家；鄞县范氏天一阁、钱唐吴氏瓶花斋、昆山徐氏传是楼，为收藏家；吴门黄主事丕烈、乌镇鲍处士廷博，为赏鉴家；吴门书估钱景开、陶五柳，湖南书估施汉英，为掠贩家。"洪氏之言盖有深意，各家藏书自有其不同之旨趣。余谓编辑私人藏书之目，务求因书制宜，将其治学之特点反映于书目之中，使人阅之即可觇主人专攻何学，涉猎何书。然亦有辗转得自旧家者，流传有绪，尤足珍贵。昔全榭山撰《天一阁藏书记》，有云："但是阁肇始于明嘉靖间，而阁中之书，不自嘉靖始，固城西丰氏万卷楼旧物也。"又云："盖万卷楼之书实自元祐以来启之。"可见藏书之家积累之非易也。所谓物聚于所好，实由藏者精力之所萃。书目为治学之津逮，否则摘植索途，事倍功半。年来研究目录者日众。凡治学者，必先熟悉目录，是为入门之径。至于研究编纂目录之体例，著录之方法，分类的详略，简目与书志之异同，是可谓之目录之学。佐之斯编，乃古籍目录之举要，是供研习书目者可知历代私家收藏之情况，某书今归某家，某书存佚如何，最为初学者检阅之便，每一书目皆作提要，具有指导意义，是皆佐之沉潜多年研究有得之言也。自顾衰病废学，率书数语，藉聊志观成之喜云尔！

一九九〇年十月顾廷龙时年八十有七

清代私家藏书目录琐论

（代前言）

一、清代私家藏书目录的特点

清代三百年，是私藏书目发展的鼎盛时期，其兴盛发达不仅反映在数量上大大超越前代，而且还突出地表现在以下几个方面。

1.体裁品种多样化。宋元明私藏书目除晁、陈二志和高儒《百川书志》等有叙录提要外，几乎全是著录简单的簿录。清代藏家则借鉴原有的题跋记和读书札记著述形式，衍生出一种"虽无目录之名，而有目录之实"的目录新体裁。更融合晁陈二志、马端临《经籍考》和读书题跋记等目录素材，创制出藏书志体裁的新型目录。除拓新体裁外，还出现了善本书目，以及用各种方式反映版本特征的版本目录，或"以鉴古为高，以孤本为重"，或"蓄重本以供参订，钞新帙以备记载"。

2.著录项目丰富化。宋元明私藏书目的著录大多只限于书名、作者和卷册等项，且相当疏简。清代藏家的著录要求则更高更严。"某朝人作，该写著者、编者、述者、撰者、录者、注者、解者、集者、纂者，各各写清，不可混。书系宋版、元版、时刻、宋元抄、旧抄、明人抄本、新抄本，一一记清。校过者写某人校本。下写几本或几册。"宋元旧刻要写明"北宋、南宋、宋印、元印、明印本，收藏跋记、图章姓名，有缺无缺，校与未校"。抄本须"写明何人抄本、印宋抄本、有版无版"。各家著录虽然未必趋同规范，却也大同小异。

3．解题内容版本化。宋代晁、陈二志把叙录体制移入私藏目录，形制几称完备。清代私藏书目的解题在"详其卷帙多少、撰人名氏而品题得失"等方面似无甚突破进展，然而却在"辨版刻之朝代，订抄校之精粗"上"蹊径独辟"，使目录之功能不止于知"此书何为而作"，亦能知"版本之可资考证者安在，文字之可供雠校者谓何"。所谓"解题内容版本化"，就是指更趋意着力于版本鉴赏和版本校雠。

4．编纂方法理性化。理性化的标志之一，是出现了详尽具体的正规化书目编纂体例，不再像以往那样把凡例隐约在书目本身或序跋中。最典范的例子是张金吾《爱日精庐藏书志》和丁丙《善本书室藏书志》的凡例，它们已成为中国古典目录学理论文献的经典之作。标志之二是形成了配套的系列目录格局。如乾隆时孙从添归纳的四种书目：①分类的藏书总目。②以宋元刻抄本为主的珍本善本书目。③书柜目录。④未入库书目。至清后期又形成了普通书目、善本书藏书志和题跋记的"三件套"。

二、清代私家藏书目录的发展阶段

清代私藏书目的特点是在发展中逐步形成的，其发展过程大抵经历了以下三个阶段。

1．前期（顺治、康熙、雍正）。这一阶段最具代表性的私藏书目是钱曾的《也是园书目》、《述古堂书目》、《述古堂宋元本目录》和《读书敏求记》。它们从体制上初步构拟了普通书目、善本书目和题跋目录的格局。而《读书敏求记》不仅恢复了私藏书目的解题传统，更开了藏书题跋记目录体裁的先例，并为清代私藏目录讲究版本、突出版本的风格奠定了基石。另外，如《传是楼书目》、《季沧苇书目》、《汲古阁珍藏秘本书目》等，则分别在图书著录和分类等方面积累经验。正因为有了这近百年书目实践的经验积累，才有了乾隆初孙从添《藏书纪要》对私家藏书楼书目工作的全面总结。

2．中期（乾隆、嘉庆、道光、咸丰）。这一阶段私藏书目发展的主要标志是读书题跋记目录体裁的优化和藏书志目录新体制的产生。以吴骞《拜经楼藏书题跋记》和黄丕烈《士礼居藏书题跋记》为代表的题跋目录，使"解题内容版本化"的特点得以确立。而藏书志"实际上是题跋和书目合二而一的产物"，是自清初以来书目著录和题跋双重发展的合理结合。以张金吾《爱日精庐藏书志》和周中孚《郑堂读书志》（《慈云楼藏书志》）为代表的藏书志，较妥善地解决了"开聚书之门径"和"标读书之脉络"的关系。藏书志目录体制是几代目录学家目录工作实践和经验积累的结果，是清代目录学迅速发展到一定阶段的产物和趋于成熟完美的标志。可以说，在此之后，传统目录在体制上已没有更大更新的突破了。

3. 后期（同治、光绪、宣统）。这一阶段的私藏书目，虽不像前、中期那样在体裁体制上有所求新创新，但仍在不断的求善求美中发展。首先是清末四大藏书楼的藏书志，都根据各自不同的条件和需要作了体例上的补充修订，从而显示出自己的特色。如《铁琴铜剑楼藏书目录》"附校勘记，体例极善，也是创例，读一书可得数书的功用，在近世藏书志中，尚没有超过他的"。如《皕宋楼藏书志》"载旧椠旧钞之流传罕见者，惟张氏以元为断，此则断自明初"。如《善本书室藏书志》"实能上窥《提要》，下兼士礼居之长，赏鉴、考订两家合而为一"。再如叶德辉的《郋园读书志》，"体近述古《敏求》，较多考证之资，例本甘泉《杂记》，兼寓抉择之意"，"是固合考证、校雠、收藏、鉴赏为一家"。如傅增湘的《藏园群书题记》，"于版本、校雠二者，自道其所得，实能开自来目录家所未有"。

三、清代私家藏书与藏书目录

清代是私家藏书最活跃、最辉煌的时代，作为藏书活动和工作一个部分的藏书目录，无疑是与清代私家藏书的特点和发展密切相关的。

1. 清代藏书家与学术的关系日益密切。藏书楼既是藏书处，又是读书处。且清代学者一反明末束书不观、游谈无根的学风，崇尚以实事求是为宗旨，以考据为特点的朴学，更使越来越多的藏家和学者懂得为读书而藏书、藏书为读书的道理。他们根据自己的治学要求搜藏图书，为潜研学问而在书楼里研读书籍文献，为研读书籍文献而编制目录。治学和藏书，和编目相互促进，相辅相成。如陆心源皕宋楼藏书很多宋代史籍、诗文集，因为他专治宋史，且以考订人物见长，丰富的文献助益他编著出《宋史翼》、《元祐党人传》、《宋诗纪事补遗》等专著，而他对史实的充分掌握又使《皕宋楼藏书志》和《仪顾堂题跋》在作者考订上尤见功力。又如编纂了《孙氏祠堂书目》、《平津馆鉴藏书记》和《廉石居藏书记》的大目录学家孙星衍，既是大藏书家，更是大学问家。在《书目答问·国朝人著述诸家姓名略》中，他一人独领"汉学专门经学家"、"小学家"、"校勘学家'、"金石学家"、"骈体文家"等"头衔"。像这样知识结构和学术层次的藏书家，在清代比比皆是，这为他们编纂藏书目录带来的益处是不言而喻的。

2．清代私家藏书从封闭逐步走向开放，空间交流的扩大给藏书目录注入活力。清初绛云楼失火，藏书毁于一旦，由于牧斋"好自矜啬，傲他氏以所不及，片楮不肯借出，尽存单行之本，悠后不复见于人间"。沉痛的历史教训更新了陈腐观念，促进了藏书思想和制度的变革。藏书家看到"秘不示人"弊大于利，于是约定互抄各需之书，使书籍流通而无藏匿不返之患。藏书交流的活跃留下了许多抄本校本、许多题记跋语，为各种新型书目的出现提供了丰富的素材，为藏书目录的发展增添了新的因子。像《拜经楼藏书题跋记》、《荛圃藏书题识》、《铁琴铜剑楼藏书题跋集录》、《持静斋藏书纪要》等，都是藏书交流的成果。

3．清代私家藏书之间存在着渊源相承的关系。谭卓垣《清代藏书楼发展史》说："在考察清代的主要藏书楼时，我们发现一个有意思的现象，那就是三百多年间的五百多个藏书家承继着藏书的事实，私人藏书的链条一环紧扣一环的，往往彼时彼地的藏书散开了，而到此时此地又被重新聚集了起来。"这种"藏书链"的特殊现象反映在目录上，就是藏书源流。故而考订藏书源流乃是清代私藏书目的一大特色，典型之例就是黄丕烈的题跋。所谓"书籍贵有源流，非漫言藏弄而已"，既是他的藏书思想，也是他的目录学思想。另外，载录序跋题记，著录收藏印章等，都与清代藏书的"藏书链"现象有关。

4．清代私家藏书的商业化商品化，也对私藏目录的结构产生一定的影响。所谓商业化商品化，盖指古籍版本在商业领域里的流通日益活跃，古旧刻本的文物价值不断升涨。"宋元遗刻，日远日尠，幸传至今，固宜球图视之"，名家抄校本也随之升值，藏书让售已司空见惯，作伪做假的丑恶行为伴随而来。于是版本鉴定就成了藏书家必需的本领、藏书过程必须的程序和藏书目录常有的内容。当然，清代私藏书目之所以形成注重版本的特点并不单单是古籍版本商品化的缘故，它与清代学术特点也有关系，这在前文已经说及。

5．乾嘉以降，官宦大员或富商大贾往往成为坐拥百城的书林新豪客。他们多因精力不济或能力不及，而延请编目高手捉笔代刀。如周中孚替李筠嘉编《慈云楼藏书志》，莫友芝替丁日昌编《持静斋藏书纪要》，叶昌炽替潘祖荫编《滂喜斋藏书记》，缪荃孙替张钧衡编《适园藏书志》，王国维替蒋汝藻编《密韵楼藏书志》等等。这些半职业化目录专家在社会上的出现，有利于私藏书目质量的提高和编目新方法的普及。

四、清代私家藏书目录和清代目录学

目录学是清代学术中的一门显学，它的成就是多方面的，不止在私藏目录。然而私藏书目的发展不仅是清代目录学史的一个组成部分，而且是最基础的部分，它对清代目录学其他部分的发生发展有着或多或少、或直接或间接的关系。现仅以《四库全书总目提要》和章学诚的目录学理论为例，试作说明。

1.《四库全书总目提要》是清代目录学兴盛发达的主要标志之一。王重民在论《总目提要》时指出，《总目提要》除"总结了并折衷了刘向以来，特别是宋代公私藏书目录编纂提要的方法，也汲取了清代《读书敏求记》和朱彝尊及常熟派校书家所写题跋记的方法和形式"。毫无疑问，清前期私藏书目在体裁、形式、方法、内容上的创新和进步，为四库馆臣编纂《总目提要》作了很好的铺垫。同时，《四库全书总目提要》的体裁体例及权威地位，也对以后的私藏书目起了好的借鉴作用和不好的制约影响。

2.章学诚是清代杰出的目录学理论家。他在《校雠通义》中把整理和保存图书资料看作是学术研究的"三月聚粮"、"萧何转饷"，把研究、著述和图书资料的关系比作"如旨酒之不离乎糟粕，嘉禾之不离乎粪土"，并从目录应"辨章学术，考镜源流"的命题出发，提倡恢复刘向、刘歆创立的叙录传统。这一系列思想观点理论决非空谷来风，正是清初以来私藏书目编纂实践的经验积累和潜移默化。同时，章学诚的目录学理论也对以后的私藏书目编制发生影响。

《绛云楼书目》

一、钱谦益及其绛云楼藏书

《绛云楼书目》又称《牧斋书目》，是历史名人钱谦益编撰的家藏书目。谦益字受之，号牧斋、东涧、蒙叟，生于明万历十年（1582），卒于清康熙三年（1664），江苏常熟人。万历三十八年（1610）登进士第，官至詹事礼部侍郎。入清，授礼部右侍郎，充修明史副总裁。无论在他生前还是身后，钱谦益都是一个令人瞩目的人物。当然，这首先是因为他既为蜚声海内文坛学林的巨子宗师却降清变节，"才子"与"贰臣"的戏剧性结构，使历史真实之外，又衍生出许许多多遗闻轶事，以致成为史家研究的热门人物和文艺创作经久不衰的题材。相形之下，钱谦益绛云楼富埒侯门的珍藏秘笈及其藏书目录，似乎微不足道。然而，在清代藏书史和目录学史上，绛云楼和《绛云楼书目》却是不可疏遗的。

关于钱谦益的藏书情况，他的弟子曹溶在《绛云楼书目题辞》中作如是记："虞山宗伯，生神庙盛时，早岁科名，交游满天下。尽得刘子威、钱功父、杨五川、赵汝师四家书。更不惜重资购古本，书贾闻风奔赴，捆载无虚日。用是所积充牣，几埒内府，视叶文庄、吴文定及西亭王孙或过之。中年，构拂水山房，凿壁为架，庋置其中。"刘凤子威"扉载阁"、钱允治功父"悬馨室"、杨仪五川"万卷楼"，以及赵用贤汝师"脉望馆"，都是明末苏、常地区藏弄至富之家。得一家已谓可观，何况坐拥四城。至于他如何"不惜重资购古本"，但看《牧斋有学集·书旧藏宋雕两汉书后》曰："赵吴兴家藏宋椠《两汉书》，王弇州先生鬻一庄，得之陆水邨太宰家，后归于新安富人。余以千二百金从黄尚宝购之。"如此书林豪客，难怪人们会说"大江以南藏书之家无富于钱"，"东南文献尽归诸钱"。钱谦益那部千金购致的宋板书，在珍藏了二十余年后，又以"损二百金"之价让售给了四明藏书家谢象三，其时明崇祯十六年癸未中秋。据陈寅恪先生考证："牧斋此次割爱售书，殆为应付构造绛云楼所需经费之用。"

　　绛云楼于崇祯十六年癸未冬上梁，十七年甲申冬落成。起楼固为藏书所用，但究其初衷，盖因钱谦益喜与江南名妓柳如是结缡。柳色艺双绝，博通群籍，为当时诸名士所惊服惓恋，所以钱谦益有意盖华楼以共处美姬珍籍。《初学集》中《绛云楼题诗六首》之三"曾楼新树绛云题"句自注曰："紫微夫人诗云：乘飙俤衾寝，齐牢携绛云。故以'绛云'名楼。"或以为楼名暗隐柳如是旧名云娟与另一女子名字。绛云楼在牧斋常熟城中住宅内，半野堂后，楼五楹，楼上贮书，楼下是钱、柳住室，别有厢房供宾客留宿，是一幢兼书楼、书房、居室、客厅多功能的楼宇。牧斋移书绛云楼后，"益购善本，加以汲古雕镂，舆致其上，牙签宝轴，参差充牣"。《有学集·赖古堂文选序》曰："〔顺治六年〕己丑之春，余释南囚归里，尽发本朝藏书，裒辑史乘，得数百帙，选次古文得六十余帙，州次部居，遗蒐阙补，忘食废寝，穷岁月而告成。"是钱晚岁编写明史，在绛云楼里搜集了大量明代文献。顺治七年庚寅十月初二夜，半野堂失火，后楼前堂，片刻煨烬。绛云楼自建成至被灾，共历七载。牧斋为此痛心疾首，叹曰："乌乎！甲申之乱，古今书史图籍一大劫也。吾家庚寅之火，江左书史图籍一小劫也。"

绛云楼藏书究竟多少？曹溶《题辞》称"大椟七十有三"，语焉未详。钱曾《读书敏求记·李逸明棋谱》记曰："客有过述古堂者，流览宋刻书，谓可当绛云楼之什三。"吴寿旸《拜经楼藏书题跋记·读书敏求记跋》曰："绛云未烬之先，藏书至三千九百余部。"虽言之凿凿，但隔代人的传说，无以足征。据载，绛云楼烬余之书"尚有割成明臣志传数百本，俱厚四寸余"，被潘柽章购去。又钱曾《寒食夜梦牧翁诗》自注云："绛云一烬之后，所存书籍，大半皆赵元度脉望馆校藏旧本，公悉举以相赠。"绛云书烬的损失是惨重的，教训是深刻的。曹溶就认为，由于牧翁"好自矜啬，傲他氏以所不及，片楮不肯借出，尽存单行之本，烬后不复见于人间，余深以为戒"。他后来拟写出《流通古书约》，建议以书不出门为期，藏家互钞各需之书，使古书流通而无藏匿不返之患，深得四明范氏天一阁、金陵黄氏千顷堂、昆山徐氏传是楼诸同志赞同响应。历史教训使陈腐观念得以更新，既促进了藏书思想和制度的变革和进步，也给清代目录学、版本学的发展注入新的因子。

二、《绛云楼书目》的编例、
内容与目录价值

　　世传钱谦益编著的《绛云楼书目》收录各类图书千余种。它肯定不是绛云楼藏书的全目，这一点曹溶早就提出过疑义。他说牧翁曾答应借给路振《九国志》、刘恕《十国纪年》，而书目无此二书。又说："宗伯暮年，楗户注佛经，于书无所不采，禅林推为该博，何故道藏则细碎必收，释氏虽《法苑珠林》、《宗镜录》等，俱不载。近人刻《有学集》，集中体制颇拟宋文宪公，其文集当朝夕省览，目亦缺之，足征目非其全。"所以又有书目乃牧翁思念亡书而追录之说。

　　《绛云楼书目》的著录十分简单，大多数图书只著录书名，少量书名下注明册数，书名前注作者姓名。虽然曹溶《题辞》称赞牧翁"每及一书，能言旧刻若何，新板若何，中间差别几何，验之纤悉不爽"，又批评他"所收必宋元板，不取近人所刻及抄本，虽苏子美、叶石林、三沈集等，以非旧刻不入目录中"。然而《绛云楼书目》在书名前注记宋元版本的书却很少，大多数书不知是何版本。总之，《绛云楼书目》是一部著录既简单且无严格体例的登记目录，仍呈现前明私家藏书目录著录的一般特征。

　　《绛云楼书目》采用非四部的一级分类法，共七十三类，依次如下：经总、易、书、诗、礼、乐、春秋、孝经、论语、孟子、大学、中庸、小学、尔雅、经解、纬书、正史、编年、杂史、史传记、故事、刑法、谱牒、史学、书目、地志、子总、儒家、道学、名家、法家、墨家、杂家、纵横家、农家、兵家、释家、道家、小说、杂艺、天文、历算、地理、星命、卜筮、相法、壬遁、道藏、道书、医书、天主教、类书、伪书、六朝文书、唐文集、唐诗、诗总集、宋文集、金元文集、国初文集、文集总、骚赋、金石、论策、奏议、文论、诗话、本朝制书、本朝实录、本朝国纪、传记、典故、杂记等。

明末清初私家藏书目录的分类已经形成四部法和非四部法并行的局面，在《绛云楼书目》之前，已有陆深《江东藏书目》、晁瑮《宝文堂书目》、陈第《世善堂藏书目录》等不采用四部法了。但无论怎样变，四部顺序的影响始终存在，《绛云楼书目》也不例外。与他目稍有不同的是，钱谦益把明代文献（本朝制书至杂记）别出一部，这是否应该理解成钱谦益为修明史而独辟专藏。实际需要往往是私藏目录分类出现特例的主要原因。在明清所有非四部法书目中，《绛云楼书目》的类别属于分得多而细者，一些类目的设置对后世有启发，但总的来看，七十三种类目平列一级，缺乏层次，是不可取的。比之陈第《世善堂藏书目录》的六部六十三类，反而不如。

因此，从目录学发展的角度看《绛云楼书目》，其学术价值是不高的。但它仍受到后世藏书家的深切关注，其原因盖出于他们对不复存在的绛云楼珍秘原藏的深切关注。"好事者人钞一册，为按图索骥之资"。这是《绛云楼书目》目录价值的主要所在。尽管它收录的只是绛云楼原藏的一部分，尽管它著录得那么简单，但它毕竟是反映辉煌一时的绛云楼藏书真相的主要书目文献。时至今日，研究者仍能从中汲取有用的史料和信息。比如大量的明代文献，比如对"天主教"书和"伪书"的设类，都能为某方面的研究取为佐证。再从深层次想，"自宗伯倡为收书，虞山遂成风俗，冯氏（班）、陆氏（敕先）、叶氏（奕），皆相效尤，毛子晋、钱遵王最著"。人赖书传，书赖目传。钱牧斋开清初虞山藏书风气之先河，他藏书为读书、藏书讲究版本的特点，对虞山几代藏书家的藏书乃至目录、版本研究都有深刻影响。虽然《绛云楼书目》没有体现他的特点，但它作为绛云楼藏书的表征，自有独特的意义和价值。

三、陈景云注和《绛云楼书目》的版本

《绛云楼书目》问世后，抄者不绝。康熙中，更有陈景云者，为之作注。为私家藏目作注，前无先例，后人对它的兴趣，由此可见一斑。陈景云字少章，吴中人。母家为常熟名族，称河东陈氏。尝求学于康熙名士何焯义门，义门先生尝以朱晦庵自愧蔡季通许之。乾隆十二年殁，年七十八，门人私谥曰文道先生。钱目陈注作衺书，蝇头行草，所注极详赡，援据亦精审。补注内容包括卷数、作者姓名仕履及其他，并涉内容提要、辨别正伪及评论得失。如"《茶谱》"下注曰："一卷，毛文锡。记茶故事。其后附以唐人诗文。""《论语集义》三册"下注曰："三十四卷，朱子集程、张、范、吕诸先儒之说，凡十二家，初名曰精义，后刻于豫章郡学，始名集义。""熊过《春秋明志录》四册"下注曰："征引太丛杂，如季彭山说亦采入，他可知矣。"对钱目明代文献的补注更有价值，如本朝制书类"《省躬录》"下注曰："七卷，洪武中命学士刘三吾等编，皆记历代灾异之应于臣下者。"本朝实录类"《光宗》"下注曰："庆陵。光宗实录有二本。一天启三年七月进呈，礼臣

周炳谟等、史臣庄际昌等纂修，阁臣叶向高、韩爌等总裁。又三年，群小之丑正者，谓前史非实，采黄承昊之议，开局重修，至崇正元年二月进呈。时黄立极等柄权，皆阉党也，不行奏明，仍照例颁赉，收贮皇史宬。诸辅臣中更有以新录已成，欲焚旧本者，大珰王体仁力持之而止。"本朝国纪类《备遗录》下注曰："二卷，孙芹记齐黄诸臣死于建文之难者。序文正德丙子作。"传记类"《杜琼厚德录》下注曰："用嘉游于陈五经之门，其诗文皆为牧翁所称。何心友有张习手抄用嘉诗七卷，较刊本为精且备。"典故类"《治河通考》下注曰："三卷，刘隅撰。闽人谢肇淛撰《北河纪略》，详载河流源委，及历代治河利病，言河工者考焉。"杂记类"《病逸漫记》下注曰："二卷，陆釴著。记中言景泰帝为宦者蒋安以帛勒死。"以上数例，或可略见陈注内容之广泛丰富、博洽多益。陈景云注本原藏张白华（名思孝，字南陔，长洲人）处，后经吴翌凤抄录传出。道光三十年，伍崇曜得之，刊入《粤雅堂丛书》。印本一出，传之愈广。

现存《绛云楼书目》抄本不少，有陈注者，也有佚名注的。另外，按分卷来看，《绛云楼书目》的版本有四卷本和七十四卷本两个系统。四卷本自"经总"至"地志"为卷一，"子总"至"壬遁"为卷二，"道藏"至"国初文集"为卷三，"文集总"至"杂记"为卷四。吴翌凤抄本、《粤雅堂丛书》本、《丛书集成初编》本，都是四卷本。《粤雅堂丛书》本是最通行的版本，前有曹溶《题词》、《文道先生行略》，后录曹溶题识、伍崇曜跋、吴翌凤跋。七十四卷本实以类分卷，另补遗一卷，合为七十四。此抄本原藏上海郁松年宜稼堂，后转入丁日昌持静斋。因其补遗可填《粤雅堂丛书》本之阙，所以叶德辉在清末从持静斋藏抄本抄出第七十四卷《补遗》，刊入《观古堂书目丛刊》。今人研究《绛云楼书目》，宜合观之。

另外，钱谦益在其藏书过程中还留下许多题跋，或臧否人物，或评论得失，或纠谬正误，学术价值很高。这些题跋由今人潘景郑先生辑集成《绛云楼题跋》，计收跋文二百六十五篇。当然，从目录编制的角度来说，它已经不是清人钱谦益的东西了。

《千顷堂书目》

一、黄虞稷生平述略与《千顷堂书目》的编纂

　　《千顷堂书目》的作者黄虞稷，字俞邰，泉州晋江人，生于明崇祯二年（1629），卒于清康熙三十年（1691）。《清史稿》列传称其"七岁能诗，号神童，十六岁入县学"，"年未二十，博洽群书"。但不知何因，他久困诸生，直至康熙十七年（1678）才被荐试博学鸿词科。不料他母亲去世，没有参加次年在体仁阁举行的殿试，失去了一次仕进的机会。但峰回路转，就在康熙十八年，他应内阁学士、《明史》监修总裁徐元文荐，以布衣之身入翰林院，与修《明史·艺文志》。及至康熙二十九年，转随徐乾学赴太湖包山书局修《一统志》，竟以劳卒于任上，年六十有三。

　　黄虞稷出身于一个藏书故家。父亲黄居中，字明立，号海鹤，明万历十三年举人，官南京国子监丞。他酷嗜书籍，"自为举子以迄学宫，脩脯所入，衣食所余，未尝不以市书也。寝食坐卧，晏居行役，未尝一日废书。易箦之前，手未尝释卷帙也。"（钱谦益《黄氏千顷斋藏书记》）他身后，留下一座插架六万余卷的藏书室"千顷斋"，一部六卷的《千顷斋藏书目录》和一个同他一样染有

书癖的儿子。顺治五年，钱谦益为编集明诗，专赴千顷斋检书，对能承父志、守父业的青年虞稷大为赞扬。可惜这位大学者未曾预料到，那个有为后生日后在目录学上做出了大大超过他父亲的成绩。

《千顷堂书目》之成书，与黄虞稷入史馆修志有关。雍正九年（1731）杭世骏跋朱氏曝书亭旧藏《千顷堂书目》曰："俞邰征修《明史》，为此书以备艺文志采用。"乾隆间《四库提要》也说："钦定《明史艺文志》颇采录之。"及卢文弨借校朱文游藏《明史艺文志稿》，于是产生了书目与志稿的关系问题。虽然志稿早已亡佚，憾不能披见，但历来学者从不怀疑它的存在，只是在书目与志稿孰先孰后的问题上各执一词。卢文弨《题〈明史艺文志稿〉》说："此志稿传是温陵黄虞稷俞邰所纂辑，今以颁行《明史》校之，所分门类多有删并移易之处……外间传有《千顷堂书目》，与此志大致相同，而亦间有移易。堂名千顷，固黄氏所以志也。然今之书，直是书贾所为。"卢还在给弟弟的书信中说："黄俞邰有《明史经籍志》原稿，体例较好，今《千顷堂书目》乃从此出，虽增添甚多，而杂乱无序，是贾客之帐簿而已。"近人如谢国桢先生即继承并发挥了这种观点，他在《简解黄虞稷〈千顷堂书目〉标点校勘本》一文中曾说："黄氏曾参加编修《明史》中的艺文志，可是《明史》编成以后，《明史艺文志》采用他的原稿并不很多，而编辑的是较为简陋的。虞稷回到江南，寄居在南京以后，闭门潜居，毕其一生精力，编成了《千顷堂书目》三十二卷。"另一种观点相反，认为《千顷堂书目》编纂在前，是《明史艺文志稿》的初稿。吴寿旸《拜经楼藏书题跋记》的《千顷堂书目》条曰："先是其父明立监丞有《千顷斋书目》六卷，俞邰稍增广之。及入史馆，乃益加衷集，详为注释，故又有《明史艺文志》之名。"上海古籍出版社最新出版的标点本《千顷堂书目·出版说明》的说法就由吴跂而来："《千顷堂书目》是在其父《千顷斋藏书目录》六卷的基础上，于家中编定的。入明史馆后，另有一部《明史艺文志稿》，是以《千顷堂书目》为基础，广为采撷公私藏书编录的。王鸿绪的《明史稿艺文志》、张廷玉的《明史艺文志》即据黄虞稷的《明史艺文志稿》删削而成。"由于无法校检志稿，仅从卢文弨据志稿补入书目几百条来推断，体制材料更为详备的志稿编纂在后，似乎更合乎逻辑。

　　另一个异议是《千顷堂书目》成书在虞稷入史馆前还是入史馆后。《出版前言》断言是"于家中编定的"，然而该书标校者瞿凤起先生序言则以为是虞稷参预纂修《明史》，任艺文志编辑后作成的初稿。这个"时间差"涉及《千顷堂书目》的编纂本意是否跟修志直接有关。实际上这两种说法虽都缺乏可靠的文献证据，但其推测也不无理由。不过有个问题使我颇为怀疑"于家中编定"的可能性。虞稷自康熙十八年入馆，至康熙二十九年离馆，如果书目早已"于家中编定"，又何需耗十年时间才修订出与书目"大致相同"的志稿来呢？我以为，虽然虞稷入馆前决非一无准备，比如已有编纂一代著述目录的构想和资料，但初稿《千顷堂书目》是入馆后才完成的，既而稍作修订为《明史艺文志稿》，存馆付审以供采用，而初稿则以私家目录名义传录于外。这跟后来周中孚编撰上海李氏《慈云楼藏书志》和《郑堂读书记》的关系相似。

二、《千顷堂书目》的目录类型

由于《千顷堂书目》以私家书楼名题冠，治流略者多半把它列为私家藏书目录。只有日本著名汉学家长泽规矩也明确指出："此书非藏书目录，而是明人著述目录。"

黄氏两代藏书虽称富有，曾令钱牧斋"得尽阅本朝诗文之未见者"，但其收藏不可能悉为明人著述，可见专收明人著述的《千顷堂书目》不是黄氏藏书目录。而且书目收录明人著述一万二千余种，"考明一代著作者，终以是书为可据"，也决非尽出黄氏家门，而必另有所求。王欣夫《文献学讲义》说："其目大都据所藏所见之书。"既然如此，再说《千顷堂书目》是私家藏书目录就毫无理由了。

丁丙《善本书室藏书志》引《金陵朱氏家集》云，南仲公朱廷佐入吴郡庠，与周忠介友善，南渡后面折马、阮，不求仕进，手写古今书目，为黄俞邰、龚蘅圃所得，以备史料，《千顷堂书目》盖即参取南仲公书目而成，公之原书，不可得见。因是孤证，后人亦将信将疑。故莫伯骥《五十万卷楼藏书目录》称："是此目或即以朱氏本重编，亦未可定，然别无他证也。"张钧衡《适园藏书志》："或桑海之际，朱氏之书与目，均为俞邰所得与？"另据研究，虞稷入史馆前"闭门读书，少有酬酢"，与其交往甚密的有两位金陵大藏家。一个即前文提到的龚蘅圃，名翔麟，字天石，号蘅圃，杭州人，官至御史。其父龚佳育方伯，康熙五年江南布政使，藏书甲浙右。虞稷尝为蘅圃馆师，在龚府当见到不少未睹之书。另一个是丁雄飞，字菡生，尝"立古欢社，与黄虞稷互相考订"，"所积书有《古今书目》十卷"。故而有人推论："千顷斋藏书、金陵丁氏藏书、江宁龚氏藏书，为俞邰著录《千顷堂书目》的依据。"假若书目成于入馆之后，当然不能排除其采录内阁秘藏的可能性。

从《千顷堂书目》收录图书的实际情况来看，长泽规矩也判定"此书非藏书目录，而是明人著述目录"是正确的。同时他又把此书归入史志一类。从《千顷堂书目》专为修史志而作来看，也是应该的。但《千顷堂书目》既已别出，也可作为专记一代著述的私家专题目录，或为综录诸家藏书的知见目录。

三、《千顷堂书目》的目录体制

（一）分类。《千顷堂书目》三十二卷，按四部分类，设二级类目。卷一至三经部，下分易、书、诗、三礼、礼乐、春秋、孝经、论语、孟子、经解、四书、小学（附算学）等十二类。卷四至十史部，下分国史、正史、通史、编年、别史、霸史、史学、史钞、地理、职官、典故、时令、食货、仪注、政刑、传记、谱系、簿录等十八类。卷十一至十六子部，下分儒、杂、农、小说、兵、天文、历数、五行、医、艺术、类书、释、道等十三类。卷十七至三十二集部，下分别集、制诰、表奏、骚赋、总集、文史、制举、词曲等八类。总五十一类。其中集部图书特多，占总卷数之半。而别集十三卷，又占集部十六卷之泰半。

《四库全书总目提要》批评其分类立目，于经部"既以《四书》为一类，又以《论语》、《孟子》各为一类，又以说《大学》、《中庸》

者入于三礼类中，分合殊为不当。乐经虽亡，而不置此门，则律吕诸书无所附，其删除亦未允也"。史部"于典故以外又立食货、刑政二门，则赘设矣"。子部"墨家、名家、法家、纵横家并为一类，总名杂家，虽亦简括，然名家、墨家、纵横家传述者稀，遗编无几，并之可也，并法家删之，不太简乎"。集部"制举一门可以不立。明以八比取士，工是技者，隶首不能穷其数，即一日之中，伸纸搦管而作者，不知其几亿万篇，其不久而化为故纸败烬者，又不知其几亿万篇，其生其灭，如烟云之变现，泡沫之聚散，虞稷乃徒据所见而列之，不亦惧耶"。另外，《提要》也称赞了它的有些新设计，如"别集以朝代科分为先后，无科分者则酌附于各朝之末"，"视唐、宋二志之糅乱，特为清晰，体例可云最善"。

《千顷堂书目》的分类在明末清初私家目录中尚属良善，它与祁承㸁《澹生堂书目》分类相近，但不及祁目有三级类目，稍显粗疏。《四库提要》的评论基本正确，如其将丛书、类书糅杂一门，亦不足训。但特设制举一门，虞稷自有考虑，他在全书仅有的制举类小序中说："自熙宁用荆舒之制，以经义试士，其后或用或否，惟明遵行不废，遂为一代之制。三百年来，程士之文与士之自课者，庞杂不胜录也。然而典制所在，未可废也。缘《通考》录擢犀擢象之类，载程式之文二三种，以见一代之制，而二三场之者亦附见焉。"在记录有明一代著述的专门目录中，替明代盛行的制举文章保留一席之地，似乎并非没有道理。

（二）著录。《千顷堂书目》于每书下皆依次著录撰者姓名、书名、卷数等，并在大部分条目下作小字记注。小注内容主要是作者字号里籍、科名官爵，偶述成书年代、内容要旨等。如卷十五艺术类曹昭《格古要论》十四卷小注云："字仲昭，松江人，洪武初为此书，至天顺间吉水王均增辑十三卷。"卷十政刑类《集犯谕》一卷小注云："录国初罪犯正典刑者，为图书其名姓罪状以训吏，编修吴沈序。"对钦定御纂之书，如《周易传义大全》、《四书大全》、明诸帝实录、《大明志书》、《大明律》、《成祖谕辑历代名臣奏议》等，小注多录上谕及纂修经过。

《千顷堂书目》书录解题的突出点是作者小传。从这一点看，《千顷堂书目》继承了王俭《七志》的传录体制，虽然不很严格。

（三）附录。《千顷堂书目》在每类之后附录宋、辽、金、元四代著作目录，是全书的重要组成部分。

四、《千顷堂书目》的目录价值

1.《千顷堂书目》在目录学史上的意义，首先在于《千顷堂书目》是为修《明志》而编的，虽然最后《明志》没有全部接受，却也"颇采录之"。特别是它改前朝史志记通代为一代著述的变例。一如倪灿《明史艺文志序》所言："今文渊之书，既不可凭，且其书仅及元季，三百年作者缺焉，此亦未足称纪载也。故特更其例，去前代之陈编，纪一朝之著述。"记明代经籍的目录不只一家，前明有焦竑《国史经籍志》，其例"以当代见存之书统于四部"，仍袭史志旧体。同朝尤侗《明艺文志》虽例称惟载有明一代著作，实收明刻诸书，如黄省曾刊《后汉纪》、赵用贤刊《管子》等，"是某人所刊即署某人，恐有明一代之书版，志不胜矣"。《明史艺文志》是第一部以一代著述为收录对象的史志目录，它的变例是明智的，故后来如姚振宗《三国艺文志》等一些补史志和《清史稿艺文志》

都仿尤其例。所以黄虞稷功不可没。

其次,《千顷堂书目》鉴于《宋志》自咸淳后多厥,辽、金、元史均无艺文志,使纪有明一代著述之前留下一段空白,因而援《隋志》兼五代史志之例,附录于各类之末,亦不失为一种有价值的探索。但它终于被王鸿绪、张廷玉删去了。四库馆臣也讥其"既不赅备,又不及于五代之前,其体例特异,亦不可解"。虽然如此,《千顷堂书目》补前史志缺失的试探却开启了清代学者补修史志的工作,从补辽、金、元三代入手而蔚为一时风气,补成史志目录达二十余种之多。况且其附录内容也直接为卢文弨《宋史艺文志补》、《补辽金元艺文志》和吴骞《四朝经籍志》所采用。补修史志是清代目录学史上很重要的一章,《千顷堂书目》的发端之功是不言而喻的。

另外,《千顷堂书目》也为著述目录开辟了一个新品种。后来清人黄本骥编《皇朝经籍志》六卷,专收清代朝野著作,近人朱师辙编《清史艺文志》四卷,亦为清代编著书目,都与官修正史无关,而以个人之力编一代著述目录,显然是在踵黄虞稷的足迹。

2.《千顷堂书目》在明史研究上的文献价值。首先,《千顷堂书目》收书一万二千多种,而《明志》却删削成四千六百多种。其次,《千顷堂书目》收录之书都是黄氏所藏所见者,比那些抄录各家书目的书录如焦氏《国史经籍志》等,可信性强。再则,《千顷堂书目》小注保存大量明人传记资料,弥足珍贵。朱彝尊《明诗综》多采录之。

当然,明代著述宏富,以一己之力,断难周全。清朱绪曾《开有益斋读书志》"《千顷堂书目》"条曰:"余好搜寻乡梓文献。此书载金陵人著作亦最详。然此书所载,余所获见者不及十之四五，余所见而此书未载者亦十之二三。甚哉，载籍之浩博难穷也。"另外，朱彝尊《经义考》参用过《千顷堂书目》的材料，但它收录的明人经学著作也超过《千顷堂书目》。然而从整体上看，由于《明志稿》失落已久，《千顷堂书目》至今仍是"考明一代著作者，终以是书为可据"。

《千顷堂书目》和《读书敏求记》、《经义考》是康熙时期学术水平最高的三部目录。有人以为"《千顷堂书目》问世后，在当时并没有受到应有的重视，连修《四库全书》的纪昀，对它的做法也提出怀疑"。其实未必。我们且不说它传世不久即被朱彝尊《经义考》、《明诗综》采用，即以《四库总目》而言，虽有批评，也有称赞，而且是目录类正目中仅有的两部私家目录之一，足见馆臣的重视。

五、《千顷堂书目》的版本情况

标校本《千顷堂书目·出版前言》称："《千顷堂书目》稿本为朱彝尊所藏，后为杭世骏购得，杭氏作了校补，由鲍廷博替吴骞买到。吴氏除用《内阁书目》等书增补外，又补入卢文弨用黄氏《明史艺文志稿》所作的校记。吴骞手校本，有杭世骏、鲍廷博手书题记，后附吴骞《四朝经籍志补》，这部书现不在大陆，我们看到的只是它的迻录本。"点校者序也说："卢文弨尝依朱文游、朱彝尊两家所藏黄氏原稿校勘。"凿凿然吴骞手校本就是《千顷堂书目》原稿。然而朱彝尊从未说过他藏用的是黄氏原稿，杭世骏跋也没有说他"从曝书亭朱氏购得此本"就是原稿。再看吴骞跋：

"董浦本尚多漏略，疑为俞邰初稿。复借钱塘卢抱经先生金陵新校本勘补，书既加详，且多序目，似是史局增修之本。"推敲"初稿"二字，实指与"增修之本"《明史艺文志稿》的关系，而不是说董浦本是俞邰原稿。所以，说展转经曝书亭、道古堂而到拜经楼的吴骞手校本是黄氏原稿毫无根据。况且杭、吴这样的行家决不会做出在前辈原稿上钩乙雌黄的愚蠢行为。再说，吴骞手校本后传入张钧衡适园，张也没有说过是原稿。张氏藏本后尽归中央图书馆，现存台湾。

在很长时间内，《千顷堂书目》一直靠抄本传世，而且抄本互有出入。《四库总目》著录的本子与今行本就不同。杭世骏《黄氏书录序》说其中"地理一门，所挂漏者夥颐"，而吴骞获得道古堂藏本却"不如所云"，因此怀疑"岂此外别有一本"。朱绪曾《开有益斋读书志》说："余见此书凡数部，若地志及制义，独此本为完备。"所以有责任心的藏书家都重视互相换易抄本校补。在各家校本中，吴骞做得最细致，素称善本。而吴校本在流传过程中又产生了面目不尽相同的迻录本，致使《千顷堂书目》的抄校本更加复杂。

《千顷堂书目》第一次刊印晚在民国二年，由张钧衡据萧山王绍兰汉唐斋和王宗炎十万卷楼旧藏的两部抄本互校，刊入《适园丛书》第二集。民国九年，张钧衡喜获吴骞手校本，比刻本多出五百四十余条。于是对初印本修补重印，是为增订本。但受版片限制，只能修补书目下的小注及改正错字错卷。辑补的五百四十余条录成写样而未付梓，写样稿现存北京图书馆。一九八二年上海古籍出版社出版了由著名目录学家瞿凤起、潘景郑校点整理本。该本以《适园丛书》增订本为底本，校以瞿氏铁琴铜剑楼旧藏王振声校本。王校本系用知不足斋抄本迻录卢校、吴校及别本他校者。

校出异文分注每条末。又对勘《明史艺文志》，凡《明志》收者皆标志于上，便于比较。并改正了不少增订本的错字。书后附录详备黄氏资料，方便研究。瞿、潘校点本是目前通行的善本，遗憾的是未作索引，削弱了它的使用价值。

《也是园藏书目》、《述古堂藏书目》和《读书敏求记》

一、钱曾及其藏书特点

《也是园藏书目》和《述古堂藏书目》是清初藏书之乡虞山大藏书家钱曾的两部藏书目录。钱曾字遵王，号也是翁，生于明崇祯二年（1629），卒于清康熙四十年（1701）。钱氏是虞山名门望族。钱曾祖父时俊，万历进士。父裔肃，万历举人。论辈分，钱曾是钱谦益的曾孙。在虞山藏书传统与家族藏书风气的熏陶下，钱曾及壮年而有志藏弄，推算下来，应在绛云楼书藏焚毁之后。他自称竭二十余年之心力，食不重味，衣不完采，摒挡家资，悉藏典籍中，藏书量多至四千种左右，成为继绛云楼、汲古阁后，虞山首屈一指的大藏书家。

钱曾述古堂藏书来源之一为绛云楼烬余书。他在《寒食夜梦牧翁诗》注中说："绛云一烬之后，所存书籍大半皆赵元度脉望馆校藏旧本，公悉举以相赠。"牧翁赠书，使述古堂藏书产生出很大的新闻效应，受到当时诸藏家的普遍关注。来源之二是各地纷至沓来的贩书商贾，钱曾需"摒挡家资"，必为购置索价日高的宋元旧本。另外，钱曾获交太仓吴伟业、顾湄，苏州金俊明，昆山叶奕苞，嘉兴冯文昌，秀水曹溶，洞庭叶奕、叶树廉，同邑陆贻典、冯舒、冯班、毛扆等吴中一流藏书之家，他们相约互借校抄，使述古堂书藏得以日见增益，是为其藏书来源之三。

述古堂藏书特点之一是数量多。我们知道，钱谦益绛云楼藏书量据吴骞不完全可靠的说法，是三千九百余部。这个数字足使牧翁傲视后者，称"今吴中一二藏书家，零星捃摭，不足当吾家一毛片羽"。然而经钱曾二十余年摒资积聚，蓄书更至四千一百八十余部（其中有重复计者）。

特点之二是内容丰富广泛，四部不拘，子集两类书籍尤见特色，小说、医书、人物志、地理志相当丰富，俚俗坊刻毫不摒除。这样的藏书特点可能跟钱曾不名科举、不达仕途有关。他对科举制义的时弊多存愤懑，谓曰："昔先君尝言，挟制义以取科名，譬之敲门砖，应门则砖弃。诚哉是言也。胥天下之聪明才智，合古今之学术文章，蒙锢沦丧于时艺中，滔滔不返，先圣能无惧乎？""三百年来，灯窗小生，熟烂时艺，影掠论策，刺取荣名利禄，自通籍以来，未闻仕优则学之大夫。是又人以制科为重，而非制科以人为重久矣。"因此他有理由藏书读书不囿于儒经正史，而能旁骛百家俚俗奇僻之书。在这些书中，赵琦美脉望馆旧藏小说、杂剧，流传有绪，更显价值。

特点之三是多宋元旧本和名家抄校本。一方面，他"生平所酷嗜者，宋椠本为最"，友人尝戏言曰："昔人佞佛，子佞宋刻乎？""佞宋"一词，盖源于此。另一方面，他也知宋刻之不可多得，抄本之不可偏废，尝曰："若谓藏书多缮写本子，未足援据。

此乃假好书之名，而无真好书之乐者。竟谓之不知书，不足与言可也。"且述古堂抄本"楮墨精良，下真迹一等，仿之汲古阁毛氏抄本亦无多让"。而钱曾搜藏抄藏图书板本，"咸手自点勘疑讹"，堪为名家批校本。

特点之四是述古堂藏宋元旧本、名家抄校本中有不少辗转移易，流传有绪，保存至今，成为古籍珍藏的源头之一。比绛云楼藏书更有现实的研究价值。

特点之五是钱曾为其藏书先后编撰了《也是园藏书目》、《述古堂藏书目》、《述古堂宋元本目录》和《读书敏求记》等书目，既有藏书总目，又有善本目录，还有题跋目录，在反映藏书的广度和深度上，不仅清初绝无仅有，通观有清一代也属少见。如果说钱谦益藏书虽无与伦比，却难称目录学家的话，那末钱曾在目录学上的成就和贡献则足以称为大家。

二、《也是园藏书目》的编例与价值

《也是园藏书目》十卷，共收录各类图书三千八百余种，是钱曾藏书目录中收书最多较全的一部。它仅记书名、卷数，简单之至，实为登账簿册之用。目录学史研究者认为这是钱曾早期编制的目录，理由即在于此。《也是园藏书目》的著录水平如此这般，但它的分类却有些意思。它采用非四部的二级分类法，经史子集外，增设明史、三藏、道藏和戏曲小说四部，部下各分子类，共设八部一百四十九类。其类目依次为：

经　部　　经总、易、书、诗、春秋、三礼、通礼、乐、舞、论语、续语、孝经、尔雅、孟子、四书、字书、韵书、碑刻、书数、小学。

史　部　　正史、通史、编年、史论、运历、杂史、故事、职官、仪注、谥法、国玺、家礼祭礼、射仪、职掌、营建、律令、法守、时令、货宝器用、酒茗、食经、种艺、薁养、传记、忠义、节孝、名臣、遗民、仙佛、神、列女、校书、科第、冥异、地理志、都城宫苑、陵墓、郡邑杂志、图志、朝聘、行役、别志、属夷、川渎、山志、名胜、游览、人物、文献、谱牒、姓氏、年谱、总目。

明史部　　御制、敕修、玉牒、纪注时政。

子　部　　儒家、道学、道家、墨家、法家、名家、纵横家、杂家、农家、小说、兵家、军占、天文、星象、五行、玩占、六壬、太乙、奇门、律历、易数、卜筮、占梦、阴阳、星命、相法、相字、宅经、葬书、医书、医家经论、针灸、本草、方书、伤寒、风科、疮肿、眼科、祝由科、妇人、小儿、摄生、房中、艺术、画录、类家。

集　部　　制诰、表奏、骚赋、文集、诗集、集句、诗文集总、诗文评、四六、词。

三　藏　　经论、此土著述。

道　藏　　洞真部、洞玄部、洞神部、太玄部、符箓部。

戏曲小说　古今杂剧、曲谱、曲韵、说唱、传奇、宋人词话、通俗小说、伪书。

在明清非四部分类的私藏目录中，像《也是园书目》这样的二级分类目录不很多，像它那样把二级类目分得很细的更不多，这是它的长处。当然，它的八个大部并无新意，释、道藏独立设类早已有之，明史文献立类，似为《绛云楼书目》遗绪，而戏曲小说单独辟为大类，也不尽合理，很可能也是从收藏特色出发的考虑。但由于戏曲小说书籍向来不登藏家大雅之堂，所以《也是园书目》这一类目便产生了独特的价值。正如日本著名汉籍书志学家长泽规矩也评论说："于考证他目几乎不载之词曲小说书之流传甚有益。"而钱曾对戏曲小说的子类划分更证明了清初人对戏曲小说艺术的认识和研究程度。另外，《也是园书目》的二级类目划分很细致，其中不少类目似应隶属第三级，但它创立的不少类名还是很精确的，如酒茗、食经、种艺、豢养，都城宫苑、陵墓、郡邑，川渎、山志、名胜、游览等等，对后世目录的分类立目不无影响。

三、《述古堂藏书目》的著录特点和学术价值

《述古堂藏书目》四卷，共收录书籍二千二百余种，虽不及《也是园书目》量多，却有不少《也是园书目》未见之书，盖因其藏书有收入和流出。目录编成于康熙八年，亦当视为钱曾藏书的一部总目，而且是比《也是园书目》更有代表性的藏书总目，因为《四库全书总目》就只收《述古堂藏书目》而未收《也是园书目》。

《述古堂藏书目》仍是一部无解题的简目，但著录较《也是园书目》详尽而规则，一般皆依次记录著者姓名、书名、卷数、册数，间附小字双行注记版本。版本注记的内容相当丰富，除记

"宋板"、"元板"、"抄"外，还分别"影北宋本抄"、"宋板影抄"、"阁宋本抄"、"阁宋本影抄"、"阁本抄"、"内府元人抄本"、"元抄"、"内府抄本"、"秦西岩手抄"、"牧翁手录"、"高丽板"，以及"北宋本校过"、"元本校过"、"牧翁批"、"节文影抄"、"吴方山藏旧抄本"、"丛书堂抄本"、"高丽抄本"等名目。这些现时看来毫不足奇的注语，包孕着钱曾对版本研究的辛劳和成果。而这些成果转换成目录著录，则标志着清初目录学的一个重要进步。所以《述古堂藏书目》在清代目录学史上的最大学术意义，是恢复并发展了版本著录。

　　《述古堂藏书目》也采用非四部的一级分类。卷一经、易、书、诗、春秋、礼、礼乐、易数、儒、小学、六书、金石、韵学、史、杂史、传记、编年、年谱、杂编、姓氏、谱牒、政刑、文献、女史、校书。卷二子、子杂、文集、诗集、词、诗文评、四六、诗话、类书。卷三小说家、仪注、职官、科第、兵家、疏谏、天文、占验、六壬、太乙、奇门、历法、军占、地理总志、舆图、名胜、山志、游览、别志、人物志、外夷。卷四释部、神仙、医书、卜筮、星命、相法、形家、农家、营造、文房、器玩、岁时、博古、清赏、服食、书画、花木、鸟兽、数术、艺术、书目、国朝、掌故。共七十八类。《四库全书总目提要》批评曰："所列门类琐碎冗杂，全不师古，其分隶诸书，尤舛谬颠倒，不可名状。"言之有理。如其析占验、六壬、太乙、奇门、卜筮、星命、相法、形家，文房、器玩、博古、清赏，细而又细，史、子、医、文集、诗集，却笼而统之，数十数百部地合为一类。类目序列之间更缺乏合理的内在规律。著录优于《也是园书目》，分类却不如，令人生惑。

　　《述古堂藏书目》附《述古堂宋板书目》一卷，共收宋版九十八种。这些宋版书都分散见载于《述古堂藏书目》各类中。宋版诗文集占二十四种，最多。但其中个别宋版书与《述古堂藏书目》著录有异，如"王肃注《孔子家语》十卷四本"，《述古堂藏书目》注为"宋本影抄"。"《昭明事迹》二卷一本"，《述古堂藏书目》未注明板本。而《述古堂藏书目》注记的宋板书也有未收入《宋板书目》的，如"范宁《春秋穀梁传集解》十卷二本"、"《周礼郑氏注》十二卷六本"、"《虬髯客传》一卷"、"董正功《续家训》八卷"等等。所以它也并非是完整可靠的钱曾藏宋板书目。但是，把宋板书集中，单独编目，既包含善本书目的意义，也包含版本书目（以版本类别为图书分类法的书目）的意义，而这两种形式的书目在整个清代目录中是相当显要的。因此《述古堂宋板书目》的目录学意义和价值不允忽视。

四、《也是园藏书目》、
《述古堂藏书目》的版本

《也是园藏书目》向以传抄行世，直至清宣统元年（1909），罗振玉始刊入《玉简斋丛书》。但此本讹字夺句不少，取各家抄本比勘，颇多溢出刊本外者与可供订正者。长泽规矩也《中国版本目录学书籍解题》例举据内阁文库藏萃古斋抄本订正刊本误字九处。《述古堂藏书目》在相当长的时期内也只靠抄写流传。抄本多未分卷，《四库全书》本也不分卷。道光三十年（1850），广东南海伍崇曜刊入《粤雅堂丛书》，析卷为四，卷首附钱曾《述古堂藏书目序》，卷末附伍崇曜跋。民国初涵芬楼据以排印，编入《丛书集成》，流布益广。

伍崇曜《述古堂藏书目跋》曰："此其藏书总目也。盖遵王书多得自牧翁，又售于泰兴季氏。则是编与《绛云楼书目》、《季沧苇藏书目》读之，亦可以略知聚散之源委。"显然他当时未注意到遵王的另一部藏书总目《也是园藏书目》，但他对遵王藏书目录反映清初图书版本聚散流传的文献价值的认识，则是正确的。研究钱曾藏书情况，必须兼顾《述古堂藏书目》、《也是园藏书目》及《读书敏求记》。三目各有长短，既有重复，更多差异。各自为册，参考使用，往往顾此失彼，颇多不便。1958 年，上海古典文学出版社出版了铁琴铜剑楼后裔瞿凤起先生整理的《虞山钱遵王藏书目录汇编》，把三部书目合为一编，使用者大为称便。《汇编》以《也是园藏书目》为纲，按其原次排目，另两种书目著录的同书附列其下，未见《也是园藏书目》的则补记各类之后。书后并附《述古堂藏书目》、《读书敏求记》原书序跋，以及新编按四角号码检索的书名、作者名索引，为整理古籍目录提供了一个很好的范例。

五、《读书敏求记》的收录特点与目录体裁

康熙二十年，新任江南副乡试官朱彝尊在金陵遍召名士，大会秦淮。钱曾应邀赴会，醺酣之际，竹垞以黄金、翠裘重赂遵王侍书小史，窃取了遵王行箧中的一部书稿，立交数十名预置密室的书生，半宵写成，悄然归璧。既而事发，竹垞谢罪，信誓守秘，不轻授人。故此书直至竹垞晚年才稍有传出，藏家争传。康熙

五十六年，钱塘大藏书家吴焯瓶花斋，用白金一斤之价，从海宁马寒中道古楼购获一部传抄本。欣喜之余，记下了这段书林轶闻。这部被添上传奇色彩的书稿，就是《读书敏求记》。

《读书敏求记》虽然也是对钱曾述古堂藏书的记录，但它不同于《也是园藏书目录》、《述古堂藏书目录》，不是一般意义的藏书目录。《读书敏求记》是钱曾为自己藏书所撰题跋的集录，按他自己的话来说，就是"手披目览，类而载之"，"手所题识，仿佛欧阳修《集古录》之意"。故其原稿初名《述古堂藏书目录题辞》，残稿现存北京图书馆。读书题记，日积月累，久而成帙。《读书敏求记》各篇题记少有纪年月者，所以难知此书始编于何时。若以吴焯所记为信，那么此书至少在朱竹垞设计谋书的康熙二十年已成书稿。但检之书中各条，又有撰于康熙二十四年的《俞贞木〈种树书〉跋》，康熙二十九年写下的《李逸明〈棋谱〉跋》和康熙三十八年记的《张舜民〈画墁录〉跋》。又据叶德辉《郋园读书志》考证，《读书敏求记》手稿本要比传刊传抄本多出数十条，"是必在竹垞先生抄得后增续者"。由此可知，钱曾在《读书敏求记》初成至其老死的二十年间，"手披目览"，题识不辍，并不断增入书稿。所以我们不妨认为《读书敏求记》的最终成书即在作者辍笔之时。

一部书目，竟会使堂堂典试官不惜用重金加特工的手段谋求之，这是为什么？当时有人认为，这是因为"绛云一炬，秘本不复可见，遵王著《读书敏求记》一书，后人赖以考证"。这实际上也涉及《读书敏求记》有益考订的目录体裁问题。要不，为什么《也是园藏书目录》、《述古堂藏书目录》收录书籍更多，却得不到这样的"厚遇"呢？

《读书敏求记》共收录述古堂藏本六百三十四种，其中稍有另两部书目所没有的。宋元版书共计百余种，与《述古堂宋版书目》稍有出入。另有一部分明本，如明初至嘉靖间刊本、明内府抄本、明影宋仿元抄本、明初至清初名家抄校稿本，以及高丽、日本刻本等。还有相当数量的图书不明确版本，按书目潜在的体例估计，这些大多是明万历以后的普通刊本和近时抄本，比如明末黄省曾、郑若曾、钱谦益等人的著述。还有一些书，连钱曾自己都说明不是个好版本，如述古堂抄本《邵氏闻见前录》跋曰："无善本一校为憾！"《白猿经》跋曰："此伪书也，不必存之。"清人吴焯说《读书敏求记》"此六百余种，所谓选其精华，观者不当以寻常书录视之"。《四库全书总目提要》认为"此书皆载其最佳之本"。这个评价流传至今，信以为真。但事实与此颇有距离。其实清人陈鳣早就发问曰："记中所列诸书，厥后流传人间，尽有寻常行本，而自诩为希世之珍者何也？"所以，《读书记》收录的书跋并非专为"最佳之本"而撰。今人说此书是钱曾"特意从《述古堂书目》、《也是园书目》中筛选出来的极珍贵的版本编就的"善本书目，并不恰当。

《读书敏求记》四卷。卷一：经、礼乐、字学、韵书、书、数书、小学。卷二：史、时令、器用、食经、种艺、挛养、传记、谱牒、科第、地理舆图、别志。卷三：子、杂家、农家、兵家、天文、五行、六壬、奇门、历法、卜筮、星命、相法、宅经、葬书、医家、针灸、本草方书、伤寒、摄生、艺术、类家。卷四：集、诗集、总集、诗文评、词。总分四十四类，与《也是园藏书目录》、《述古堂藏书目录》基本相同。《四库提要》批评它"分门别类，多不甚可解"，"编列失次者，尤不一而足"，"比之二目，更为粗陋"，甚是。

　　和另二目一样，《读书敏求记》收录不少俚俗之书。如有关农务女红的《琼华考》、《俞贞木〈种树书〉》、《便民图纂》等。有关娱乐伎艺的《蟋蟀经》、《古本古串鹌鸽论谱》、《投壶谱》、《棋谱》等。如记奇异怪诞的《雷神纪事》，以及奇门遁甲、星相卜筮之类。《读书敏求记》收录的地志、舆图也十分引人注目。《〈统舆图〉跋》曰："古今地图，莫详于明代，盖天下定于一，幅员所被者广耳。吾家藏《统舆图》，南北直隶及各郡县，以至边防海道、河图运漕、外国属夷，靡不考核详载焉。图如蚊睫，字若蝇头，缮写三年而后成。彼柏翳所图，章亥所步，不出户庭而列万里职方于几案间，岂非大快事欤！宝护此书，便可压倒海内藏书家，非予之謷言也。"又《〈重译图经〉跋》曰："此等书，人间绝少，唯吾家有之。披视之，洵足惊人。"观书目所录《岭海舆图》、《虔台抚属地图》、《蓟镇东路图册》、《榆林全镇图说》、《九边图论》、《三省矿防图说》、《建昌诸夷图》、《贵州诸夷图》、《云南诸夷图》、《庐山图》、《黄山图经》、《日本图纂》、《安南图志》、《朝鲜八道图》》、《日本受领之事》、《四夷馆考》、《华夷译语》、《回回馆课》、《属夷枝派录》等等，皆系以题识解题，令人眼界大开。《读书敏求记》曾因此被某些自认正统的藏书家斥为"收书太滥"，其实这正反映出钱曾对历史文献价值的独具慧眼。总之，《读书敏求记》收录的书跋，既有版本久远而称精善者，也有内容奇特而罕见者，抑或因睹书思故而抒发心臆者，并非"专纪宋版元钞"。

　　《读书敏求记》收录的各书题记犹如解题。《四库全书总目提要》评价说："其中解题太略，多论缮写刊刻之工，于考证不甚留意"，"然其述授受之源流，究缮刻之同异，见闻既博，辨别尤精，但以版本而论，亦可谓赏鉴家矣"。钱曾撰写的题记确实重在版式装潢、纸张墨色等形式特征的记录和鉴赏，重于对古书刊印、抄写、藏弆源流的考述，这是它的特色，洵属前所未有，但并非绝对。如卷二"史"类，《龙衮〈江南野史〉》、《五代会要》、《东汉会要》、《纲鉴甲子图》、《历代纪年历》、《历代纪元录》、《政和五礼新仪》、《钓矶立谈》诸跋，都是对图书主旨的内容提要。《叶隆礼〈契丹国志〉》、《通鉴博论》、《苏天爵〈国朝名臣事略〉》、《浦江郑氏旌义类编》、《胡一桂〈十七史篹古今通要〉》、《韩氏参用古今家祭礼》诸跋，或抽绎体例，或品评得失。《李文子〈蜀鉴〉》、《瞿仙史略》、《钱氏私志》诸跋，则兼及考订人物故实，评骘史事。又如《水经注》跋，悉录宋刻本书跋整整一页。《陆德明〈经典释文〉》题记，全载钱曾悼念亡友叶林宗祭文一篇。诸如此类，不拘一格，并非"专纪宋版元抄及书之次第完阙、古今不同者"。

《读书敏求记》解题"于考证不甚留意"，在"判断古书之真伪是非，辨其本之佳恶，校其讹谬"等方面，确实没有什么惊人之处。王鸣盛《十七史商榷》贬之曰："搜奇访秘，多见多闻，较俭陋者诚不可同日而语。惜其未有学识，枉见如许奇秘古本，竟不能有所发明以开益后人。但可云能藏书，未敢许为能校书、能读书也。"他的说法有一定道理，但也怀有明显的轻蔑鉴赏学派的偏见。如果我们今天仍持这样的标准来评价《读书敏求记》，就难称公允了。

六、《读书敏求记》的学术价值

《读书敏求记》是一部目录著作，它在清代目录学史上的学术意义，首先在于开创了藏书题跋记形式的目录新体裁。

题跋是鉴赏校读金石书画和古书版本的随笔札记，随趣而志，意到即就，寥寥数语，通部会归。古人云："文章家取要言不烦，以少为贵者立三格，曰赞、曰铭、曰跋。皆具体而微，譬诸螟蛉，以分寸之身，头角四肢，宛然屈信变化，与神龙无异。"题跋虽无目录之名，却有目录之实，因为题跋的对象是图书及其他文献，具有揭示图书文献外形特征和内容梗概的作用，因此辑录零散单篇而成的题跋集也就基本具备了目录的性质。题跋文体的独立成格和题跋集的产生约始于两宋。征之文献，汉晋诸集不载题跋文章，至唐韩柳文中才有"读某书"或"读某文题其后"之名，北宋欧阳修、曾巩而后，始有跋语，而"自坡仙、涪翁联镳树帜，一时无不效颦"，成为宋人崇尚的时髦之作，在宋别集中，比比皆是，独归一类。于是题跋专集也随之产生，如欧阳修《集古录跋尾》、董逌《广川书跋》、《广川画跋》等等。明末清初虞山汲古阁毛晋辑刻《津逮秘书》，收宋人题跋集二十余种，有据传本重刻的《六一题跋》、《后村题跋》，也有新辑初刻的《海岳题跋》、《晦庵题跋》。不过宋人题跋集大多是金石书画题跋，直到明后期，书跋才渐渐多起来。而真正的藏书题跋集，首推明确仿效欧阳修《集古录》体例编纂的《读书敏求记》。从此以后，这种目录新体裁在清代暨民初的数百年里，层出不穷，长兴不衰，成为藏书家乐取、读者乐见的书目形式，成为古典目录学中的一种新的目录类型。

另外，自宋晁公武《郡斋读书志》、陈振孙《直斋书录解题》以后，叙录体提要目录开始式微，这无疑是目录学史上的学术停滞和倒退。像《读书敏求记》这样的题跋目录，实际上也是一种提要目录或解题目录。因此，它的产生，对恢复和发展古典目录学中的目录提要这一优良传统，起了很重要的作用。王重民认为："《四库全书总目提要》总结了并折衷了刘向以来，特别是宋代公私藏书目录编写提要的方法，也汲取了清代《读书敏求记》和朱彝尊及常熟派校书家所写题跋记的方法和形式，从而形成了一种新的反映图书版本、文字和内容，特别结合当时政治需要，宣传封建思想的提要形式。"还有，像张金吾《爱日精庐藏书志》创造的藏书志体制目录，也汲取了题跋记的方法和形式。因此，我们尽可以具体而微地批评《读书敏求记》的种种不足或不是，却不能因瑕掩瑜而忽视其在清代目录学发展中的创造价值和历史地位。

其次，《读书敏求记》开拓了目录学中版本研究的新领域，是版本学奠基著作之一。

治流略者普遍认为，《读书敏求记》的突出贡献是在"图书鉴定方法上找出了一定的规律，提出从版刻、字体、纸张、墨色等不同特征以考定图书雕版刷印的年代，从初印重印、原版翻刻等方面去评定图书的版本优劣，从而开扩了目录学的研究领域，为古籍版本学的发展奠定了初步基础"。书目著录版本肇自宋尤袤《遂初堂书目》，但十分简略。随着雕版印书的发展和历史的延伸，古书版本问题渐趋复杂而突出，对于以揭示图书内容和形式特征为本质的目录来说，把版本著录正确、反映清楚，既势所必行，又非轻而易举。《读书敏求记》在版本研究方面的开创性工作，不仅开了鉴赏派藏书风气之先河，也成了侧重版本著录和考订一类目录的前导。而它那丰富的版本研究内容又着实孕育着古籍版本学的胚胎。

第三，《读书敏求记》是古代藏书史研究的重要文献。钱曾出身藏书之乡、藏书之家，与诸多同好交往过从甚密。《读书敏求记》以其自由的文体，于书林中前言往行、遗闻佚事，信手拈出，娓娓叙来，无不可抉为藏书史话之资。如《〈梦粱录〉跋》记毛斧季购李中麓秘藏二百余帙，《〈陶渊明集〉跋》记述古堂售书季沧苇事，《〈洛阳伽蓝记〉跋》记明赵清常脉望馆藏书转归绛云楼等等。清末叶昌炽撰《藏书纪事诗》，就从《读书敏求记》中采摭到不少材料。《读书敏求记》记述藏书家人物故实的特点，乃上效明人笔记如《五杂组》、《少室山房笔丛》笔法，并为后来的一些题跋记仿效，成为题跋目录的一大特色。

至于《读书敏求记》比《述古堂藏书目》、《也是园藏书目》更深一层地反映了备受世人瞩目的述古堂部分藏书面目，因而具有更高的目录文献价值，这就不言而喻了。

七、《读书敏求记》的版本源流与优劣

《读书敏求记》一经面世，便迅速传布开去，三百余年中，迭经钞写刻印，版本之多，清私家藏目无可比拟者。

（一）抄本。在最初数十年里，《读书敏求记》全靠辗转传抄。由于抄写底本来源不同，抄录中的舛漏讹误又在所难免，存世的抄本面目差异甚大。吴焯跋记曰："予从马寒中得授此本，惜字多谬误，盖当时半宵写成，未经校对。"又曰："吾友敬身丁君，获此本于石门吕氏。此又从竹垞已亡后其家窃录而出，错误更多。偶以余所藏本校其大概，尚未尽也。"这是说最初阶段传出的抄本尚且如此，以后的传抄本就更不用说了。

《读书敏求记》传抄本的不尽人意，促使许多负责的藏书家想方设法搜集异本对校比勘，并留下一大批名家或佚名的批校本。现存批校本中有宋宾王、邵恩多、吴焯、黄丕烈、陈鳣、袁廷梼、严元照、周星诒、管廷芬、蒋凤藻、陆心源、劳权、丁日昌、莫友芝、邓邦述、叶德辉、宗舜年、章珏等名家的手校手跋，这在清代私家藏书目录中也属少见。

　　在抄本流传过程中，还不时有稿本发现的报导。据吴骞跋称，乾隆三十八年，他在浙江书局（当时因四库馆征书而设书局）"见书局有此抄本，旁注'中'字，知尚有上下二本，惜不可复见。细阅此本，盖即《读书敏求记》之初稿。故各书参错，未尝归类。然《敏求》止六百余种，而此一本已有二百八十三种，计全书不下八百余种"。又邵恩多跋曰："又有《述古堂藏书目录题词》一册，为也是翁手笔，载有《韩醇训诂昌黎文集》、《柳先生文集》、《翻译名义集》、《庞元英文昌杂录》、《玉音法事》共五种。"另北京图书馆今藏《虞山钱遵王述古堂藏书目录题词》不分卷稿本一册，有莫友芝跋、丁日昌批注并跋。不知是否邵恩多所见者。

　　（二）刻本。《读书敏求记》最早的刻本是雍正四年（1726）吴兴赵孟升松雪斋刻本。赵本校对不精，讹误颇多。不久，松雪斋书板转售他人，新主剜去原板中有涉赵氏刊版标识，重印发行，即一般著录的雍正六年濮川濮梁延古堂重修印本。后来濮氏书板又转归嘉兴沈氏，沈氏稍加校改重印，即一般著录的乾隆十年沈尚杰双桂草堂递修印本。过了五十年，沈尚杰之孙沈炎，"因斋中板片岁久漫漶，乃取善本雠勘，讹者刊之，阙者补之，剞劂之工，浃旬乃竣"，这就是乾隆六十年沈炎耆英堂递修印本。沈氏耆英堂本是赵氏松雪斋刊本最后一次递修印本，书后具列校正原版讹字，擅胜于前三次印本。但拘于原版修补，胜处毕竟有限。濮氏印本和沈氏祖孙两个印本，以往书目多误以为别刻独行的版本。民国初期，上海"蟫隐庐"罗振常尝跋此书曰："此为赵孟升刻本，尚有沈氏双桂草堂刊本，称为覆刻赵刻，然细校之，即是一板。""咫园"宗舜年跋此书曰："沈尚杰取赵刻本，削去板心'松雪斋'三字，及每卷后'吴兴赵孟升用亨校字'九字，冠以己序，遂称重刻。明清间所谓覆刻本者，往往如是。"可惜现在著录此书，仍以讹传讹，一错再错。

与赵刻本系统另行的是道光五年仪征阮福小嫏嬛仙馆刻本。阮刻出自严福"书福楼"藏抄本，较赵刻互有出入，多数十条，漏数十条。道光十五年阮亨据秦恩复石研斋抄本辑出二十五条，刻成《补遗》一卷单行。阮福刻《读书敏求记》和阮亨刻《补遗》，后一并收入《文选楼丛书》。

道光二十七年，番禺潘仕成刊印此书，用沈炎耆英堂本和阮福小嫏嬛仙馆本参校，互为补益，辑入《海山仙馆丛书》，是清后期较通行的版本。唯其未校阮亨《补遗》，美犹有憾。民国二十五年，上海商务印书馆《丛书集成初编》收入此书，即据《海山仙馆丛书》本排印。

民国十五年章珏刻印的《钱遵王读书敏求记校证》，是一个非同一般校刻本的整理本。章珏从光绪三十四年（1908）起，借宗舜年"咫园"藏精校本为底本，先后汇集二十八种抄校本和刊本，并参阅各朝史志、公私藏目，详加考订，纠误补漏，整理刊印。由于使用的底本是管廷芬校本的传抄本，而管校已作了很多辑补工作，章氏不掠人之美，故题名"清管廷芬辑、章珏补辑"。《校证》四卷，卷一分上下，卷二至四分上中下，字数达二十四万有余，约为原书四倍，校证文字数千条。又首尾各备附录一卷。卷首附录①《类记》，叙编述次第、钱曾传略、传本种别、诸家评论。②《略目》，著录《校证》所据各本。③《提要》。④《补目》。卷末附录①《佚文》，辑自钱曾手稿《题词》。②《序跋题记》。③《附录》，有关本书及作者的各种文献。④《后记》，自述《校证》缘起。⑤《补遗》，迻录新获陈其荣校本文字异同。民国二十一年，章氏又增刻《续补遗》一卷。章氏《校证》本的学术性大大超出一般校刻本，是对古籍目录的一种深层次高水平的整理研究，其编校义例之精善，堪称书目文献整理之典范。章珏《后记》自我评价说："此本一出，旧本可废！"洵非夸言。

《传是楼书目》和
《传是楼宋元本书目》

一、徐乾学及其传是楼藏书

徐乾学"传是楼"是清初又一号称"藏书甲天下"的私家藏书楼。康熙中，昆山徐乾学、徐元文、徐秉义兄弟三人，皆以鼎甲致位，一门通显。乾学为康熙九年一甲三名进士，官至内阁学士、刑部尚书。元文金榜先登，顺治十六年一甲一名进士，官至文华殿大学士，位登揆席。秉义为康熙十二年进士，官至内阁学士、礼部侍郎。号称"昆山三徐"。徐府田产，遍布昆山、太仓、吴江、长洲、苏州、常熟。徐氏藏书除"传是楼"外，还有元文"含经堂"、秉义"培林堂"。

徐乾学字原一，号健庵，生于明崇祯四年（1631），卒于清康熙三十三年（1694）。他居官在位近二十年，大部分时间任职馆阁，先后充日讲起居注官，《明史》总裁，《大清会典》、《一统志》副总裁和会试正考官。著有《澹园集》、《读礼通考》、《鉴古辑览》、《古文渊鉴》及诗词文集多种，《书目答问·国朝著述诸家姓名略》

列为"汉宋兼采经学家"。因"学问淹博"、"文章古雅"，徐乾学深得康熙恩宠，旨谕吏部"宜留办文章之事，嗣后勿开列巡抚"。传称："康熙一代钦定官书，什九皆乾学监修总裁。其引疾归里也，犹命以一统志局自随，如司马温公修《通鉴》故事。帝亲书'光焰万丈'额以赐之，其恩遇之隆如此。"但另一方面，徐乾学又是当朝汉大臣朋党之魁，"自以高文硕学，通籍词馆，遂互相标榜，以猎取身誉，依附权贵"，与王鸿绪、高士奇并称"徐王高三家"，"一时学士非出三家之门者，辄不为世所重"。因而数遭谏坛参劾，指其会试舞弊，违禁取利，牵扯裙带，剋剥民膏，纵容子弟，鱼肉乡里，植桃李于一门，播腹心于九州，口好讲忠孝大义而实则秽迹昭著。如何评议徐乾学的政迹，有兴趣的史家自可研究，这里毋需赘述。对其官宦生涯稍加据引是为了指出，传是楼藏书与此不无关系，而这正是讨论传是楼藏书目录所应该了解的。

　　首先，以徐乾学炙手可热的权势、富埒伯侯的家资，而"发愤购遗书，搜罗探秘籍，从人借钞写，瓶罄日不给"，遂使传是楼藏书汗牛充栋，其得天独厚之优势，可想而知。诚如黄宗羲《传是楼藏书记》所言："丧乱之后，藏书之家多不能守。异日之尘封未触，数百年之沈于瑶台牛箧者，一时俱出，于是南北大家之藏书，尽归先生。先生之门生故吏遍于天下，随其所至，莫不网罗坠简，搜抉缇帙，而先生为之海若，作楼藏之，名曰'传是'。昔人称藏书之盛者，谓与天府相埒，则无以加矣。明室旧书，尽于贼焰。新朝开创，天府之藏未备，朝章制度，典故文为，历代因革，皆于先生乎取之。是先生之藏书，非但藏于家也。"所以，当康熙诏令购采遗书，"乾学以宋元经解十种、李焘《续资治通鉴长编》及《唐开元礼》，或缮写，或仍古本，综其体要，条例奏进"。而纳兰性德购求宋元诸家经解，亦"启于乾学，得钞本一百四十余种"，刊成《通志堂经解》一千八百余卷。由此观之，徐氏于藏书史的贡献，不只在丧乱之际抢救古书文献，还在于能"上补石室金匮之遗亡，下可备通人博士之浏览"，充分发挥藏书的历史文献价值。亦如黄宗羲所说："先生内备顾问，外奖风流"，"主持文运，当必有以处此，人将指此楼也，与白鹿争高矣。"谭卓垣先生《清代藏书楼发展史》认为藏书家中"收藏家"一派，"是在家产这一意义上来重视藏书的，其最著名者为徐乾学"。以徐乾学于考订、校勘、鉴赏无突出成绩来判传是楼为"收藏家"一派，是可以的，但认为他只是"在家产这一意义上来重视藏书"，就未免失之偏颇。

据汪琬《传是楼记》称："徐健庵尚书筑楼于所居之后，凡七楹，斫木为橱，贮书若干万卷，部居类汇，各以其次，素标缃帙，启钥烂然。"考乾学于康熙二十七年（1688）迁刑部尚书，次年乞假归籍。而汪琬卒于康熙二十九年，是传是楼起于康熙二十八、二十九年间。汪记又载乾学"与其子登斯楼而诏之曰：'吾何以传女曹哉？'因指书而欣然笑曰：'所传惟是矣。'遂名其楼为'传是'"。谭先生理解为家产，即从此出。但邵长蘅《传是楼记》别有见解，以为"传是"寓"传道"之意。六经载道，子史百家，道之羽翼，道在书中，传是书即传是道。拙见以为，据史载乾学于三月归里，五月便被两江总督傅拉脱参劾一本，告其沽名誉欲建生祠于虎丘山上，纵子不法，借势招摇，竞利害民。结果把徐元文也参下了台。所以徐乾学引子登楼说这番话，似乎还隐有训诫宗子之意。

据陆心源《宋椠婺州九经跋》曰："绛云楼未火以前，其宋元精本，大半为毛子晋、钱遵王所得。毛、钱两家散出，半归徐健庵、季沧苇。徐、季之书，由何义门介绍，归于怡府。"

二、《传是楼书目》、《传是楼宋元本书目》
的编例和学术价值

　　《传是楼书目》不分卷，共收录图书三千九百余种，是传是楼藏书总目。各书按排架顺序编目，排架以千字文顺序编号，一字代表一橱，每橱四格，共五十六橱。因其排架基本上仍按四部分类序列，所以实际上书目也基本上按四部分类。各部细分子目，设类较详。著录内容十分简单，仅于书名下记卷册数而已，偶有著者名则附于书名前，与《绛云楼书目》、《也是园藏书目》一致。从编排、著录情况来看，《传是楼书目》除属登录簿册外，还具有便于检册的排架目录的性质。

　　《传是楼书目》设类之细，比《绛云楼书目》、《也是园藏书目》、《述古堂藏书目》有过之而无不及。其中尤以史书为甚。所分正史、通史、编年记录、运历、霸史、杂史、实录、起居注、时政、故事、职官、时令、仪注、法令、器用、酒茗、食经、种艺、豢养、耆旧、孝友、忠烈、名贤、高隐、家传、列女、科第、名号、冥异、祥异、谱系、家谱、簿录、地志、别志、朝聘行役、蛮夷等三十七类。郑鹤声《中国史部目录学》评说："繁琐最甚。其间如运历、实录，皆编年之属，分而为三。器用、酒茗、食经、种艺、豢养，皆食货之属，分而为五。耆旧、孝友、忠烈、名贤、高隐、家传、列女，皆传记之属，分而为七。科第、名号、谱系、家谱，皆簿录之属，分而为五。冥异、祥异，皆杂记之属，分而

为二。地志、别志、朝聘行役、蛮夷，皆地理之属，分而为四。盖皆去其总号，散为子目。惟正史、通史、霸史、杂史、起居注、故事、职官、仪注等目尚仍其旧。"其实，《传是楼书目》对史部书的分类还不及《也是园藏书目》多而细，这实质上反映出当时读书人对史书观察分析的程度，他们设置的类属名目，很多已为后世袭用，只不过后人的进步是按其性质拉开级次层次，更趋合理。所以《传是楼书目》分类显得繁琐，并不在其多，而在其层次不明。

《传是楼宋元本书目》一卷，是徐乾学编的家藏善本目录。共收录宋版书二百六十部、元版书二百零三部，以及抄宋本、抄元本、宋元杂本五六百部。也按千字文排架编号自"天"至"荒"序列各书。著录版本于书名、卷册数之前，与《述古堂宋板书目》一样。偶附注作者名、音注者名及藏书印等。

《传是楼书目》和《传是楼宋元本书目》似当编于徐乾学晚岁的最后几年，即康熙二十八年至三十三年之间。晚于《述古堂藏书目》和《述古堂宋本书目》，早于《汲古阁珍藏秘本书目》。比较前后，我们尚能寻出自康熙初至康熙中期三四十年间，私家藏书目录，特别是善本书目的发生和发展轨迹。此外，如谭卓垣先生《清代藏书楼发展史》所说："在考察清代的主要藏书楼时，我们发现一个有意思的现象，那就是三百多年间的五百多个藏书家承继着藏书的事实。私人藏书的链条是一环紧扣一环的，往往彼时彼地的藏书散开了，而到此时此地又被重新聚集了起来。"亦如谢国桢《明清时代版本目录学概述》所言："清初有名的藏书，如徐乾学所编《传是楼书目》、季振宜编《季沧苇书目》、郑性编《二老阁书目》，其中藏了颇多珍本，不看这些书目和这些藏书家的印章，就不知道这些书籍的流传之所由来和书籍版刻的真伪了。"所以，尽管徐乾学的二部书目并非清初最重要的目录著作，但对了解清代目录学史和藏书源流，还是有意义和价值的。

三、《传是楼书目》和
《传是楼宋元本书目》的版本

《传是楼书目》和《传是楼宋元本书目》经过长期展转传抄，直至清末民初才得以梓印。先是由仪征吴丙湘于光绪十一年（1885），据徐圣秋藏抄本刊印《传是楼宋元版书目》一卷，收入《传砚斋丛书》。末附顾维岳鉴定为伪宋元版书十三部。宣统二年（1910）罗振玉辑刻《玉简斋丛书》，另据别抄，收入此书。

《传是楼书目》存世抄本较多，其中有鲍氏知不足斋抄本、刘氏嘉荫轩抄本等名家抄本，各本均不分卷。民国三年，王存善据嘉荫轩抄本排印，因底本集部书只存明嘉靖以后部分，故另据马玉堂汉唐斋抄本补配汉至明初文集，并参校文字，然犹缺总集和诗文评部分，题名《传是楼书目不分卷附马氏玉堂抄藏传是楼足本书目残卷》，与徐秉义《培林堂书目》一并辑为《二徐书目合刻》。

《季沧苇藏书目》

  《季沧苇藏书目》是清初江南大藏书家季振宜的藏书目录。振宜字诜兮，号沧苇，生于明崇祯三年（1630），卒年不详，江苏泰兴人。家殷富，自幼好学。顺治四年（1647）进士，授兰溪令，历刑部、户部两曹，擢御史。著有《静思堂诗集》。季沧苇喜藏书而富藏书，藏书处曰"辛夷馆"。对他生平与藏书的记载，少而零散。但从以下征引的几段文献中，试见其藏书情况之大概。

  钱曾《读书敏求记·吴彩鸾书切韵》曰："余从延令季氏曾睹其真迹，逐叶翻看，展转至末，仍合为一卷。张邦基《墨庄漫录》云旋风叶者即此。真旷代之奇宝。""余幸遇此《韵》，得睹唐时卷帙旧观。季氏零替，不知归之何人，惜哉！"是知季振宜藏书与钱曾同时，然其"零替"，却先于钱曾。又钱曾《述古堂藏书目序》曰："丙午、丁未之交，胸中茫茫然，意中惘惘然，举家藏宋刻之重复者，折阅售之泰兴季氏。殆将塞聪蔽明，仍为七日以前之混沌与！""抑亦天公怜予佞宋之癖，假手沧苇，以破予之惑。"是知钱氏述古堂部分藏书，在康熙五年至六年间，转售季振宜，而季氏与钱曾同有佞宋之癖。又黄丕烈《士礼居藏书题跋记续·毛诗传笺残本》曰："昔人聚书，不妨兼收并蓄，故得成大藏书家。余力万不逮季氏之一，而好实同之。"是知季氏对同书异本能兼收并蓄，而财力大胜荛翁。至于季振宜藏书最后"由何义门介绍归于怡府"，这只是晚生一个多世纪的陆心源的说法，其实未必尽是。黄丕烈《士礼居藏书题跋记续·王子安集》曰："己巳中秋前五日，晨起，有书友吴立方候于门，携书一包，云从乍浦韩家得来者。书皆可观。其中宋刻最精良为《贤良进卷》，系季振宜藏书。惜止四卷，目后已遭剜改。合诸沧苇《延令宋版书目》所云八卷，已佚半矣。"以怡王府侯门高深，乾隆时征献天下遗书也不能得其一纸半叶，可知乍浦韩家流出的季振宜原藏并非经由怡府而得。除钩稽诸家书跋外，最集中反映季振宜藏书情况的文献，就是《季沧苇藏书目》了。

《季沧苇藏书目》一卷，卷端题名《延令宋版书目》。著录图书约千种，编排次序很乖谬。先以经、史、子、集、杂五部分别著录二百一十六种宋元版书。继之并设"宋元杂版书"、"崇祯历书总目"、"经解目录"三部。"宋元杂版书"下又按书的内容分设经、史、古文选、韵书、子书、文集、诗集、类书、杂部、内典、儒书、医书、方舆等十三类。这三个部类，尤其是"崇祯历书"和"经解目录"，似属"延令宋版书目"的附目。各书著录书名、卷册数与版本。黄丕烈跋称其"详载宋元版刻，以至抄本，于几无所漏略。今沧苇之书散失，每从他处得之，证诸此目，若合符节。方信藏书不可无目，且不可不载何代之刻、何时之抄，俾后人有所征信也"。其实《季沧苇藏书目》载记版本甚略，或刻或抄，并不详明时代，不比《述古堂藏书目》强多少。因为季目稍晚出于钱目，所以别出宋本编目也好，载记版本也好，就目录编制的学术史意义而言，都已不大了。然而我们从黄丕烈的话里似乎可以体味到，即便是如今看来如此浅略的版本著录，在当时要被藏书家编目所接受，仍非轻易。

　　既然如此，《季沧苇藏书目》的目录价值又何在呢？除其记下了季振宜曾经辉煌一时的藏书实录外，更有意义的是黄跋所说的"有所征信"，即为考证藏弆源流所取资。黄丕烈尝曰："书籍贵有源流，非漫言藏弆已也。"这是清代讲究版本一派藏书家强调的一个理论。季振宜继承钱遵王部分珍藏秘本，构成清代藏书源流的重要环节，这就是黄丕烈喜欢、重视并整理、刊印《季沧苇藏书目》的主要原因。嘉庆十年，黄丕烈借嘉定瞿木夫、海盐黄椒升两家藏本，互相校勘，著其异同，并将所见所藏季沧苇藏本的流向，略著各条之下，使《季沧苇藏书目》的利用价值增益良多，并开了以知见版本注记书目的先例。书目刊成后，收入《士礼居丛书》，流传益广。

《汲古阁珍藏秘本书目》

一、毛晋、毛扆及其汲古阁珍藏秘本

由毛晋创业、毛扆继业的"汲古阁"藏书，与钱谦益"绛云楼"接踵而存世更长，与钱曾"述古堂"并峙而历史更久。它在古代藏书史上的作用和地位，以及受后世重视、关注的程度，比之二钱，有过之而无不及。

毛晋原名凤苞，字子九，改名晋，字子晋，号潜在，晚号隐湖、笃素居士。生于明万历二十七年（1599），卒于清顺治十六年（1659），江苏常熟人，县诸生。毛氏是虞山巨富，家有田数千亩，质库若干所。晋少游钱牧斋门，好古博览。明末衰季，"年谷屡荒，人民扰乱，凡吴郡乡城诸富家莫不力尽筋疲"。毛晋静观世变，另辟蹊径，把田产"一时尽售去，即以为买书刻书之用，创汲古阁于隐湖"。以藏书支持出版，以出版保守家业，获得事业的极大成功。他藏书讲究版本，不惜重金购置珍善古旧之书。荥阳悔道人《汲古阁主人小传》记载说，毛晋立榜于门曰："有以宋椠本至者，门内主人计叶酬钱，每叶出二百；有以旧抄本至者，每叶出四十；有以时下善本至者，别家出一千，主人出一千二百。"

于是湖州书舶云集七星桥毛氏之门矣。邑中为之谚曰："三百六十行生意，不如鬻书于毛氏。"汲古阁还自己培养抄手写工，"入门童仆尽抄书"，"僮仆皆令写书，字画有法"，苍头老仆也能勾勒影宋。清吴伟业《汲古阁歌》曰："此闻充栋虞山翁，里中又得小毛公。搜求遗佚悬金购，缮写精能镂板工。"冯班《毛子晋五十寄贺》诗等，称"隐湖汲古之阁藏书数十万卷，富甲海内，四方高人名士归隐湖如水之于海"。陈瑚《为毛潜在隐居乞言小传》，称汲古阁"上下三楹，始子终亥，分十二架，中藏四库书及释道两藏，皆南北内府所遗，纸理缜滑，墨光腾剡，又有金元人本，多好事家所未有"。汲古阁珍藏宋元旧椠，钤以"宋本"、"元本"椭圆印别之，"甲"字朱文小方印钤于首，在今各大图书馆里还能观赏到。毛晋也是个读书研学之士，编著有《毛诗陆疏广要》、《海虞古今文苑》、《明诗纪事》等。他也是清代学术崇尚考据朴学的先导之一，"在举世溺没宋明理学之时而提倡汉唐旧学"，"在举世从事于详节、选本之时而提倡整部全史"。

毛晋生有五子，襄、褒、衮、表、扆。扆字斧季，生于明崇祯十三年（1640），卒于清康熙五十一年（1712）。五子中，扆最能承家业，继遗风。特别是在毛晋去世后，益收藏，耽校刊，与吴中藏书之友相约往来，维续汲古阁数十年。然私家藏书终不能长久，犹君子之泽，五世而斩。毛扆晚岁，汲古阁书渐始散出。《茶余客话》载传说云："子晋家藏本，或云王驸马以金钱辇去。驸马，吴三桂之婿也。"但更多的说法是，毛（晋）、钱（曾）两家之书，半归徐（乾学）、季（振宜）。不管怎样说，毛扆不得不让售其书是事实，《汲古阁珍藏秘本书目》就是他为售书给潘耒稼堂而编撰的书目清单。

二、《汲古阁珍藏秘本书目》
的收书与著录特点

　　《汲古阁珍藏秘本书目》一卷，共收录图书四百八十一种。按四部序次，经史书籍一百三十九种，子书二百零二种，集部书一百二十四种，附续寄书目十六种。其中宋元刊本抄本一百一十二种，明刊明抄本三百六十九种，反映了当时书林对明板的认识观念。当然，这不是汲古阁藏书总目，而是待沽的部分善本简目。《汲古阁珍藏秘本书目》著录书名、卷册数外，注记版本特别详细，宋元版书大多冠于书名之前。对构成版本特点的要素，析之更详。

　　（一）注记抄本特点。如《九域志》注"宋版精抄"。《李鼎祚易解》注"宋版影抄"。《野记》注"旧抄本，鬻书者谓是枝山亲笔"。《易说》注"绵纸朱砂格旧钞"。《国初事迹》注"丛书堂抄本"。（二）明版皆注明朝代。这是前所未有的。（三）注记版本文字内容特点。如《陶渊明集》下记曰："与世本截然不同。如《桃花源记》中'闻之欣然规往'，今时本误作'亲'，谬甚。《五柳先生赞》注云一本有'之妻'二字，按《列女传》，是其妻之言也。他如此类者甚多，不可枚举。即四八目注，比时本多八十余字，而通本一作云云，比时本多千余字。真奇书也。"《此事难知》下注曰："与《东垣十书》中细校，大有不同。"《精抄张小山乐府》下注曰："李中麓家词山曲海，无所不备，独无小山词全本，曾从总集搜集其词，刻而行世。余细校之，此元版比李刻多一百几十首。"（四）附注插图、题记。如《元版画相搜神广记》下注云："凡三教圣贤及世奉众神皆有画像，各考其姓名、字号、爵里及封赠谥号甚详，亦奇书也。"《眉山唐先生集》下记曰："后有陈白阳、朱子儋题字。"《陶渊明集》下记："签题系元人笔，不敢易去。"（五）注明纸张。如《丽则遗言》下注："藏经纸面，虽系元版，精妙绝伦，亦至宝也"。《简斋诗集》下注："高丽纸宋版"。《易说》下注："绵纸朱砂格旧抄"。（六）标注书价。如《骆宾王集》二册，注"八两"。《九域志》十册，注"八两"。

毛扆在书目后附言中还对书的售价作了说明："抄本看字之工拙，笔赀之贵贱，本之厚薄，其书之秘否，然后定价。就宋元版而言，亦看版之工拙，纸之精粗，印之前后，书之秘否。""至于精抄之书，每本有费四两之外者，今不敢多开，所谓裁衣不值缎子价也。在当年抄时，岂料有今日哉！然余之初心，欲刊刻行世，与天下后世共之。今此心并以托之。"

三、《汲古阁珍藏秘本书目》
的学术价值与版本

《汲古阁珍藏秘本书目》之所以与众不同地详记版本特征，其直接原因是为了给鬻售的珍本作说明，但这一现象出现的基础，则在于当时已经兴起的藏书讲究版本之风。谭卓垣《清代藏书楼发展史》说："在清代藏书家的一般风气中，推崇珍异本——尤其是宋元版，是最显著的特点。推崇和珍视它们的原因，除了物以稀为贵的因素外，还因为它们具有准确的原文。根据叶德辉的说法，讲究版本可以追溯到宋代尤袤的《遂初堂书目》，而关于宋

版的详尽记载则始于明末毛氏所撰的汲古阁珍本的目录。这个目录注明了宋元各种版本，以便买者鉴证。因此，清初的毛氏汲古阁和钱氏绛云楼起了开珍重宋元版风气之先的作用。绛云楼遭火厄后，珍贵的宋元本的数量也因此急剧减少了。事实上，一般藏书的价值，在相当程度上常常依据包含此种版本的数量来衡量。"《汲古阁珍藏秘本书目》著录古旧珍贵版本如此详尽细致，既是这种崇尚的产物，也是反映当时藏书家对古旧珍善之本认识程度和研究特点的证明。

　　《汲古阁珍藏秘本书目》虽然是一部供出售藏书参考的藏书目录，但它的目录价值及其在目录学史上的意义却远非一般鬻书清单可比。从宏观上看，犹如吕绍虞《中国目录学史略》所说："将善本集中编成目录的，或以毛扆所撰《汲古阁珍藏秘本书目》为最早。"当然，钱曾《述古堂宋本书目》、徐乾学《传是楼宋元本书目》、季振宜《延令宋版书目》要比它成书更早些，它们专收宋版或宋元版书，也该属善本书目之性质，但反映的善本范畴较偏狭。而《汲古阁珍藏秘本书目》于宋元旧椠外收录了各种旧抄本，不仅从版本的时代划定界限，还从版本文字内容异同考虑珍善与否。显然，作为一部完整意义的善本书目，它更名副其实。从微观上看，《汲古阁珍藏秘本书目》著录版本各项相当细密，熟悉古籍编目的人不难发现这些著录项大多沿袭至今，仅作局部扩充和整体规范化而已。而钱曾《述古堂宋本书目》的版本著录就相形见绌了。因此《汲古阁珍藏秘本书目》对清代善本书目这一重要目录类型，确实具有开先创制的意义。

　　以钱谦益、钱曾、毛晋、毛扆为代表的虞山藏书家，开创了藏书讲求讲究版本的风气，促成了清季版本研究的蓬勃发展，并为目录学的发展别开洞天。清代目录学发展的特点之一是图书著录内容的不断丰富和完善，而其丰富内容的一个主要方面就是版本。图书版本著录的定式至清中叶已基本告成，对此发展过程起最早和最大影响的是《汲古阁珍藏秘本书目》和钱曾《读书敏求记》。尽管后者的学术价值另有一功，非前者可比，但毕竟前者成书早于后者，其意义也不言而喻。另外，《汲古阁珍藏秘本书目》对研究汲古阁藏书情况自然是不可或缺的，它对古旧版本价格的记录更具有其它书录所罕见的史料价值。

《汲古阁珍藏秘本书目》在传抄了将近一个世纪后，终于被以"佞宋"张帜的黄丕烈情有独钟地收入《士礼居丛书》，于嘉庆五年（1800）刊印行世，是最早有刊本的清前期私家藏书目录之一。继而又有光绪十年（1884）朱记荣槐庐家塾刻本。民国初商务印书馆据《士礼居丛书》排印收入《丛书集成初编》。

《上善堂宋元版精抄旧抄书目》

一、孙从添藏书及其《藏书纪要》

《上善堂宋元版精抄旧抄书目》亦名《上善堂书目》，是孙从添编纂的家藏善本书目。从添字庆增，号石芝，生于清康熙四十一年（1702），卒于乾隆三十六年（1771），江苏常熟人。县诸生。善医术，"用药出人意表，妇孺呼之'孙怪'。侨居郡城，大吏皆器重之"。他家境虽不富裕，却与乡先贤有藏书之同好，每外出，或"持橐以载所见，或携箧以志所闻"。自述平生"无他好而中于书癖，家藏卷帙不下万数，虽极贫，不忍弃去"。他描述藏书的苦与乐，说："密求于冷铺，于无心中得一最难得之书籍，不惜典衣，不顾重价，必欲得之而后止。其既得之也，胜于拱璧，即觅善工装订，置于案头，手烧妙香，口吃苦茶，然后开卷读之。岂非人世间一大韵事乎？"不妨看成是孙从添的自我写照。他业医而尚善，名书室曰"上善堂"。孙氏藏书散后，入黄氏士礼居者有数十种。孙从添不是一个大藏书家，却写出了一部大藏书家未能亦曾写出的著作《藏书纪要》。

谭卓垣在《清代藏书楼发展史》里这样写道："《藏书纪要》是

整个十九世纪唯一的一部向私人藏书家交代藏书技术的参考书。令人惊奇的是，他所提出的意见一向为藏书家们谨守不渝，直至今日还对现代中国的图书馆发生着影响。许多编纂珍本书目的术语都出自该书，更不用说后人以此书的意见为鉴别宋元版本的标准了。虽然在最近几十年里，出版了不少关于图书馆科学的著作，但是旨在指导私人藏书家工作的专著却未问世。假如今后还没有著述来取代《藏书纪要》的地位，那么中国的藏书家们还将在各方面仰仗于它。"《藏书纪要》是一部关于藏书建设的专著，全书分为八则：购求、鉴别、抄录、校雠、装订、编目、收藏、曝书。它以对藏书过程和技术的系统总结而体现其理论价值，并由于藏书与版本、目录、校勘的密切关系而具有这些方面的学术意义。

《藏书纪要》对藏书目录编制的直接指导意义有四个方面。第一，是对编目者的素质要求。"大凡收藏家编目有四则：不致错混颠倒，遗漏草率，检阅清楚，门类分晰，有条有理，乃为善于编目者"。即需具备广博的典籍知识、合乎逻辑的思想和细致的工作态度。第二，是建立一套完整的目录制度，即藏书楼应有的四种形式的书目：①分类的藏书总目。②以宋元刊、抄本为主的珍本、善本书目。③书柜目录，相当于库藏排架目录。④书房、书架书目和未装订书目，指未入库书目。第三，是建立详备的书目著录项。"写某书若干卷。某朝人作，该写著者、编者、述者、撰者、录者、注者、解者、集者、纂者，各各写清，不可混。书系宋版、元版、时刻、宋元钞、旧钞、明人钞本、新钞本，一一记清。校过者写某人校本。下写几本或几册，有套无套"。编宋元珍本书目还应著明"北宋、南宋，宋印、元印、明印本，收藏跋记、图章姓名，有缺无缺、校与未校"，"写明何人抄本、印宋钞本、有版无版"等等。第四，是概括总结了与书目著录直接相关的版本鉴定方法。《藏书纪要》的目录编制方法论，与其说是孙从添的经验之谈，不如说是他对自清初以来《绛云楼书目》、《述古堂藏书目》、《述古堂宋本书目》、《传是楼书目》、《季沧苇藏书目》、《汲古阁珍藏秘本书目》等书目编制方法的经验总结。它是清前期私家藏书目录发展的产物和发展水平的检阅。从这个意义上说，《藏书纪要》也是一部重要的目录学著作。而且，在冠孙从添以目录学家之时，《藏书纪要》实在要比《上善堂宋元版精抄旧抄书目》更加重要。不过还应当指出，《藏书纪要》反映的是以钱谦益、钱曾、毛晋、毛扆、季振宜、黄丕烈为代表的常熟藏书家一派的藏书和目录学思想观点，图书版本重于图书内容，版本形式重于版本内容，鉴赏收藏重于读书考订。这是它的局限所在。

二、《上善堂宋元版精抄旧抄书目》
的编例特点、学术价值和版本流传

　　《上善堂宋元版精抄旧抄书目》一卷，共收录孙氏珍藏善本四百七十五种。这部书目在清代目录学史上的最大意义，是开了按版本类别分类编次的先例。全目分宋版、元版、名人抄本、影宋抄本、旧抄本和校本六类。其中宋版书约五十五种，元版书约七十六种，名人抄本约八十九种，影宋抄本约七十二种，旧抄本约一百四十七种，校本约三十六种。有不少源自明末清初著名藏书楼的藏本，如叶氏菉竹堂、钱氏述古堂、毛氏汲古阁等。以往善本书目都是按图书内容，或用四部，或非四部法分类编排。但既以宋元旧刻旧抄为收录标准，各门类图书分布众寡悬殊，难以统筹兼顾。就此而言，按版本类别分类编次的《上善堂宋元版精抄旧抄书目》避免了这种难堪。显然，这种更突出强调版本的善本书目，更配热衷、擅长鉴赏一派藏书家的胃口。相形之下，便利读书检索的目录功能就削弱了。这种图书分类法，在清后期、清末民初的私家藏书目录中颇多见用，是所谓"版本目录"的一种典型。跟《汲古阁珍藏秘本书目》一样，《上善堂宋元本精抄旧抄书目》斥明本于外，似为不足，但它对抄本、校本的更大关注，体现出当时版本研究的进一步深化，及其对目录发展的促进。

《上善堂宋元本精抄旧抄书目》著录版本更为详明。除注明时代外，对版本曾经何人藏，何人校，何人抄，何人跋，均有记录。对考证图书藏弃源流、版本价值有较高参考作用。但书目并没有完全按《藏书纪要》的守则行事，体例不很严格一律。清代书目著录的成熟化还需一段历程，《上善堂宋元版精抄旧抄书目》乃是私家藏书目录自清前期向中期过渡的一块界石。

《上善堂宋元版精抄旧抄书目》向以抄本流传，存世寥寥。民国十八年（1929），由常熟丁祖荫转录陈乃乾抄嘉业堂藏本，经赵诒深再录，由瑞安陈准刻入《滮滮斋丛书》。

《拜经楼藏书题跋记》

一、吴骞生平、学术及其拜经楼藏书

拜经楼是乾嘉时期浙江最负盛名的藏书楼之一。拜经楼主人吴骞，字槎客，一字葵里，号兔床，生于雍正十一年（1733），卒于嘉庆十八年（1813），浙江海宁人。吴骞祖籍安徽休宁，世代经商，家饶资财，并不失诗礼之习，是典型的徽州儒商。明天启间，吴氏流寓海宁，是海宁盐业的开创者。及至骞时，家道中落，已无雄财。骞自幼孱弱多疾，不得已弃举业。但他博文赡学，诗名早著，对经学、金石诸学素谙研究，撰辑之作多达五十种，主要有《愚谷文存》、《尖阳丛笔》、《拜经楼诗集》、《拜经楼诗话》、《桃溪客语》、《国山碑考》、《阳羡名陶录》、《海昌经籍志备考》、《海宁倭事始末》、《东江遗事》等等。辑刻《愚谷丛书》、《海昌丽则》两部丛书，后被重编成《拜经楼丛书》。

吴骞"先世颇乏藏书"，而他却嗜书如命，每遇善本，"倾囊购之弗惜"。乾隆四十三年，筑拜经楼于海宁，"置得书万本，生喜厚帙，计不下四五万卷"。拜经楼藏书一部分来自有清以来江浙藏书故家，据《拜经楼藏书题跋记》载，有钱牧斋、钱遵王、朱竹垞、曹秋岳、马寒中、查慎行、吴尺凫、黄俞邰、季沧苇、徐东海、卢抱经、杭堇浦诸大家旧物，展转流传，渊源有绪。但更多的是他和江浙藏书家交往互易、抄录所得。乾嘉时代的大多数藏书家从历史的教训中认识到藏书"秘不示人"的弊害，于是破除旧习，传观交通，互为得益，如车幅蚁舟，在江浙私家藏书最兴盛的地区结成一张经纬纵横的藏书信息交流网络。吴骞是处于网络中心的一个重要的活动分子。他说自己"生平得一异本，必传示知交，共相抄校，非私为己有者"。他和黄丕烈关系最密切，荛翁尝曰："海宁吴槎客先生藏书丰富，考核尤精，每过吾郡，必承枉访，并出一二古书相质。"在藏书思想上，两人也颇为沟通。他说："黄荛圃主事喜蓄宋刻书籍，校勘精审，榜其室曰'百宋一廛'。余心窃慕之，而无其识力，惟拟广购元椠佳本，取《荀子》'驽马十驾'之意，颜所居曰'千元十驾'。"吴骞拜经楼又名"苏阁"，因其喜得宋椠百家注东坡先生集而题之。可见兔床与荛圃对宋元旧椠，同有嗜癖。虽然吴骞终未能圆"千元"之梦，但拜经楼藏本校勘精审则不下士礼居。所谓"非特装潢端整，且多以善本校勘，丹黄精审，非世俗藏书可比"。"苟非兔床先生之精于鉴别，虽拥书数万卷，未足傲南面百城也"。所以，吴骞拜经楼五万卷藏书，不以"多"称，而以"精善"举。

吴骞藏书不像黄丕烈转瞬易手，及身而止。他作藏书铭曰："寒可无衣，饥可无食，至于书，不可一日失。此昔贤诒厥之名言，允可为拜经楼藏书之雅率。"为了守护不失，他亲订书楼制度，"非同志不得登也"。子孙亦能善承家训，保护遗籍，绎绎传递三世。及至道光末年，时势险恶，名山遗书，方付烟云。

海宁拜经楼藏书鼎甲浙东近百年，既通达益人，又保守有方，三世继嗣，存世久长，在清代浙江藏书家中很突出。所以乡后学钱泰吉称赞他"当与四明范氏天一阁并峙，而为浙东西宛委之藏"。

二、吴寿旸和《拜经楼藏书题跋记》

拜经楼藏书虽富甲一方，名噪一时，可惜著作等身的吴兔床却没有为他的一生心血留一部目录下来。幸而其子寿旸不但能像乃父一样，善承先志，保护旧籍，勿损于虫蚁，勿夺于豪势，择人通假，责归如期，更重要的是他做了父亲没有做的大事，编成《拜经楼藏书题跋记》。

寿旸字虞臣，号苏阁。因长兄寿照中年失明，他从青年时起，就随父访书会友，是吴骞悉心培养的接班人。寿旸精校勘，撰有《公羊经传异文集解》、《后汉书校勘记》、《苏东坡集校勘记》、《读书日益编》、《富春轩杂著》等。《拜经楼藏书题跋记》作者题名是吴骞撰，吴寿旸编，这给人的印象一般就是，吴寿旸编的拜经楼藏本中吴骞题跋的汇辑。其实《拜经楼藏书题跋记》包括三个部分：吴骞题跋、诸家题跋和吴寿旸按语。

吴骞题跋是《拜经楼藏书题跋记》内容的主要成分。书中凡称"先君子书"、"先君子识"、"先君子云"、"先君子题"、"先君子跋"者皆是。但吴寿旸对先父遗墨并非悉录无遗。或已收入《愚谷文存》的不录，但予说明。或仅作注记"先君子有题记数条"，不录全文，估计是跋文内容于考证书籍无大补的缘故。抉精择要，《拜经楼藏书题跋记》共录入吴骞藏书题跋二百余首。世称吴骞题跋"辨误析疑，兼及藏书之印记、书板之行款、抄书之岁月，莫不详识"。概括地说，吴骞题跋极少揭示图书内容主旨，主要是对版本的考订和鉴赏，以及叙述藏弄和刊印的源流。如明晋藩旧藏宋本《诗集传》录"先君子书"云："按《明史·诸王传》，晋恭王封于太原府，传至裔孙表栾，孝友好文，分封庆成王。此岂其故物耶？简庄征君跋其所藏《诗集传》云：'考文公孙鉴《诗传遗说序》云，《诗集传》，豫章、长沙、后山皆有本，而后山校雠最精。'是本或亦系后山本耶？自《小雅》以后阙。征君所藏，亦阙《小雅·蓼莪》至《大雅·板之什》。吉光片羽，弥足珍已。"如《明史稿列传》录"先君子跋"云："万季野先生所撰史稿，方望溪侍郎以为四百六十卷，诸志未成。全谢山庶常以为五百卷。今此仅列传二百六十七卷，虽似未全，盖华亭开雕时，亦尚有删并也。周松霭大令云，此书即查东山之《罪惟录》，故有朱康流、张侍轩传，及海宁俞子久事。然予未见《罪惟录》，不敢悬断，识之以俟知者。"又云："此书予藏之数十年，姚江邵予桐编修见而极爱之，以为此'《旧唐书》'也。在西湖书局中，借阅累年，后竟携以入都，屡索不还。属武林友人往取之，酬以二十金始得。昔人以借书还书等为一痴，殆是之谓欤！然予实一片苦心，终不以是为悔。后人能体此意，亦可云文章绍编橥矣。"另外，考稽作者、比勘文字的题跋也有。不少跋文，如《水经注》、《国寿录》、《咸淳临安志》、《笠泽丛书》诸跋，皆能"正讹纠缪"，学术性很强。总体上看，吴跋与黄跋风格比较接近，然黄跋更自由散漫些，吴跋则稍拘紧。

诸家题跋，内容也不少。吴骞曰："至于宋、元本，精抄，往往经名人学士赏鉴题跋，如杭堇浦、卢抱经、钱辛楣、周松霭诸先生，鲍绿饮、周耕厓、朱巢饮、张芑堂、钱绿窗、陈简庄、黄荛圃诸良友，均有题识，尤足宝贵。"除上述众位，《拜经楼藏书题跋记》还辑录了拜经楼藏本上马寒中、查慎行、吴伟业、厉鹗、陆贻典、周亮工、朱彝尊、曹溶、潘耒、毛斧季、吴焯、江声、顾之逵、顾千里、吴翌凤、朱文藻、杨复吉、丁杰诸家题跋。有些是名家手笔，有的是吴骞过录。如宋本《前汉书》载录"仁和朱朗斋明经跋"、"吴县黄荛圃主事跋"、"东里卢抱经学士跋"。如宋大字本《咸淳临安志》辑录"武林沈烺校识"、"耕厓先生识"、"竹垞先生跋"、"尺凫先生跋"、"董浦先生跋"等。诸家藏书题跋并非有跋必录，一般的只予注记，如钞本《南部新书》，除录陈鳣跋、先君子跋外，并注出该本还有"王闻远叔子及贞复堂二跋"、"雍正庚戌蝉花居士、乾隆乙酉贞复堂诸跋"。

吴寿旸按语大约有三个方面的内容。一是用三言两语把选录的吴骞题跋和诸家题跋贯串起来。二是对版本特征予以著录，凡作者、卷次、版式、原序、藏印、批校、题识等，皆多关照，但记注并无一致体例、一定顺序。如《白虎通》下记曰："《白虎通》，北宋椠本，分上下二卷，篇目内作圆围者十。每叶二十四行，行二十三字。纸墨精雅，古香馣馤。抱经学士刊此书时，先君子曾以此本借校。"《前汉书》下记曰："宋本《前汉书》列传十四卷，每叶十六行，行十六字。首行大名在下，小名在上。次行题'汉护军班固撰'。三行署'唐正议大夫行秘书少监琅琊县开国子颜师古集注'，并与监本不同。详先君子跋语中。卷末书右将监本、杭本、越本及三刘、宋祁诸本参校，其有异同，并附于古注之下。后记正文注文字数。笔画工整，纸墨古雅，淘宋刻之最佳者。"三是对吴骞题跋和诸家题跋的补充考订。寿旸考订多引用《四库提要》和前贤考订成果，如阎若璩《潜邱札记》、朱彝尊《曝书亭集》、钱曾《读书敏求记》、钱大昕《十驾斋养新录》、《竹汀日记抄》等。据统计，《拜经楼藏书题跋记》各篇无一不经寿旸加笔，相反却有三分之一条目没有吴骞跋和诸家跋，只有吴寿旸的著录或考订。如元刻《周易传义附录》、旧抄《淳熙三山志》等，完完全全是吴寿旸的大段考证。如卷一所收六十一种书，无诸家题跋的有二十种。卷四收七十九种书里，无诸家题跋的有二十八种。

因此，《拜经楼藏书题跋记》既不是单纯吴骞撰写题跋的汇编，也不是诸家题跋的合集。实际上，吴骞题跋和诸家题跋已经成为吴寿旸编撰书录解题的素材，真正的编撰者只是吴寿旸一个人。

三、《拜经楼藏书题跋记》的收书情况

《拜经楼藏书题跋记》五卷。卷一"群经小学"，凡六十一种。卷二"正史载记"，凡四十九种。卷三"地志目录"，凡三十种。卷四"诸子杂家"，凡七十九种。卷五"别集总集"，凡一百零二种。共收书四百二十余种。

《拜经楼藏书题跋记》收录的图书，从内容和著述时代来看，有以下几个特点：

（一）多近世和当世人著述。如顾亭林《日知录》、阎若璩《潜邱札记》、厉鹗《辽史拾遗》、《东城杂记》、张如锦《纲目赘言》、孙退谷《考正朱子晚年定论》、杭世骏《榕城诗话》、陈熷《乐记逸篇》、沈珩《十三经名文钞》等。这与许多藏书家只收古书，不收或少收近人今人著作不同。

（二）多桑梓文献、乡贤著述。如《海宁县志》、《海昌外志》、

《海宁倭寇始末》、《海宁闺阁诗》、《海昌闺秀诗》等。如同邑查初白《苏诗补注》、陈香泉《小名补录》、查尧卿《红柑斋诗草》、施自勔《兰垞诗抄》、朱可人《钓余集》、汪立仁《汪氏杂著》等。这些乡邦文献中有不少是原稿或抄稿。

（三）多地方志和书目。卷三为此单独分卷，可见其多。如三种南宋《临安志》、《新安志》、《三山志》、《吴郡图经续记》、《续吴郡志》等。所收明末清初书目特多，如《箓竹堂书目》、《绛云楼书目》、《千顷堂书目》、《读书敏求记》、《也是园藏书目录》、《传是楼宋元版书目》、《传是楼书目》、《道古楼书画目录》、《延令书目》、《曝书亭书目》、《静惕堂书目》、《汲古阁书目》、《汲古阁刊书细目》、《汲古阁珍藏秘本书目》等。这在大藏家的书目中是少有的。著录这些书目并为之跋，对了解清初书目的流传和影响很有参考价值。比如《千顷堂书目》和《读书敏求记》辑录的诸家题跋，已成为后人考订这两部书目所必引的文献资料。

从版本上看，《拜经楼藏书题跋记》收录的图书有以下几个特点：

（一）多抄本。《拜经楼藏书题跋记》收录各种抄本二百余种，占总数三分之二弱。这个特点是由拜经楼藏书来源所决定，前文已经讲述。不过这在明清藏书家中并不鲜见。明姑苏吴宽丛书堂、四明范钦天一阁藏书，半系抄本。清赵氏小山堂、鲍氏知不足斋、汪氏振绮堂，亦多影抄宋元精本。拜经楼中亦多名家精抄。如汲古阁精抄《毛诗阐秘》，"钞写甚精，硃笔圈点及题识皆亲笔，装褫雅洁，印记累累"。吴梅村手抄《读史纪要》"的系先生亲笔"。朱巢饮手抄《大学辨》、《默记》，金寿门手抄《墨志》等等。还有就是吴骞的手抄本和拜经楼抄本，如《秋思草堂集》、《一隅录》、《断肠集》等。

（二）多名家批校本。这是拜经楼藏书最有特色的部分。如陈鳣依宋本校明刻《太平御览》，鲍廷博从宋本校《稗海》丛书本《渑水燕谈录》，卢文弨校武英殿刻本《郑志》和武英殿聚珍本《直斋书录解题》，以及吴骞据明柳大中抄本校项纲刻本《水经注》等等。《拜经楼藏书题跋记》中许多藏本本身在当时并不精善，或为通行之本，如汲古阁本、《知不足斋丛书》本、武英殿本及一般抄本，但由于迳经名家校雠，顿时身价陡增。如中吴顾氏刻本《笠泽丛书》下记曰："先君子从诸本校，凡五次，并补录《小名录序》、王益祥跋、陆钟辉跋，及明王良栋、康熙丁卯龚蘅圃、阮善长诸题识。"又录"张文渔征君书云：《笠泽丛书》，余向有碧筠草堂刊本，好友陆白斋又赠何义门先生校本，自喜所藏称善矣。今假兔床先生所校，集诸家之大成，较何本订正更多。按碧筠本为吴人王岐所书，笔讹尤多，先生一一改正，以《说文》为宗，且有益于小学，不仅为甫里功臣也。又《纪锦裾》一首，先生校正是'裾'字非'裙'字，引吴融集《古锦裾六韵》自注云'上有鹦鹉、鹤'，'陆处士有序'为证，皆刊本所沿讹者。先生精心校之，后之求丛书者，不得朱衮、樊开本，当以先生本为甲观矣。乾隆乙巳七月十九日海盐张燕昌识于冰玉堂"。

（三）较多宋元旧本。《拜经楼藏书题跋记》共收录宋刻十七种、元刻二十四种。与士礼居相比，乃小巫也。但其中不乏世间珍秘，如宋大字本《咸淳临安志》、宋本《周易兼义》、宋本《太玄经》、宋咸淳刻本《说苑》、宋刻《王梅溪集分类东坡先生诗集》、元中统本《史记索隐》、元吴师道刻本《战国策》、元建安同文堂刊《四书经疑问对》等。

四、《拜经楼藏书题跋记》的学术价值

（一）《拜经楼藏书题跋记》以其与众不同的编纂体例和内容特征，创造了一种题跋记目录体裁的新形式。明清以来产生的书跋集录，基本上都是个人的题跋辑集，如都穆《南濠居士文跋》、毛晋《隐湖书跋》、钱曾《读书敏求记》、王士禛《渔洋书跋》、彭元瑞《知圣道斋读书跋》等。换一个角度看，它们也是个人文章别集的一种。从前文所述可知，《拜经楼藏书题跋记》不是专收吴骞一人题跋的专集，而是别出心裁地把拜经楼藏书中的吴骞题跋和其他诸名家题跋选辑一编；并且还不只是简单地把题跋排列组合起来，而是作为主要素材融合在编者吴寿旸的书录解题中。因此，它虽然还是题跋集录，但与以往那种"无目录之名，有目录之实"的题跋集的性质稍有不同，即其结集的形式更趋同书目。它既是题跋目录体裁的一个变例，也是藏书目录的一种变例，或者说是两者的一种新的结合。这在清代目录学发展史上，确实是很有意义的一件事。无怪乎目录学史研究者往往会既把它看成藏书目录的典型，又把它看成是题跋记的典型。

《拜经楼藏书题跋记》的体例特点有其产生的特殊条件。第一要有藏主留下大量题跋，第二要有众多名家留下题跋，第三要有编者自己的著录和考订。三者齐备，极不容易。所以，自《拜经楼藏书题跋记》开此体例后，效尤者并不多，题跋目录仍以个人题跋集为主。至于同此例者，也往往不能全部做到以上三条。如《士礼居藏书题跋记》，辑士礼居藏书中黄丕烈跋和其他诸家跋于一编，但编者江标没有像吴寿旸那样做很多工作，只是把跋文排列序次。再以后的《铁琴铜剑楼藏书题跋集录》，不仅没有瞿启甲的文字，连瞿镛的题跋也没有。

《拜经楼藏书题跋记》汇录诸家题跋的形式，对古书考订更加有助。故其类似者虽然很少，但在目录学上的意义却并不因此而减少。

（二)《拜经楼藏书题跋记》是研究清代藏书楼史的重要文献。当然，首先是它反映了乾嘉时代浙东第一家藏书情况，是了解拜经楼藏书的唯一目录文献。而拜经楼藏书的珍贵价值，决定了这部藏书题跋记的重要参考价值。同时，由于书中记有吴骞与武林、吴门藏书家交往踪迹，保存了不少鲜为人知的书林佚事，提供了丰富的资料。

（三)《拜经楼藏书题跋记》是了解和研究吴骞版本学、校勘学思想、方法的主要参考文献。吴骞精于鉴赏、精于校勘，以"校勘学治版本"是其特长。他的著述极富，但反映这两方面研究成果的多集中在书跋中。而吴骞的书跋除收录于《愚谷文存》的二十篇，全都在《拜经楼藏书题跋记》里了。吴骞的乡后人管廷芬评价说"《拜经题跋》实胜《读书敏求记》"，主要就是说他在版本校勘方面的功力。我们今天再论《拜经楼藏书题跋记》，自然不再仅限此一点。就题跋集这一特殊目录体裁的产生和发展来看，《读书敏求记》和《拜经楼藏书题跋记》具有同样重要的意义。

五、《拜经楼藏书题跋记》的流传和刊印

吴寿旸编成《拜经楼藏书题跋记》后，一直"秘之箧衍，不以

示人"，故而世人未晓。道光九年，即寿旸下世数年之后，其子之淳，字鲈乡，持先父遗墨示同里别下斋主人蒋生沐。蒋既善之，并抄录副本。道光二十五年，吴之淳去世。蒋生沐为了纪念乡先贤的藏书事迹，传布其书，即嘱管廷芬等校写付梓，并附录吴寿旸诗文一卷于后。书于道光二十七年（1847）告竣，编入《别下斋丛书》印行。这是《拜经楼藏书题跋记》的最早刻本。

此后，又先后有光绪五年会稽章氏《式训堂丛书》本、光绪三十年朱氏《校经山房丛书》本、光绪间武林竹简斋景印《别下斋丛书》本、民国十一年上海博古斋景印增辑《拜经楼丛书》本、民国十二年上海涵芬楼景印《别下斋丛书》本、民国十三年苏州江杏溪编印《文学山房聚珍版丛书》本和民国二十八年上海商务印书馆编印的《丛书集成初编》本。传世的版本虽然很多，但都源于《别下斋丛书》本，所以并不复杂。只是后印诸本，舛误颇多。

《百宋一廛赋注》、《百宋一廛书录》、《求古居宋本书目》和《士礼居藏书题跋记》、《荛圃藏书题识》

一、黄丕烈及其藏书特点

在清代藏书家中，黄丕烈无疑是最受瞩目的一个，而且越至近代，名气越大。同治时，潘祖荫还如是曰："吾郡藏书家自康、雍之间碧凤坊顾氏、赐书楼蒋氏后，嘉庆时以黄荛圃百宋一廛、周锡瓒香严书屋、袁寿阶五砚楼、顾抱冲小读书堆为最，所谓四藏书家也。"光绪末，叶昌炽、叶德辉等的说法就进一步了："国朝吴中藏书之富甲于天下，绛云、汲古，其最著也，乾嘉以后，首黄氏士礼居。""乾嘉以来藏书家，当以丕烈为一大宗。"近人陈登原《古今典籍聚散考》评价更高，称嘉庆中能"及时崛起，足以复汲古、绛云之盛者则黄丕烈之百宋一廛是已"，"乾嘉间之藏书史，可谓百宋一廛之时代允矣"。同时，黄丕烈也是古文献学研究中褒贬争议、讨论研究最多的一个话题，甚而形成所谓"黄学"的专学，这在清代藏书家中恐怕无第二人。

　　黄丕烈，字绍武，号荛圃，又号复翁、廿止醒人、知非子、抱守老人、秋清逸叟。生于乾隆二十八年（1763），卒于道光五年（1825），江苏吴县人。乾隆五十三年举人，无意仕途，"乃援例得主事分部"，人称"黄主事"。自谓生平无他喜好，独嗜收藏书籍。其藏书处曰"士礼居"，曰"百宋一廛"，曰"求古居"，曰"读未见书斋"，曰"陶陶室"，曰"学山海居"，间有署"红椒山馆""学耕堂"者，不能枚举。

　　"佞宋"是黄丕烈藏书的最大特点。藏书佞宋，始于钱曾。黄丕烈说："'佞宋'出《述古堂书目序》，予恒引为窃比。"他从乾隆五十七年（1792）收藏宋本《大戴礼记》起，"遇宋本，苟力可勉，无不致之以为快"，"遇以善本，不惜破产购之"，"积晦明风雨之勤，夺饮食男女之欲，以沈冥其中"，达到了"似魔似佞又如痴"的程度。"荛圃年未老，宋板之书，麕至未已"，至嘉庆十七年（1812），计二十年之中，先后所获宋刻书几二百种，一时翘楚，海内称雄。"其书多钱、毛二家之藏，而他姓名本亦间出焉"。黄氏藏书"后半归同县汪氏士钟艺芸书舍"，继而又先后归藏杨氏海源阁、瞿氏铁琴铜剑楼、陆氏皕宋楼等，是清代藏书链中具有承上启下意义的重要一环。黄丕烈佞宋还不只是一般的倾囊争购，鉴赏丹铅，而是一种登峰造极的崇拜。"春秋佳日，招其二三同好，盘桓乎是室，胪列宋元，校量完阙，厘正舛错，标举湮沈，当其得意，流为篇什"。甚至"每于除夕，布列家藏宋本经史子集，以花果名酒酬之"，为"祭书"之礼。沈士元《祭书图说》曰："夫祭之为典，巨且博矣。世传唐贾岛于岁终举一年所得诗祭之，未闻有祭书者。祭之自绍甫始。"所以当时就有人评曰："今天下好宋版书，未见如荛圃者也。"当然，藏书量也好，祭书礼也好，还不是佞宋的本质，如果仅此而言，黄丕烈在清代藏书史上的地位必然逊退跌落。

诚如王芑孙《黄荛圃陶陶室记》曰："荛圃非惟好之，实能读之，于其板本之后先，篇第之多寡，音训之异同，字画之增损，及其授受源流，繙摹本末，下至行幅之疏密广狭，装缀之精粗敝好，莫不心营目识，条分缕析。""实事求是，搜亡剔隐，一言一句，鉴别古人所未到，时以笔诸书而广其副，嘉惠方来。"如果说标榜"佞宋"并开鉴赏风气之先者是钱遵王的话，那么树"佞宋"之帜并把鉴赏提高到一门学术流派的人就是黄丕烈了。而实际上黄丕烈对宋版书的研究和造诣，远不止王芑孙理解的这些方面。他非但深悉版刻年代等属于版刻形式的问题，更立足于版本文字的优劣来讨论宋本之佳胜。他认为："凡书不可不细校一通，第就外面观之，谓某本胜某本，此非定论也。"又说："既而校勘群籍，始知书旧一日，则其佳处犹在，不致为庸妄人删润，归于文从字顺，故旧刻为佳也。"他提出"书必以真本为上"的主张，因为"书经重修，自不能无误。虽宋椠已如是矣"。但宋椠"纵有舛讹，皆属无心，非有意删削也"。因此，那些认为黄丕烈"动称宋刻，不知即宋亦有优劣"是"陷于绝对化"盲目迷信的批评；那些认为黄丕烈"是把宋元刻本当作古董来玩，看成奇货可居，距离为读书而求书藏书的作法，也就太遥远了"的批评，实在是对黄丕烈的不太了解。

黄丕烈精于鉴别，经其判明先后，甄别真伪，殆可不凿而定，因此他被洪亮吉举为清代"赏鉴"一派藏书家的代表人物，所谓"第求精本，独嗜宋刻，作者之旨意纵未尽窥，而刻书之年月最所深悉"。后世以此为特征的藏书家莫不奉黄为宗。如王欣夫先生评曰："黄丕烈的流派，先有常熟之张，又分为瞿、杨、丁、陆四大藏书家。"而其余脉，更有缪荃孙、潘祖荫、莫友芝、叶昌炽、邓邦述等，影响绵延至今，甚至占有主导地位。所以黄丕烈的贡献已远远超出他的丰富收藏和精熟鉴赏力，而这种历史性的影响决不是个别盲目崇拜者能吹捧出来的。因为古书既是文献，又是文物，鉴赏不仅是文献考订的基础，也是把古书作为文物来研究的一种方法和手段。张元济《宝礼堂宋本书录》有一段精彩言论："文化之源，系于书契；书契之利，资于物质。结绳既废，漆书竹简而已；笔墨代兴，迺更缣帛。后汉蔡伦造纸，史称莫不从用。然书必手写，制为卷轴，事涉繁重，功难广远。越八百余年而雕版兴，人文蜕化，既由朴而华；艺术演进，亦由粗而精。故昉于晚唐，沿及五代，至南北宋而极盛，西起巴蜀，东达浙闽，举凡国监官廨、公库郡斋、书院祠堂、家塾坊肆，无不各尽所能，而使吾国文化日趋于发扬光大之境。""余喜蓄书，尤嗜宋刻，固重其去古未远，亦爱其制作之精善，每一展玩，心旷神怡。余尝言一国艺事之进退，与其政治之隆污，民心之仁暴，有息息相逼之理。况在书籍，为国民智识之所寄托，为古人千百年之所留贻。抱残守缺，责在吾辈。"荛翁佞宋，固然不及菊老高瞻远瞩，但溯其源流，一脉相承。因此即使黄丕烈不窥作者之旨意，但悉刻书之年月，其经验也不可妄加菲薄。

　　黄丕烈藏书思想还不只是"佞宋"二字。比如他到晚年转而重视明本的收藏和研究，说："余于宋元刻本，讲之素矣。近日反留心明刻，非降而下之。宋元版尚有研求之人，前人言之，后人知之，授受源流，昭然可睹。若明刻，人不思讲，及今不讲明而切究之，恐渐灭殆尽，反不如宋元之时代虽远，声名益著也。"比如他重视和善于从冷摊中发掘"未见书"，还"书贾视有用为无用"者以本来面貌。比如他"遇古书异本必收"，"于片纸只字皆为之藏，非好奇也，盖惜字耳。往谓古人慧命全在文字，如遇不全本而弃之，从此无完日矣"。比如他"对版本源流，钻研很深"，尝言"书籍贵有源流，非漫言藏弄而已"。又说："古书源流，余喜考订，故一藏书之家而必求其实如此。"这实际上就已注意到"藏书链"的关系和作用问题。

黄丕烈在采用考据学去实施其藏书思想和计划时，也同时开拓了版本研究、校勘研究和目录研究的新领域。他对宋元旧本的鉴赏方法和理论，在版本学史上拥有无可置疑的地位。他藏书而校书，守"死校"一派程式，"据一宋本，笔笔描述，即讹字亦从之，缩宋本于今日，所谓下真迹一等者"。正如王欣夫所说："他们的功绩，在凭他的校本，流传了不少宋刻孤本，也是有鉴于明人的擅改古书，志在保存真相。又死校也是活校的基础，不可偏废。"由于黄丕烈藏宋本多，见宋本多，故其校本的"保真"度很高。在乾嘉藏书家、校书家中，大概要数黄丕烈校本流传最多、市价最高。他校书而刻书，以"死校"之法，据所藏宋本景刊《仪礼》、《国语》、《战国策》、《舆地广记》、《伤寒总病论》、《洪氏集验方》等，据所藏汲古阁影宋抄本景刊了《孝经》、《论语》、《孟子》等，都收入《士礼居丛书》。这部《士礼居丛书》在张秀民《中国印刷史》里，被评价为清代丛书中"最为人艳称"的一部。

黄丕烈藏书活动的特点还在于他与整个藏书界、学术界，乃至书林商贾的广泛联系和交流。在乾嘉之交，江浙两省的藏书交流最为活跃、频繁，对推动古籍从搜购、收藏、鉴赏到校勘、考订、出版等一系列整理工作起着积极作用。在这张交流网络中，黄丕烈不仅是个活跃分子，而且是个中坚分子、中心人物。他与钱大昕、段玉裁、陈鳣、吴骞、顾抱冲、顾千里、鲍廷博等，知交友善，互易抄校，品评赏鉴，也与书林人物如钱听默、陶五柳者相稔相熟，过从商榷，冷摊觅宝。这对士礼居藏书特点和黄丕烈书跋特点的构成都有一定的影响。

黄丕烈藏书还有与其他藏书家不一般的地方，即买进卖出，流动性强。这是后人訾议他"骨董习气"、"卖绢牙郎"的原因。黄丕烈不是富翁，他能让"宋板之书麕至未已"，常靠古书交易的差价获利。他深谙古书买卖"生意经"，这在传统文人眼里自然不屑一顾。但作为一个收藏家，难道不该懂得藏品的经济吗？

二、《百宋一廛赋注》的成书与内容特点

和黄丕烈的版本学、校勘学相比，或和同时代其他藏书家的目录学成就相比，黄在目录学方面的研究和成就反而不怎么突出。

《士礼居藏书题跋记》、《荛圃藏书刻书题识》虽然蜚声学林，但却无目录之名。即有目录之实，也是荛翁百年后才编成的。而黄丕烈亲手编订的藏书目录《求古居宋本书目》、《百宋一廛赋注》、《百宋一廛书录》等，虽然反映了他的至尊极品，但从目录学角度来看，却并无多大的意义。

《百宋一廛赋注》是一部特殊的藏书目录。黄丕烈曰："予以嘉庆壬戌迁居县桥，构专室，贮所有宋椠本书，名之曰'百宋一廛'，请居士撰此赋。既成，辄为之下注，多陈宋椠之源流，遂略

鸿文之诂训。博雅君子，幸无讥焉。"后来，叶德辉《郋园读书志》跋此书曰："明丰坊为华夏作《真赏斋赋》，叙录所藏书画书籍、金玉古玩之属，此本前人《大招》、《七发》之意，而实之亦文赋中之变体也。乾嘉时吴门黄荛圃主事丕烈喜藏宋本书，因榜其居曰'百宋一廛'，而属顾涧苹茂才广圻为之赋。盖又本《真赏赋》，略变其例，而专载宋本书为事者也。"这两段话基本上道明了《百宋一廛赋注》的编撰缘起和目录特征。从乾隆五十七年（1792）收得第一部宋版书起，至嘉庆七年（1802），黄丕烈获藏宋版已逾百部，故筑室专贮，名"百宋一廛"壮其声色，请当年进士及第的顾莼颜其室，请顾千里撰赋。黄丕烈与顾千里之间曾有过一段笃契交谊，两人在图书版本学"佞宋"这个观点上相当接近，互相引为知己之交。黄对顾的才学相当推许，谓其校书"皆有依据，绝无凿空"。嘉庆九年冬，顾千里应安徽庐州知府张祥云之请，往庐州授徒，在庐州为黄丕烈撰就《百宋一廛赋》。《百宋一廛赋》以赋体叙录"百宋一廛"所藏宋本，固然能视为文赋之变体，叙录之变例。但赋录图书，受文字局限，多文学欣赏价值，而少书目著录价值。如其赋曰："至于宣城之三谢，京兆之五窦，使君之才调，衲子之宏秀，荆公之百家，洪氏之万首，唐粹则一朝，宋选则众手。"即使知道这是写的《三谢诗》、《窦氏联珠集》、《才调集》、《弘秀集》、《唐百家诗选》、《万首唐人绝句》、《唐文粹》、《宋文选》八种总集，也难解其藏本特点。所以《百宋一廛赋》难以作为黄丕烈的宋本藏书目录来使用。而有了黄丕烈注，情况就大不同了。

长泽规矩也《中国版本目录学书籍解题》称黄丕烈于《百宋一廛赋》"自作细注，记各书之流行、行款、存佚"，"可以藏书志观之"。荛圃赋注于各书作者、内容，决无考述提要，而注记版本特详。如"梅山校正之尺牍"下注曰："《李学士新注孙尚书内简尺牍》十六卷，每半叶十二行，每行大廿字，小廿五字，无序文及刊刻年月，目后有'蔡氏家塾校正'六字。予向有赵灵均用元天历庚午本所校之明刻，其首有钞补序一通，云'庆元三祀闰余之月，梅山蔡建侯行父谨序'。以之相证，即此本之序，而今失去耳。元本盖从之出也。"时而亦有纠前录之谬者。如"忘忧清乐"下注曰："《忘忧清乐集》不分卷。板有上中下小数，行字不等。载足本《敏求记》中，称为李逸明《棋谱》二卷，非也。《书录解题》云'《忘忧清乐集》一卷，棋待诏李逸明撰集'，即此。又考《读书志》云，'《忘忧集》三卷，宋朝刘仲甫编'。故此集首题曰'前御书院棋待诏李逸明重编也'。上中下小数，岂记刘之旧第耶！特拈出正之。"

荛圃赋注的特点是"注赋"，即其对书的著录，紧扣赋句，是既起到注释的作用，又达到目录的功用。如"昌黎数四，百衲之裔，别加点勘，须兹起例"下注曰："残大字本《昌黎先生文集》，每半叶十行，每行十八字，所存卷二十二至卷二十六而已，传是楼旧物也。又残小字本《昌黎先生集》，每半叶十一行，每行廿字，所存卷一至十，字画方劲，而未有注，当是北宋椠。又残本同前刻，所存第三十九、第四十两卷。又残本朱文公校《昌黎先生集》，每半叶十二行，每行廿一字，所存卷十一至末。"这是对"昌黎数四"句的注。"予欲以四残本相补完，故曰可作述古堂主人百衲《史记》之流裔也。"此注"百衲之裔"句。"别加点勘者，郡前辈陈少章氏，先已著有《韩集点勘》也。又张古余先生向得残本，今年春，曾许与南宋残本《九章》及《张丘建算经》《孙子算经》一并脱手见赠，介居士及袁寿皆甫易校予新得残本《太平御览》，助孙渊如先生付刻于山东。后经某人綮之不果。某人者，予旧学徒也"。此一段则注记"别加点勘，须兹起例"末两句。又"庐山长庆，见取六丁，金华太史，独著精灵"，下注曰："残本《白氏文集》，每半叶十一行，每行廿一字，所存十三至十六，又二十六至三十四，又五十五至五十八，凡十七卷。《长庆集》北宋时镂诸版，所谓庐山本者。庚寅一炬，种子断绝。唯此金华宋氏景濂所藏小宋版，图记宛然，古香可爱，推希世珍矣。事详《敏求记》，其所数存卷有误，今正之。"赋文精练概要，注记叙录契合，相得益彰。

《百宋一廛赋注》一卷，共记录宋本书一百有九种。这是不计重本的数字，若以"昌黎数四"合计，则更多。注虽由黄丕烈撰，但顾千里也参与文字的最后定夺。且看黄丕烈注曰："始，予请居士撰藏书赋，在己未、庚申间，许而未为也。后以今名重请，迨甲子冬杪，此赋方就。时居士教读于庐州府晋江张太守所。又明年乙丑春，手书其稿见寄。及秋，居士以将往山东应孙渊如先生之招，而归家省母，然后行。适余注赋竟，遂仍相商榷，定之如右也。"

《百宋一廛赋注》于嘉庆十一年（1806）刊成，收入《士礼居丛书》。道光间，上海徐紫珊刻《思适斋集》，也收入此书。又有光绪三年潘祖荫重刊本和光绪十三年上海蜚英馆影印《士礼居丛书本》，以及民国初上海涵芬楼据《士礼居丛书》排印本。

三、《百宋一廛书录》、
《求古居宋本书目》的编纂与内容特点

《百宋一廛书录》和《求古居宋本书目》是黄丕烈亲自编订的、

名符其实的藏书目录，然而他却没有刊行这两部书目。

《百宋一廛书录》一卷，是黄丕烈编制藏书目录计划中的一部分。黄丕烈自序曰："十余年来究心载籍，欲仿宋人晁、陈两家例，辑录一书，系以题识，名曰《所见古书录》，究苦择焉而不精，语焉而不详，故迁延未成。适因迁居东城县桥，重理旧籍，特衷集宋刻本，汇藏一室，先成簿记，谓之《百宋一廛书录》。"及其注《百宋一廛赋》，又如是曰："予思撰所藏书录，专论各本，以宋椠一、元椠二、毛钞三、旧抄四、杂旧刻五分列。今宋椠初就矣。昔人书目，未有题以宋板者，有之，自延令季氏始。但其目后仍厕他刻，此区区之未尽惬心者也。《读书敏求记》则凡宋元钞刻杂糅并陈，又或骋其行文之便，一概略去弗言，致令不可识别，尤不能无憾也。"《百宋一廛书录》撰成于嘉庆八年（1803），黄丕烈注《百宋一廛赋》，实际上就是靠的这部宋版书录。试举例比较之。《赋注》"书法道人"曰："陈思《书小史》十卷，每半叶十一行，每行廿字。宋椠起卷第六，其以上毛氏钞本补足，有天台谢愈修序，称'道人趣尚之雅，编类之勤'云云。"《书录》"《书小史》"下曰："此宋板《书小史》为钱唐陈思纂次。序文、卷一至卷五俱毛钞补，卷六至卷十则宋刻也。钱唐陈思以业于书者而善著述，如《江湖小集》、《宝刻丛编》、《小名录》，多传布于世。唯《书小史》则传布绝少，矧此宋刻不益可珍耶？余观天台谢愈修序称之曰'道人趣尚之雅，编类之勤'，则其所梓行者，非比坊间射利之徒所为。又云'每一到都，必先来访，订证名帖，饱窥异书'，亦可见道人之在当时，多与通人往来，非沾沾以鬻书为事也。"两目同条者，皆有此详略之别。可见黄丕烈虽自称《书录》是"簿记"一类，但实际内容却相当丰富，决非一般简单著录某本几卷者可比。

其书录内容虽逊于黄跋，但如以一般藏家观之，亦堪称之题跋了。

《百宋一廛书录》在民国初年由吴兴藏书家张钧衡刻印，收入《适园丛书》。张跋曰："撰《所见古书录》专论各本，以宋椠一、元椠二、毛钞三、旧钞四、杂旧刻五，并未编定。身后，瞿木夫分为二十卷，稿本归皕宋楼，亦售与日本岩崎氏。今此残帙无意得之。宋椠本一百十二种，较顾赋只短十种，亦罕见之秘笈矣。"但长泽规矩也《汉籍版本目录书籍解题》却说岩崎氏静嘉堂未得此稿。可见此事尚存疑虑。

张钧衡，字石铭，号适园主人，生于同治十一年（1872），卒于民国十六年（1827），浙江吴兴人。光绪二十年（1894）中举，会试不第后捐主事分兵部车驾司候补，并在上海经商。张钧衡藏书始于光绪二十年前，经十数年南北搜购，至光绪三十三年，在故乡南浔筑适园，占地二十余亩，有池馆亭台之胜，其中藏书处名"六宜阁"。辛亥革命之际，张钧衡在上海与缪荃孙、沈曾植等交往，又收得不少善本。适园藏书的特点之一就是黄丕烈校跋本。经黄丕烈校跋品题过的所谓"黄跋本"，在清末民初是藏书家争相搜购，甚至悬价以求的奇货。在民国初年，只要能拥有二十来部黄跋本，便足以傲视同侪。适园以收藏黄跋本一百零一部独占鳌头，比四大藏书家之一的杨氏海源阁还多出两部。因此，张钧衡刊印黄丕烈藏书录的残稿《百宋一廛书录》，也可谓是情有独钟。

《求古居宋本书目》编成于嘉庆十七年（1812），是黄丕烈当时所藏宋本书目。求古居是黄丕烈的藏书处名。黄丕烈《求古精舍金石图序》曰："余以求古名其居，为藏宋刻书籍也。"为什么以"求古"名其居呢？他说："顷戊寅新秋，新畲先生以《求古精舍金石图》寄余，并属一言为之引。顾余非嗜金石者，于所学毫无知识，不足为新畲重，惟是求古之心则同，请得毕其说焉。古人一事一物必有精神命脉所系，故历久不敝。然世远年湮，不无显晦之异，又有待于后人之网罗散失，参考旧闻，此古之所以贵乎求也。书籍与金石无二理，余与新畲所求乎古者，事不同而心无不同，故所以名其居舍者，实不同而名无不同。以余求古者推之，即可知新畲所以求古者矣。余之求古，介于汲古、述古之间，新畲之求古，超乎考古、博古而上。自古在昔，先民有作，凡事皆当作与古为徒之想欤！求则得之，舍则失之。"

自《百宋一廛赋注》刊成后，黄丕烈又陆续收得许多宋本，如残宋本《中兴群公吟稿戊集》、宋尤袤贵池刻本《文选》等。同时，他也将原藏宋本稍有易出。因此，《求古居宋本书目》收录了赋后所收的宋本及赋中原有未易出的宋本，共一百八十七种。据粗略统计，黄丕烈在赋后六七年中新收得宋刻又多达七十五种，这确实是个很惊人的数字。我们也因此而知黄丕烈从他三十岁至五十岁的二十二年中，共获宋刻书二百种。《求古居宋本书目》是一部简目，只记录书名、残存及册数。书目末附《求古居宋本书目考证》，注明"目有赋无者七十五种"：《北史》、《杜工部草堂诗笺》、《刘涓之鬼遗方》、《蜀志》、《杨诚斋尺牍》、《苏文忠尺牍》、《韦苏州集》、《严州图经》、《芥隐笔记》、《史载之方》、《洪氏集验方》、《皇宋中兴圣政》、《幼幼新书》、《九朝编年》、《二刘文集》、《左氏摘奇》、《姚少监集》、《附音重言古注礼记》、《伤寒活人书》、《续资治通鉴节要》、《皇朝中兴系年要录》、《六经正误》、《通鉴纪事本末》、《小学史断》、《东都事略》、《诗律武库》、《图画见闻志》、《东南进取舆地通鉴》、《云溪友议》、《洗冤集录》、《管子》、《伤寒总病论》、《本事方》、《吴门郑氏本柳集》、《容斋五笔》、《太平御览》、《春秋公羊经传解诂》、《尔雅》、《酒经》、《周美成词片玉集》、《陶靖节先生诗》、《中兴群公吟稿戊集》、《棠阴比事》、《楚辞》、《王明清挥麈录后录》、《挥麈前录》、《三苏文粹》、又廿五卷、《文选李注》、《续幽怪录》、《礼记集说》、《老杜诗史押韵》、《罗泌路史》、《说苑》、《孟东野集》、《历代纪年》、《茅亭客话》、《唐秦隐君诗》、《小字毛诗》、又八册、《小儿方》、《宋刻施顾二家和陶诗》、《舆地广记》、《释部各种》、《宗镜录节要》、《大慧禅师年谱》、《十二先生诗宗集韵》、《文苑英华纂要》、《藏经》、《桯史》、《朱氏家礼》、《王临川集》、《宣和遗事》、《大字资治通鉴》、《六臣注文选》。又注明"赋有目无者十一种"：《穀梁注疏》、《皇朝编年纲目备要》、《建安虞氏道德经》、《刘梦得文集》、《刘文房文集》、《西山先生真文忠公文集》、《朱子易学启蒙》、《文中子》、《龙龛手鉴》、《云庄四六余话》、《钱杲之离骚集传》。

《求古居宋本书目》于民国七年（1918）由长沙叶氏观古堂刊行。据叶德辉叙称："黄荛圃主事丕烈《求古居宋本书目》一卷，吴湖帆公孙万出以授余，盖其大父窀斋尚书公所藏本也。"

《百宋一廛书录》和《求古居宋本书目》共同反映了佞宋主人黄丕烈收藏宋版书的基本情况，《书录》更以书录解题形式反映版本面目，按理说该比《赋注》更有价值，但因此二目刊印较晚，反不如《赋注》知名度高。当然，最具华彩的，还属黄丕烈的书跋。

四、《士礼居藏书题跋记》、《续记》、《再续记》和《荛圃藏书题识》、《续录》的编集与刊印

黄丕烈在其数十年积书生涯中，经其鉴赏校勘而留下题跋的

书，计有九百种以上，一说有千余部，存世八百余篇。由于他所题跋的对象大多是珍罕书本，也因为他的一流鉴赏力，以及题跋行文的特殊魅力，"黄跋"的"身价"在作者身后数十年里被越"炒"越热，越"炒"越高。但对于大多数崇敬"黄学"的藏书家、目录学家和版本学家来说，最遗憾的却是黄丕烈生前没有像钱曾一样，把题跋辑集起来，也遗憾他的后人不如吴寿旸。再由于经过二百多年的发展，题跋形式的目录体裁已深入目录家之心。因此，从光绪初开始有人辑集黄丕烈藏书题跋。因为黄氏旧藏分散，各有属主，辑录工作自有其难，不可能毕功于一役，于是就有了一次又一次的补辑。这种情况在清代藏书史、目录学史上是从未有过的。真是"辑刻题识，至于再三，长笺短跋，搜采不遗"。现将主要辑本陈述如下：

（一）《士礼居藏书题跋记》六卷。光绪十年（1884）潘祖荫编。据潘序云，黄氏士礼居藏书散出后多归汪士钟艺芸书舍，道光中又渐散失，初归聊城杨氏海源阁，后逸出者入吴平斋、陆存斋之手者亦多。潘祖荫一叔母嫁与汪阆沅长子，因而潘得以从中抄录黄跋。后又得自吴、陆二家藏本之跋，并缪荃孙等赠送若干。于是按四部排列，编刊此书。卷一经，卷二史，卷三、四子，卷五、六集，凡六卷，收录题跋二百余种。此记有光绪十年吴县潘氏滂喜斋刻本。

（二）《士礼居藏书题跋记续》二卷。缪荃孙编。新收录荛圃题跋七十种：经七种、史九种、子十九种、集三十五种。这些黄跋皆由缪荃孙从归安姚觐元、德化李盛铎、湘潭袁芳瑛、巴陵方功惠、揭阳丁日昌等处观书抄录所得。光绪二十二年（1896），由江标刻印，收入《灵鹣阁丛书》。

（三）《士礼居藏书题跋再续记》二卷。缪荃孙编。补录黄跋五十种：经二种、史六种、子十九种、集二十三种。据缪荃孙说，此册补辑在江标借刻《续记》时已编成，江不知有此册。民国元年，顺德邓实刻印此册，收入《古学汇刊》第一集。

（四）《荛圃藏书题识》十卷《荛圃刻书题识》一卷。缪荃孙、章钰、吴昌绶等编。民国八年（1919），缪荃孙合"士礼居题跋三记"，复从乌程张氏适园、刘氏嘉业堂和海盐张氏涉园、松江韩氏读有用书斋等处抄得黄跋补入。另由章、吴补得若干，总而编纂成此。此编一将刻书题识另卷分出，一则将确知版本流向的藏书处注明。民国八年江阴缪氏刻本。

（五）《士礼居藏书题跋记续编》。孙祖烈编。民国间上海医学书局石印本。此编实取前编三记，加上张氏《适园丛书》中的《百宋一廛书录》。错误甚多。

（六）《士礼居藏书题跋补录》不分卷。李文裿编。辑得前编三记未录之黄跋二十八种。民国十八年（1929）冷雪盫铅印本。

（七）《荛圃藏书题识续录》四卷《再续录》一卷。王大隆辑。大隆字欣夫，原籍浙江秀水，后迁苏州。生于光绪二十七年（1901），卒于公元1966年。藏书室名"二十八宿砚斋"，著有《蛾术轩箧存善本书录》等。此编刻于民国二十二年（1933），与《思适斋书跋》合为《黄顾遗书》。

黄丕烈藏书题识，经此几番网罗搜索，遗漏无多。所有各编，要在《荛圃藏书题识》和《续录》、《再续录》。

《荛圃藏书题识》除集录黄丕烈题跋外，还辑录士礼居藏书中留下的他人题跋。这与《拜经楼藏书题跋记》的编例相似，只是不像吴寿旸那样重新组织过，并有编者的著录和按语。其他人的跋数顾千里最多，还有陈鳣、钱大昕、吴翌凤、何焯、朱邦衡、查嗣瑮、汪士铉、徐嘉炎、朱彝尊、宋蔚如、冯舒等。还有个别题跋是为他人藏本而题撰，如明活字本《曹子建集》，乃书友之书。但总的来说是可以当作黄丕烈藏书目录来使用的。

五、《荛圃藏书题识》的内容特点和目录价值

《荛圃藏书题识》的内容有什么特点？一般认为，"荛圃当乾嘉极盛之时，居吴越图籍之府，收藏宏富，交友广远，于古书板刻先后异同及传授源流，靡不赅贯。其题识所及，闻见博而鉴别详，巍然为书林一大宗，举世推挹之"。故缪荃孙概之以赏鉴为长，谓曰："若夫辨版刻之朝代，订钞校之精粗，则黄氏荛圃蹊径独辟。"而当今论者亦大致泛论其特点，称说他"见闻之广，论断之精，名言法语，可采的很多"，"积累的丰富的鉴别古籍版本的经验和理论，都容纳在他撰写的题跋、题识里"。这样说当然也不错，但以鉴赏为特点的题跋记多得很，钱曾《读书敏求记》、吴寿旸《拜经楼藏书题跋记》等都是。叶德辉《郎园读书志》曾这样评论说："荛翁题跋于书目别开一派，既非《直斋》之解题，亦非《敏求》之骨董，文笔稍多芜累，而溺古佞宋之趣，时流溢于行间。"他说了荛圃题跋与同属赏鉴一派的《读书敏求记》的差别，但语焉不详。

黄荛圃题跋与众不同的最大特点是喜谈藏书授受源流和得书经过。余嘉锡先生对黄丕烈是颇有贬词的，但他的话倒也明明白白地说出了黄跋的特点。他说："如黄荛圃者，尤以佞宋沾沾自喜，群推为藏书大家，而其所作题跋，第侈陈所得宋、元本楮墨

之精，装潢之美，索价几何，酬值几许，费银几两，钱几缗。言之津津，若有余味，颇类卖绢牙郎。至于此书何为而作，板本之可资考证者安在，文字之可供雠校者谓何，则不能知也。故其所谓《荛圃藏书题识》者，仅可以考百宋一廛散出之书，于学子实无所益。岂惟远逊晁、陈，即持较《通志艺文略》、《国史经籍志》之杂抄书目者，亦尚不及。"又说："荛圃题跋，喜叙书籍流传始末，多一时兴到之语。不特不能如《七略》之辨章旧闻，并能如晁、陈之撮举大旨。然自毛斧季、钱遵王而后，见旧刻之多者，莫如荛圃。遵王之学又出荛圃下，而其《敏求记》尚为藏书家所资，况荛圃之谈板本，足供学者之渔猎乎？"

荛圃题跋"喜叙书籍源流，多一时兴到之语"。记购书"索价几何，酬值几许，费银几两，钱几缗"诸琐事，"言之津津，若有余味"，在诸多题跋集中甚为特殊。读其跋，不必问作者，即可知是黄跋，这就是一种风格。对这种风格持批评或贬责态度的人不少，认为他与骨董商、掠贩家无异。其实黄跋的这方面独特内容和风格还是有意义和价值的。如《元刻本〈元统元年进士题名录〉跋》曰："乾隆六十年乙卯之夏，偶过东城醋坊桥崇善堂书肆，主人出旧书数种示众，惟有校本《易林》系用陆敕先本校者，只及一卷，余未动笔，因需直昂，未之得也。最后以此录丐余品评，余曰：'此题名录也。'主人遂云：'既是题名录，定是无用物，想君亦弃之矣。'余曰：'子如不索重价，我当置之。'主人曰：'我需钱一百四十文，君嫌贵乎？'余曰：'无用需贵价，有用索贱直。君等类如是，我何为不得？'遂如数归之。余虽知为元代题名录，然所载人名，自余忠宣、刘青田外，不甚悉。久知钱竹汀先生熟于元代事，且有《元史稿》，必能悉其详。遂携示先生，并乞其跋。

既而先生来，欣喜殊甚，谓余曰：'此录于《元史》大有裨益，勿轻视之，余已详跋之矣。'盖跋语元元本本，殚见洽闻，苟非胸熟《元史》者，何能轻吐一字。余既重其书之有补于《元史》，且重先生之跋足以表彰是书也，急为重付装池，重加表托，其费几至数十倍于书价而不惜，诚不敢如书贾视有用为无用耳。"题跋不吝笔墨地饶说与书商讨价还价，似同掠贩，但笔锋转处却道出了一个理——真正的藏书家应该具备"视无用为有用"的眼光。

黄跋不仅喜详述得书经过，而且还尽情地表现自己的心态，以及日常生活起居中的琐事，多一时兴到之语，尽管无规无矩，但读毕细想，终究还是围绕着书在谈。如《〈席上辅谈〉跋》曰："道光癸未秋七月，余病暑初愈，复理冷淡生活，故古书亦复喜寓目。中潴二日，余不在家，有持书三种相示者，未之留。儿辈述其名，中有《席上辅谈》，系金俊明跋本。此书检《所见古书录》，尚无有。越日往观，始悟即试饮堂顾氏书也，是昔年见过者。贾人亦含糊答应，总以名人手迹存，需直昂，较余向为顾氏直估数且十倍之。思还之，而意犹眷恋。贾人亦晓余重视此书，又怜余无钱买书之病，许以余重出书相易，卒留案头。繙阅一过，中多论炼金丹事，盖玉吾曾究心于《参同契》，有著述，故于丹事颇详。又男女阴阳先后感应之说，取《三谷子金丹百问》及云间储华谷《祛疑说》，不取褚氏遗书说，似为有据，可为求嗣者法。又查先生一条，是姑苏人，可入府志杂记门，并晓近时查先生巷名所自来。因略举有裨于多学而识者表出之，俾知此书所由重也。""此书本名《席上腐谈》，故宋无欲作一书曰《枕边孚语》，与之作对。因忆我辈以文字为乐，往往于笔墨间作游戏语。予向名藏书所曰'百宋一廛'，其时海昌吴槎客闻之，即自题其居曰'千

元十驾'。盖吴亦藏书者，谓千部之元板遂及百部之宋板，如驽马
十驾耳。继后嘉定钱潜研老人著说部，名曰《十驾斋养新录》，即
此十驾之义。八月廿有五日，命工重装讫，晨起书此。"跋语文词
虽非纵横恣肆，却也晓畅可读，不乏趣味。因此近时学者有说黄
跋是散文式书跋的评论。

当然，黄跋对书本内容的提要、品评和考订比较忽略，但在
学术上仍有较高价值。其一，集中反映了黄丕烈的版本学研究方
法、观点及理论。比如他判断、鉴别版本的方法，对宋元旧刻的
总体认识，对明刻本、批校本价值的探讨，对重本、异本的重视，
对稀见古籍的搜访、利用，都具有无可争辩的学术意义。黄丕烈
是乾嘉学者中把版本研究推上专学的一位顶尖人物。因此，从版
本学的学术角度来看，蕴含黄丕烈丰富版本学思想的《荛圃藏书
题识》的学术价值，也不是晁、陈二志能简单相比的。其二，黄
跋对藏书源流的详细叙述，不仅留下了许多藏书史上的资料，而
且还从商品流通的经济领域，为我们研究清代藏书史提供了难得
的素材。那些被讥斥为骨董家言论的题跋，如果跳出传统治学方
法的囿限去观察，就不会以为都是些无聊话了。至于它"可以考
百宋一廛散出之书"的功用，就不必赘述了。

黄丕烈藏书题跋的结集在光绪初，那时，题跋记具有书目功
能已成为藏书界和目录学界的共识。因此，就其目录编制而言，
在清代目录学史上并无特大意义。而荛圃题跋的内容特点和风格
特色，更突出它的版本研究价值。然而《荛圃藏书题识》又是黄丕
烈最重要的目录著作。正是从这个意义出发，才提出他的目录学
研究成就不如版本学、校勘学突出的说法。

《知圣道斋读书跋》

一、撰者传略

　　《知圣道斋读书跋》是彭元瑞编撰的一部读书题跋记体裁的藏书目录。元瑞字掌仍，号芸楣。生于雍正九年（1731），卒于嘉庆八年（1803）。江西南昌人。乾隆二十二年（1757）进士，授翰林院编修。他是乾隆盛世深受恩宠的朝臣之一，在四十余年宦海生涯中，仕途通达，偶有挫折，亦能逢凶化吉，转危为安。先后担任过詹事府少詹事，江苏学政，礼部、吏部、兵部、工部尚书，办办大学士，太子少保，并多次出任江南、浙江、顺天乡试正考官、殿试读卷官，充理国子监事，领文渊阁事，翰林院掌院学士，三通馆、国史馆、四库全书馆和实录馆的总裁或副总裁。卒谥文勤。史称他与纪昀同有才人之目，尤留意人才，汲引不遗余力，凡所称扬，多为名臣。他除了当过《四库全书》副总裁外，还领衔主编过《天禄琳琅书目》。《天禄琳琅书目》是清内府昭仁殿的皇家藏书目录。乾隆四十年，由于敏中编成正编十卷。嘉庆三年（1798），彭元瑞继任编撰之职，续编二十卷。《天禄琳琅书目》在版本考订鉴别上有不少贻笑大方之处，但其创制的编例确有特色，对后世私家目录的分类、著录，皆有影响。特别在记版刻年代、叙刊印庋藏源流、鉴赏考订等方面，树以一定章法，"后来撰善本目录者，莫不谨守其法焉"。因此，彭元瑞在清代目录学史上还是有地位的。除此之外，他还编著有《秘殿珠林》、《石渠宝笈》、《西清古鉴》、《宁寿鉴古》等，在《书目答问·国朝著述家姓名略》里，被列为史学家和校勘学家。

在几乎所有关于中国古代藏书家的书籍里，都找不到彭元瑞的名字。或许他没有数以万卷计的家藏，难有宋椠元椠的炫耀，只不过是普通读书人家的藏书而已，称不上家。然而彭元瑞却撰有《知圣道斋读书跋》，比那些光多藏书而编不出好书目的藏书家来说，要高出一截。

二、《知圣道斋读书跋》的编撰和收录情况

《知圣道斋读书跋》二卷，是一部读书题跋记体裁的藏书目录。卷端作者小识曰："一领文渊，再校天禄。善和千卷，尚未能读。幼即焚膏，老犹炳烛。有见辄书，璅缀末幅。过此以往，庶几日续。"其中识有年月的题跋不多，大致有乾隆癸巳、癸卯、丙午、庚戌和嘉庆戊午等年份。据此，《读书跋》的编集应在"一领文渊，再校天禄"的嘉庆三年（1798）之后至嘉庆八年（1803）间。

《知圣道斋读书跋》共收录书跋一百十三篇，题记图书一百零三种（包括碑、石经三种，有若干图书录有二至三篇题跋）。其收录藏书的明显特点是，极少古旧版椠，大多是近时（明末清初）或当时的刻本、抄本。抄本最多，而且大多是彭元瑞自己钞录之本。

如《唐律疏义》"从武进钱竹初借钞"，《三礼考注》"抄于杨东里"，《七经孟子考文》"钞自海估"，《周益公集》"从吴估钞得"，《姜氏秘史》"从山塘书肆借钞"，《天下郡国利病书》"从芝庭尚书借钞"，《周昙咏史诗》"从项药师、朱锡鬯旧抄本录得"，至如《盘洲文集》、《古今类事》、《东家杂记》、《旧五代史》等，则皆从内宫或四库馆中钞得。所录宋本数种，如《梦溪笔谈》、《孙子算经》等。明覆宋本数种，如《群经音辨》、《昭明文选》等。收录的几种稿本，很有价值。如《求古录》是顾炎武《金石文字记》初稿，跋曰："此《金石文字记》初本，后乃增益详覆，排比时代，始成书耳。然《录》用洪景伯《隶释》例，全钞本文，俾遗篇坠简不见于它书者，得此仅存，则视《记》为胜。要之，二书不可偏废也。借全书底本写此。原抄于'检'、'校'等字皆阙笔，犹是亭林早年作。"又如印本《尽忠录》是明唐顺之用以编书的"脚本"，跋曰："余获见季沧苇所藏正德年初印《尽忠录》，尚无补录二卷。有沧苇手跋，其夫人唐氏，乃毗陵孝廉孔明父之女、荆川四世孙也，以是书见贻，朱墨皆荆川笔云。细阅书中，绝无批评，但有圈抹，不得其读书之意。即取荆川右编勘之，圈者皆入右编，抹者节去，始知即其纂右编时脚本。沧苇之言益信。"又《礼记正讹》，乃抄自一无名书生的著述稿，跋曰："余初视学江苏，金生曰追，以廪生久次，来考岁贡，出所校《公羊传》一册见贻，且曰：'追于诸经，俱有考订，此初稿也，它日成书，当质之座下。'越六年，余再来，询其人，殁两年矣，书已散佚。令嘉定学博辗转向其门人问之，仅有《仪礼》、《礼记》两种稿本，虫残鼠啮，几不可次第，细绎方稍有条理。大约《仪礼》较完善，《礼记》则尚属未成本，多引日本国《七经孟子考文》，书中山井鼎、物观、足利诸本，皆是也。因略为部次钞存之。而旧所赐《公羊》，已为友人携去失之。嗟乎，书之成否与传不传，亦皆有命也欤！"这些记录为我们了解乾嘉学者对待稿本的态度提供了资料。

《知圣道斋读书跋》所跋之书有劣本或劣书。如《姜氏秘史》跋曰："惜多讹字，又误复十行，安得善本雠正之。"《遗山乐府》跋曰："嘉庆戊午立夏，曝书。阅之终卷，此公于此事全无解处，第五卷全是寿词，逾形尘坌固宜，集中不入此体也。钞手多讹脱，亦无庸再校矣。"说明《读书跋》所录并非彭元瑞特意选择者，而是平时的读后感。这一点还可以从他所收书的内容来证明。彭于所录图书，并无分类，但顺序排列，大体仍按经史子集的传统。以史书为例，收录有《唐律疏义》、《唐会要》、《唐大诏令》、《唐书直笔》、《钞本旧五代史》、《五代史补》、《江南野史》、《唐馀纪传》、《旧闻证误》、《靖康要录》、《靖康孤臣泣血录》、《北狩见闻录》、《六朝通鉴博议》、《庆元党禁》、《蜀鉴》、《江东十鉴》、《丙丁龟鉴》、《昭忠录》、《金史》、《大金集礼》、《南迁录》、《归潜志》、《姜氏秘史》、《绥寇纪略》、《东家杂记》、《历代地理指掌图》、《天下郡国利病书》、《历代宅京记》、《宋东京考》、《元故宫遗录》、《异域图志》、《高丽图经》、《越史略》、《安南志略》、《西洋番国志》、《礼部译字书》、《文渊阁书目》、《读书敏求记》等。可以看出彭元瑞的眼光并不盯在正史或有名的史学著作上。

如果要说彭元瑞对哪一类书有所追求的话，那就是乡贤著述。在收录为数不多的别集中，属江西籍人士的就有《徐常侍集》、《山谷刀笔》、《鄱阳集》、《西渡集》、《鸿庆居士集》、《盘洲文集》、《周益公集》等。跋中记载彭元瑞曾有把洪氏父子兄弟遗集辑为《洪氏全书》的设想。

因此，《知圣道斋读书跋》既不全面反映彭元瑞的藏书，也不是他的善本书跋，而只是带有一定随意性地反映了他的部分藏书。

三、《知圣道斋读书跋》
的书跋特点和学术价值

《知圣道斋读书跋·读书敏求记》曰："书中无甚考证，间有舛误，每拳拳于版本、钞法，乃骨董家习气。"这句话被作为对《读书敏求记》评语的典型而经常引用。根据这段文字对版本赏鉴的藐视程度，以及《四库提要》对《读书敏求记》的评语，和《四库提要》对版本的忽略，是否能推断这位身为四库馆副总裁的彭元瑞所撰写的题跋，当然会重考订而轻版本呢？我们还是先找一两部《读书敏求记》和《知圣道斋读书跋》都收录的书，来看看二者的区别吧。

黎崱《安南志略》。《读书敏求记》跋此书曰："崱字景高，元时安南归附人。叙其山川文物、风土制度颇详备。白云老人察罕为之序。一时名公巨卿，如欧阳元、程钜夫、元明善、许有壬等，俱称许之，乃外志中之佳者。"《知圣道斋读书跋》记此书曰："崱降元后，居沔上，著此书，语多避忌，但详中国与安南交关之事，于元兵倾覆国都，叙次落莫，绝无内词，反不如《越史略》虽野朴，犹足广异闻也。"

《高丽图经》。《读书敏求记》跋曰："宣和六年，徐兢奉使高丽，撰《图经》四十卷，凡三百条，物图其形，事为之说，上之御府。乾道三年徐蕆镂版澂江，惜乎图亡而经存。兢字明叔，张孝伯与作行状，附刊于卷末。"《知圣道斋读书跋》记曰："宋与高丽往来，由登州。后以辽阻，改由明州。宣和六年，兢从路允迪、傅墨卿，使高丽还，进此书。时已得燕山，而北道不通，故书中约略其词曰：由燕山路陆走三千七百九十里而已。方王俣病，求医于宋，留二年，遣还，附言约金灭辽之不可。书中所云，宣和戊戌岁，入使至，上章乞降医职，以为训导，上可其奏，遂令蓝苗等往其国，越二年乃还。盖即所求之医。但戊戌乃重和元年，次年始为宣和，'宣'字或'重'字之误耳。当时外邦议论如此，而采风入告者，方侈言天德地业，万国毕朝，庸讵知越一年而金师至汴城下，道君内禅南走以驯致靖康之事也。考《朝鲜史略》，与书中世系不同，武弟曰尧、曰昭，俶为武子，诵为俶子，而运之子曰昱。《宋史》与此合，而无隆、钦、享三王。盖当仁宗以后，绝不通者四十三年中事也。"

又《祖龙学集》。《读书敏求记》跋曰："祖无择，字择之，洛阳九老之一。集十卷，附名臣贤士往来诗文二卷，系家集又四卷。其孙衍编次成帙，并著《龙学始末》于卷终。"《知圣道斋读书跋》记曰："龙学诗文，坦明径达，不为钩棘态，宜其宦达而寿。当日曾掌制，与庐陵、临川游，友孙明复、僚婿梅圣俞、宾客李泰伯，其文章宜多，而集中诗仅百余首，文仅四十二首，又无鸿篇巨什，何也？是集其曾孙衍所编，附益一时倡酬之作。又其家数世文字，一章一句皆入之，仅能成编，可谓贤子孙不忘其先人者矣。为人后者所宜法也。"

两相比较，可知彭元瑞书跋比钱曾书跋于考证要深入。

又《知圣道斋读书跋》有些是抄四库阁本，彭跋对《四库提要》也有所补充。如《李相国论事集》，《提要》曰："遗闻旧事，记录颇详，多新、旧《唐书》所未载，亦足以备考核。"《知圣道斋读书跋》考之曰："新、旧两《书》绛本传，皆以此书为蓝本，今逐一注出，则《新书》所采视《旧书》多至倍。事增文减，确乎有之。昔人反以此为《新书》诟病，毋乃好为翻案之过。"

《知圣道斋读书跋》在品评作品方面也有不少较深刻的议论。如《石初周先生文集》跋曰："癸卯夏，坊估以马氏丛书楼此帙来鬻，中有阮亭手题词，甚贬斥。石初生前至元，殁洪武，年八十有八，身阅有元一代兴亡，当庚申君末造，吏贪将残，兵骄寇炽，生民流离涂炭之苦，身丁患难，一发之于篇什，视少陵'三吏'、'三别'，酸楚过之，有《小雅·大东》告哀遗意，垂为世鉴，是谓真诗。阮翁但解流连光景，修饰句法，嵌一二稀用字为工而已，此诣奚足以知之。"再联系《阮亭选古诗》跋所曰："阮亭有禅机而无道力，其说诗多露才扬己之谈，固宜来谈龙之讥也。"反映出彭元瑞与王士禛不同的诗学观点。

彭元瑞批评钱曾《读书敏求记》"拳拳于板本钞法"，但《知圣道斋读书跋》并非缄口不言版本。如《昭明文选》跋曰："古今书籍版行之盛者，莫如《文选》，予所见宋本夥矣，细校字画、款式、题识，确然无疑者凡四。"然后具列宋国子监本、赣州本、明州本和广都本的序文、衔名、识语、牌记，"汇记之以资识别"。最后又说明当时通行的袁褧嘉趣堂刻本乃影广都本重雕，"尤足乱真"。整篇差不多都是讲的版本特征。不过这样的例子很少。彭元瑞考订版本着重于版刻源流和版本文字卷帙的全阙等问题上。上文所举《昭明文选》跋的例子，实际上也涉及版刻源流。但有更好的例子，如《六十家名贤小集》跋曰："陈起芸居于临安府大街睦亲坊，设陈解元书铺，收刻海内诗人小集，虽数什亦名一家，命曰《江湖集》。盖一时举场游客炫名之资，并名公贵人小卷，间及北宋所遗，皆登梨枣，本无一定家数卷数。后以'夜月梧桐皇子府，春风杨柳相公桥'之句，为史弥远罗织，起从遣戍，书亦官毁，而零落之余，弥形珍重。好事者各就所得，掇拾成书，彼此出入不同。近钱唐吴尺凫汇为六十四家，尽汰北宋人，定名《南宋群贤小集》，作跋自诩完善。余所藏有二本。此本购自马氏丛书楼，较吴集少七家（许棐、乐雷发、刘过、林同孝、姜夔、周文璞、僧绍嵩），多三家（杨甲、陶弼、何耕）。又一本三十二家，与此本同者二十家，此本无者十二家（北宋魏野、蒋堂、洪炎、高登，南宋王阮、王铚、赵汝镜、姜夔、周弼、乐雷发、罗公升、黄希旦），书估云从徐氏传是楼抄出者。两本可并存，当更钞吴氏所有七家补之，而四库馆有《两宋名贤小集》百五十七家，则更巨观。计两本已有七十二家，即全钞亦未为大愿难售也。"

彭元瑞书跋还涉及版刻史，尤足称道。如《周益公集》跋曰："吾乡大族多醵金为宗祠，又刻其先闻人文集曰'祠堂版'，若六一、南丰、山谷、澹庵、象山、文山诸集皆有之，惟益公、诚斋、盘洲三集最巨，无雕本。"不过更多的书跋是"校竟漫识"，记录校读该书时使用的版本。如上引《周益公集》跋接下去记曰："岁辛卯从吴估钞得此本，写手讹舛特甚。越二十年庚戌，以内府本细校，粗可读。"彭元瑞以校勘名家，他的校本至今在各大图书馆时有发现。于是我们可以知道彭元瑞反对的只是"每拳拳于板本钞法"而"不甚考证"的"骨董习气"，并不反对读书要讲究本子。岂但不反对，而且还很重视版本的校勘，属于考证、校雠一派藏书家。

总而言之，彭元瑞《知圣道斋读书跋》的内容与同时代的读书题跋记相比，显示出很鲜明的个性，在揭示书旨方面接近《四库提要》而不及其详，在校比异本文字和考述版本源流方面，则强于《四库提要》。从目录学发展角度来看，它要比众多附和钱曾、黄丕烈、吴骞一派题跋记更有价值。

四、《知圣道斋读书跋》的版本与《知圣道斋书目》

《知圣道斋读书跋》编成后并未梓印单行，喜之者辗转传抄，小有流布。今北京图书馆藏咸丰十年（1860）海宁管廷芬抄本《知圣道斋读书跋尾》一卷，编入《花近楼丛书》，上有管廷芬题跋。光绪初章硕卿始予刻印，厘为二卷，收入《式训堂丛书》。及光绪三十年（1904），朱记荣得其版片重印，改名《校经山房丛书》。又有民国间吴县江杏溪编印《文学山房聚珍版丛书初集》本，和商务印书馆据《式训堂丛书》排印的《丛书集成初编》本。

彭元瑞另有《知圣道斋书目》四卷，按四部收录藏书千余种。仅记书名、撰者和卷册数，著录甚简陋，无大参考价值。宣统元年（1909），罗振玉据陈士可藏抄本校理，刊入《玉简斋丛书》。

《孙氏祠堂书目》、《平津馆鉴藏书籍记》和《廉石居藏书记》

一、孙星衍及其藏书

孙氏祠堂是孙星衍奉父命为祭祀先祖而修建的家族宗祠,"祠在江宁城中,旧吴王府二条巷内,北通四象桥,南至针巷口,西至府门口,东至洞神宫,地方三亩"。星衍字伯渊,一字渊如,号季仇、微隐、芳茂山人。生于乾隆十八年(1753),卒于嘉庆二十三年(1818),江苏阳湖(今常州)人。孙氏累代仕宦。先祖孙兴祖,明功臣,封燕山侯,谥忠愍。曾祖孙谋,康熙三十年(1691)进士,官至礼部郎中。父孙勋,乾隆二十一年(1756)举人,历任丹阳、句容县教谕,山西河曲县知县。星衍幼承庭训,就读龙城书院、钟山书院,每课辄列高等,深得钱大昕、卢文弨赏识。他少负诗名,却"雅不欲以诗名,深究经史、文字音训之学,旁及诸子百家,皆心通其义"。(《揅经室集》卷三)乾隆四十五年(1780),入聘陕西巡抚毕沅幕中,助编《山海经注》、《关中胜迹志》等。乾隆五十二年(1787)会试中进士,殿试一甲二名及

第，授翰林院编修、充三通馆校理。历官山东兖沂曹济道兼管黄河兵备道、山东督粮道权布政使。其间曾受聘著名学府浙江诂经精舍主讲。晚岁引疾归籍，又先后应聘校刊《全唐文》，主讲钟山书院。孙星衍为人耿介，为官清廉，为学谨严，是个学而优则仕、仕而优则学的人物。他是乾嘉考据学家中的大腕，学宗惠栋，祖述汉唐，所著《尚书今古文注疏》是代表乾嘉时代《尚书》研究的集成性著作，也代表了他在经学考据方面的卓越成就和地位，被梁启超《中国近三百年学术史》称作："现在《尚书》新疏中诚无出孙著之右。"他博学多识，在众多学术领域均有建树。在张之洞《书目答问·国朝著述诸家姓名略》中，孙星衍在"汉学专门经学家"、"小学家"、"校勘学家"、"金石学家"、"骈体文家"中，都占有一席之地。只是张之洞没有把目录学家列为一门，否则，以孙星衍《孙氏祠堂书目》、《平津馆鉴藏书籍记》、《廉石居藏书记》三部体制、风格各异的目录著作，足以称为大家。

星衍的父亲"少孤贫，好聚书，易衣物购之，积数柜"。《孙氏祠堂书目序》藏书虽然无多，但给小星衍的印象和影响却很深刻："予生四五龄时，既就傅归，窃视柜中书，心好之。年逾志学，侍亲之任勾曲，因按日读学舍官书《十三经注疏》及诸史，朱墨点勘凡数过，几废科举之业。"（《孙氏祠堂书目序》）孙星衍聚书约始于乾隆末放外官时。他说："曩余游苏杭及官京师时，所见秘府及市肆旧本甚多，既不能购写。及官外台，岁秩优厚，又以地僻无所得，先后从翰林院存贮底本及浙江文澜阁写录难得之书，或友人远致古籍，酬以重值，颇有善本及秘府未收之本。"

孙星衍与"第求精本，独嗜宋刻，作者之旨意纵未尽窥，而刻书之年月最所深悉"的鉴赏家不同，读书治学才是他的藏书目的。他说："予始购书，先求先秦三代古籍，次及汉魏六朝隋唐，次及宋元明之最精要者。"这是由他宗汉学的学术思想所支配的。又说："回翔省闼者九年，所交士大夫皆当代好学名儒，海内奇文秘籍，或写或购，尽在予处。又流览释、道两藏，有子书古本及字书、医学、阴阳、术数家言，取其足证儒书者，写存书麓。"可见其广搜百家群籍的根本目的还是治经。但孙星衍不是那种以为读书毋须讲求本子的人，甚至恰恰相反，他也兼擅版本鉴赏。不过相比之下，他更重视版本的校勘。丁丙《善本书室藏书志跋》曰："校勘之学至乾嘉而极精，出仁和卢抱经、吴县黄丕烈、阳湖孙星衍之手者，尤校雠精审，朱墨灿然，为艺林至宝，补脱文、订误字，有功于后学不浅。"孙星衍校书重视底本选择，广征异本，择善而从，纠误补阙且注明原本文字，用的是"活校法"。他一生校刊书籍很多，分别收入《岱南阁丛书》、《平津馆丛书》，其中不少被后世推为可以信赖的善本。这种校勘思想方法决定他藏书必然要讲求版本，而且是从版本最本质的价值出发去研究版本。在乾嘉藏书家中，像孙星衍那样既重视图书内容，又重视图书版本，洵属可嘉。

　　孙星衍的藏书思想指导着他的藏书建构。他藏书一多《天禄琳琅书目》、《四库总目》未收未备之书，二多当代人著述。而这些古今典籍大多假人传抄所得，故其藏书特多抄写之书。这些书在其身后，成为藏家追踪搜访的对象。

二、《孙氏祠堂书目》
的编纂由起和编例特点

　　《孙氏祠堂书目》是孙星衍为其置存家祠的藏书编制的书目。嘉庆三年（1798），孙星衍"以母忧南旋，仓皇捆载，卷帙狼藉，时值河溢，经南阳湖，遇风沉舟。归至金陵，料简残册，置忠愍侯祠屋中，损书大半"。遭此书劫，他体验到"藏书之难而好书不能免于厄者"的命运轮回之苦。回顾历史，"昔之聚书者，或赠知音，或遭兵燹，或以破家散失，或为子孙售卖。高明所在，鬼神瞰之。予故置之家祠，不为己有"。取的是天一阁故事。藏书祠堂，既求祖宗庇护，亦用"以教课宗族子弟"。嘉庆五年（1800），孙星衍编定祠堂藏书目录，既为统计总藏，也为便利宗族子弟"循序诵习"。由于抱有这一目的，《孙氏祠堂书目》的编例就与一般藏书目录有所不同。

　　《孙氏祠堂书目》内编四卷外编三卷，共著录图书二千一百一十七种，连同同书异本一并统计，则不下三千。其中内编收书一千四百四十二种，外编收书六百七十五种。内外各编卷次为：内编卷一、外编卷一、内编卷二、外编卷二、内编卷三、外编卷三、内编卷四。这种编分内外的体例在私藏目录中很少见。对此，后来学者议论不一。清末叶德辉《郎园读书志》认为，《书目答问》"每一类之后低一格为次录"，"其分正目附录，亦本孙目内编外编之意，而变易其名称"。意思很明确，内外犹同正附，正附犹同主次，很容易理解。后来昌彼得《中国目录学讲义》又深析此说，曰："其目所分内外二编，以学有渊源，可资诵法者为内，以词有枝叶，不合训诂者为外。"近来更有辞典条目解释成"内编为唐以前及宋元明最精要且无害之书，外编为'疑误后生'之宋明清著述"。这种说法虽然据引了孙星衍《孙氏祠堂书目序》中的部分原话，却误在断章取义，以偏概全。因此另一种意见认为，内编"精要无害"，外编"疑误后生"观点，无论从孙序原意还是从实际收书来看，都难以成立，内外之分可能即自序中所说"其有所得，列为后编"之意，犹云正续编。综观孙目各门类收书的实际情况，似乎仍以正目附录解释内外编较确切。比如内编卷二"兵家"，著录《孙子》、《孙子十家注》、《吴子》、《司马法》、《司马法辑注》、《尉缭子》、《黄石公三略》、《李靖兵法》、《太白阴经》、《武经直解》、《武经总要》、《虎钤经》、《黄帝问玄女兵法》等唐宋以前古兵书。外编卷二"兵家"，著录的是《诸葛武侯全书》、《纪效新书》、《蹶张心法·长枪法选·单刀法选》、《戚少保平定略》、《参筹秘书》等明人编著。外编诸书焉能皆是后得续入？关键的话，还在孙氏自序："故为内外编，略具各家之学，仅以教课宗族子弟，俾循序诵习。"循序者，循内外之序，按轻重主次，先后诵习也。

由此看来，《孙氏祠堂书目》确是一部兼有导读、推荐书目性质的藏书目录，在清代藏书目录史上堪称奇葩一朵。而这种导读功能，除用分内外编来体现外，还通过与众不同的分类法来达到。

三、《孙氏祠堂书目》的分类体系

《孙氏祠堂书目》总分十二大类，设二级类目。

经学	易、书、诗、礼、乐、春秋、孝经、论语、尔雅、孟子、经义。
小学	字书、音学。
诸子	儒家、道家、法家、名家、墨家、纵横家、杂家、农家、兵家。
天文	天部、算法、五行术数。
地理	总编、分编。
医律	医学、律学。
史学	正史、编年、纪事、杂史、传记、故事、史论、史钞等。
金石	
类书	事类、姓类、书目。
词赋	总集、别集、词、诗话、诗文评。
书画	
说部	

　　《孙氏祠堂书目》的分类体系是目录学史研究者议论的一个热门话题。誉之者谓曰："其目分十二类，通《汉略》《隋志》之邮，变《崇文》《文渊》之例。体近著述，读者不仅以书目重之。"特别是在乾隆推出《四库全书》之后，仍"背四部而骋驰，独适意而草创"，"敢于打破千百年来的四部分类法体系"，诚为近代图书分类"改革的先声"。持论平缓者则认为，孙星衍"当然不是批评或者有意的与《四库全书总目》立异，它所反映的正是孙星衍自己的分类体系，这只能说明在这个时期（《四库全书总目》刊布以后的五六年间），《四库全书总目》的影响还不是很大，私人藏书家还

可自由地发挥自己的分类见解"。也有人不以为然,认为"虽去掉四部大类,直接分为十二类,但细究内容也不过为四部的分化而已"。其实最能透析孙星衍十二分类法用意的,还是他在自序中说的话:"分部十二,以应岁周之数","因刊目录,略述渊源,以教家塾"。前一句话说明这样分类有合宜"读书分月日程"的目的,不必硬与郑樵《通志·艺文略》扯上关系。为应导读之需而凑岁周之数,分部十二,要说它方法合理,显属勉强。后一句话则说明他对图书渊源流略并非盲目应合岁周之数,其中自有合理、独特的成分。结合各部类序,更证明孙星衍的分类是事出有因、自成体系的。

　　和四库法比较,《孙氏祠堂书目》的十二类其实就是把四部的某些第二级甚至第三级类目提升至与四部并级。对此,王重民认为,"划小学于经学之外,出天文于诸子之中,析地理与史学为二,不强戴四部于各类之上",更能体现学科发展的差异性。对其史部结构,郑鹤声《中国史部目录学》尤为推许:"孙氏之意,全史之要首推正史、杂史、政书三者而已,故出地理而使独自为类,以金石款识入金石类,谱系、书目入类书类,杂记入小说类。或并或出,区为八类,简而得要,疏而不漏,此其长也。"孙目史部汰删四库史部陈例中诸多繁琐杂乱类目,使之相对纯净,使人耳目一新。对新设"医律"同部,则多有批评,谓之"勉强牵连","大失专门别类之理"。孙设此类的理由是:"医律二学,代有传书,并设博士,生人、杀人,所关甚重。"以"生杀"为合类同部的理由,确是无理,要不,"天地"也当合为同部。但把医、律从子、史独立出来,则符合孙星衍目录分类体系的逻辑和学科发展的客观。

　　《孙氏祠堂书目》分类对四部法改革的重点在史部和子部。和郑樵《通志·艺文略》相比，史部改革的力度更大。史、子是四部中最庞杂的两部，作这样的尝试很有意义。从部类编次来看，首列儒家经典和属语言文字学性质的小学书，次为诸子和天文、地理、医律等实用性的百家著作，再次为史籍和有裨史实的金石文献，以及类书、目录等工具书，殿以诗文词赋及书画艺术、小说笔记等。表达了孙星衍对宗族子弟应读之书及循序先后的指导意见。在《孙氏祠堂书目自序》里，孙星衍对十二部及部下类目均略述渊流，相当于类序。十二部二级分类加小序的体例，明清以来私家藏目确实还没有哪一家能做到。所以，尽管因受"应岁周之数"的局限而分部未必妥当，书籍分隶各类亦有审核不当、自紊其例的情况，《孙氏祠堂书目》仍不失为明清以来非四部分类法中最有学术价值的私家藏书目录之一。

四、《孙氏祠堂书目》的著录特点

《孙氏祠堂书目》是一部无解题的简目。其著录特点有两个方面。一是以书名标目，同书异本统归一种书下。如《毛诗注疏四十卷》："汉毛亨传，郑玄笺，唐孔颖达正义。一附释音宋刊本，一明毛晋刊本，一明九行本。"《越绝书十五卷》："一明吴琯刊本，一《汉魏丛书》本。"特点之二是正录仅书名卷数而已，其他内容均以小字附录，附录内容却比较丰富。

附注著作者能兼录副著者。如《黄帝灵棋经二卷》："晋颜幼明、宋何承天注，元陈师凯、明刘基传。"《孟东野集十卷》："唐孟郊撰，宋宋敏求编。"《鹤林玉露二十四卷》："宋罗大经撰，十七卷以下明谢天补。"《阴符经十家注十卷》："宋黄居真、沈亚夫、蔡氏、邹诉、俞玉吾、侯善渊、张洪阳、萧真宰、王道渊、明焦竑注。"《增广注释音辨柳先生集四十三卷别集二卷外集二卷附录一卷》："唐柳宗元撰，宋童宗说注释，张敦颐音辨，潘纬音义。"对各本作者题名的差异稍加关照。如《化书六卷》："南唐谭峭撰，一作谭景升撰。"《宋史四百九十六卷》："元托克托等撰，原译脱脱。"

　　附注同书异名。如《百一选方八卷》："即《肘后备急方》。"《大唐新语十三卷》："一名《唐世说新语》。"《李靖兵法三卷》："一作《李卫公问对》。"《周书十卷》："或题《汲冢周书》，或题《逸周书》。"《申鉴五卷》："一明《十二子》刊本题作《小荀子》。"《化书六卷》："一明刊本作《齐邱子》。"对书名与内容的关系稍有解释。如《明李文正年谱五卷》："李东阳事迹。"《王阳明集要三编十六卷》："分理学、经济、文章三编。"《诸葛武侯全书二十卷》："内有《心书》，疑即《将苑》五十篇。"《重修政和经史证类备用本草三十卷》："即前书(《经史证类大观本草》)附以寇宗奭《本草衍义》。"对辑集之书，偶附注其篇目。如《汉魏六朝一百三家集一百十八卷》、《小学钩沈十二卷》等。对书名未反映的附卷略有补充。如《五音集韵十五卷》："一重刊本，附《切韵指南贯珠集》。"《明律例笺释三十卷》："附《慎刑说》一卷。"对阙卷及不同版本的分卷差异多加附注。

　　附注图书版本占小字注释篇幅最多。对著者异名、副著者、同书异名、阙卷分卷异同等方面的注释，很多就是对版本特征的著录。孙星衍著录版本能抓住时代、地点、刊抄人等因素，简明扼要地给予一个版本名称。如《荀子二十卷》："一纂图互注宋巾箱本，一宋巾箱别本，一明世德堂刊本，一明重刊小字本，一卢文弨校刊本，一严杰依惠校本。"《关尹子一卷》："一明绵眇阁刊本，一明《十二子》刊本，一明十行刊本，一明刻《子汇》中本，一明吴勉学刊本，一宋陈显微三卷刊本。"《管子二十四卷》："一明赵用贤刊本，一明刊刘绩补注本，一明《中都四子》本，一明吴勉学刊本，一葛鼎刊本，一依宋蔡潜道残本校本。"《周礼郑注十二卷》："一明嘉靖仿宋刊本，一明八行附释文刊本。"《急就篇一卷》："一《玉海》刊本，一明华亭石刻本，一星衍校刊本。"《释名疏证八卷补遗一卷续一卷》："一楷书本，一江声篆书本。"在一书之下胪列诸本，以最少篇幅字数提供较清晰的版本信息。这样的著录方式反映和体现了孙星衍以考镜源流为主，以胪列版本异同为辅的目录思想，有一定的参照意义。清末丁丙《八千卷楼书目》也采用此法，张之洞《书目答问》著录法也脱胎于此。

　　《孙氏祠堂书目》著录之书，明清通行本更多，通行本中丛书占相当比例，如明南北监《十三经注疏》、《格致丛书》、《汉魏丛书》、《子汇》、《函海》、《唐宋丛书》、《通志堂经解》、《四库全书》、《明道藏》等等，还有不少未加注明的清代丛书，如黄丕烈、鲍廷博、卢文弨、卢见曾等辑刻的丛书本。书目中还有相当数量的图书没有注明版本，尤其是外编部分。此外，书目还收录了许多近代和当代人著作，诸如戴震、段玉裁、严可均、孔广森、江永、邵长蘅、方苞、姚鼐、李富孙、毕沅、万斯大、万斯同、王士禛、阮元、钱坫、惠士奇、沈彤、洪震煊、庄述祖、高士奇、余萧客、毛奇龄、阎若璩、顾栋高、武亿、杭世骏、桂馥、洪亮吉、翁方纲以及孙星衍等。他们的著作大多未注明版本，可能都是近人传抄本。所录宋元旧本较少，且多为坊刊巾箱本。从以上情况分析，《孙氏祠堂书目》收录的并非孙星衍全部藏书，其精本或为祠目未载而入《平津馆鉴藏书籍记》和《廉石居藏书记》。

《孙氏祠堂书目》编成后，时隔十载，方始付梓，是即清嘉庆十五年（1810）金陵孙忠愍祠堂刊本，并收入孙星衍编的《岱南阁丛书》。首附孙星衍自序。序后注曰："此序作于嘉庆五年，后刊书目，又有更正部分，与序或有不合，略改而存之，不复重作。"序中辨章学术，略述源流，是中国古典目录学学术文献名篇之一。孙氏自刊本当时印行不多，海内少见，故张之洞《书目答问》著录之而注曰未刊。光绪十年（1884），德化李盛铎得旧本翻雕，收入《木樨轩丛书》。该本后附校刊者陶濬宣跋，对《祠目》"前后自紊其例"者举以批评，颇有参考价值。后通行之本是商务印书馆据《岱南阁丛书》本排印的《丛书集成初编》本。

五、《平津馆鉴藏书籍记》
的编纂缘起和收书特点

《平津馆鉴藏书籍记》又名《平津馆鉴藏记书籍》，是孙星衍编撰的善本藏书目录，约编成于嘉庆十三年（1808）。平津馆是孙星衍第二次出任山东督粮道，驻节平原道之安德的藏书处。孙星衍《〈平津馆鉴藏书籍记〉序》曰："余参藩东省，驻节安德，与江左一水相通，因择要用书籍，携载行笈。每年转粟东归，公事多暇，辄与同舍诸名士校订撰述，以销永日。于家园藏书，才十之四五耳。"平原旧称平津，故以"平津"名其馆，"以识风土古迹"。孙星衍为平津馆藏善本书籍编纂目录，是受阮元进呈四库未收书并编

撰成《四库未收书提要》的影响。孙序曰："阮抚院既补采四库遗书，进呈乙览，蒙御题'宛委别藏'以贮之。或从余写录世间未有古书，以图续进。异时拟以善本及难得本，汇请名大府进御。存其誊本，藏于家祠，不为己有，庶永其传，复恐后人无所稽核，故为之目，又为《鉴藏书记》以备考。"不过孙星衍后来并没有真的把书进呈内廷，但《平津馆鉴藏书记》却是编成了。

孙星衍在自序中说明《平津馆鉴藏书籍记》由"洪明经颐煊，助予写录成帙"。颐煊字旌贤，浙江临海人，生于乾隆三十年（1765），尝官广东新兴知县。颐煊也是乾嘉时代的藏书家，聚书四万卷，碑帖千余种，藏室名"倦舫"、"玉兰仙馆"、"兰雪轩"、"小停云山馆"，有《倦舫书目》九卷。他也是著名乾嘉考据学者，著有《礼经宫室答问》、《孔子三朝记》、《读书丛录》、《经典集林》、《诸史考异》、《郑康成年谱》、《校正竹书纪年》、《校正穆天子传》、《管子义证》、《筠轩文钞》、《筠轩诗抄》等。洪颐煊擅金石之学，曾为孙星衍平津馆所藏金石碑版撰《平津馆读碑记》八卷《续记》四卷。他于《平津馆鉴藏书记》除有"写录"之功，还作了不少补注工作。

《平津馆鉴藏书籍记》三卷《补遗》一卷《续编》一卷。陈宗彝跋曰："叙言此书撰于参藩东省，驻节安德时，家园藏书，才十之四五，为记以备考，则前三卷也。言此外家藏旧版，尚有可观，俟归里后，续为后编，则后二卷也。"连同《补遗》、《续编》在内，《书籍记》共收录各种版本图书三百三十八部。按版本类别分列次序：卷一宋版二十七部，元版四十部；卷二明版一百零九部；卷三旧影写本三十九部，影写本二十八部，外藩本八部；《补遗》一卷：宋版二部，元版七部，明版二十四部，旧写本六部，写本二十二部，外藩本一部。《续编》一卷：宋版四部，元版三部，明版八部，旧写本三部，写本七部。总计宋版三十三部，元版五十部，明版一百四十一部，旧影写本三十九部，影写本二十八部，旧写本九部，写本二十九部，外藩本九部。每一类版本下所录各书，按经、史、子、集顺序排次。这些版本大多已注记于《孙氏祠堂书目》。明刻本收至万历，如万历二年李栻校刻本《通鉴纪事本末》、万历三十七年周氏博古堂刊本《世说新语》。外藩本有日本宝永三年刊本《孝经》和明景泰二年高丽刊本（高丽用中国年号）《高丽史》，以及影写日本宽正刊本《孝经郑注》，和影写日本宽正刊《佚存丛书》本《乐书要录》、《两京新记》、《文馆词林》、《李峤杂咏》等。写本中有一些是孙星衍抄本，如从天一阁抄得之《钱氏小儿真诀》、《大明实录》等。其中有的版本并非善本，如《补遗》录写本《意林》，孙谓之"与今世刊本多不同"，"字句脱落，尤不可枚举"。但从总体上看，仍不失为孙氏的善本藏书目录。

　　《平津馆鉴藏书籍记》收录图书与《四库未收书提要》标准不同。其中有四库未收之书，如《华阳陶隐居集》、《新刻平冤录》等，但并不多。更多的是四库收书的异本。如四库本《高丽史》、《陈伯元文集》、《徂徕文集》等阙卷不全，孙氏所收则为完本。如《高常侍集》、《梁昭明太子文集》与四库本"参差互异"，《大唐开元占经》与《四库全书》本"皆同时传钞之本，而此本稍详"。而大多数版本并未与四库本比较对照。可见，孙星衍虽有继阮元《四库未收书提要》的初衷，但结果却未仿效其例。

六、《平津馆鉴藏书籍记》
的解题特点和学术价值

《平津馆鉴藏书籍记》是一部善本提要目录。它的提要写法与阮元《四库未收书提要》也不同。阮目基本上遵循《四库提要》的路数，孙记却侧重于版本。陈宗彝跋曰："此书标目题'平津馆鉴藏记书籍卷一'，则书籍盖鉴藏之一类。"

《平津馆鉴藏书籍记》的解题，有提要内容主旨、品评得失者。如《新编事文类聚翰墨大全》下曰："此书虽为时俗酬应而设，其中诸款式、称谓、礼制，颇纪一时风尚，纪元一代官制、舆地、科举条式尤详。"如《甄正论》下曰："仿桓宽《盐铁论》，反复辨难，大旨屈老以申佛，虽不及《辨正论》之博洽，其文笔古雅，词藻富丽，颇足相匹。"但这类解题很少。大多数解题包含版本著录和版本考订两方面内容。版本著录一如孙星衍自序所云："凡刊刻年代人名、前后序跋、收藏图印，悉具于册。"如宋本《纂图互注南华真经》十卷，解题曰："题晋郭象子玄注，唐陆德明音义。前有郭象《南华真经序》、《庄子太极说》、《周子太极图说》。重言、重意、互注俱用黑盖子别出。黑口版，每叶廿二行，行廿一字。"对版本形式特征的记录很详细，只是不载录或节录前后序跋。

《平津馆鉴藏书籍记》解题考订版本的内容十分丰富，既作版刻年代、版本真伪的鉴定，又作版本源流和版本文字异同的考订，兼融校雠和鉴赏于一体。其校比文字，大多以宋元本较明本，以明本较汲古阁本或近时通行本，通过讹误、衍脱、异同、阙亡的典型例子，说明版本之优劣，约要不繁。但校雠与鉴赏相比，仍以后者为多。孙氏在考订版本的刻时、刻地、刻者及刻印先后等方面，技术老到，颇多经验之论。如卷一收录两部宋版《纂图互注荀子》二十卷，孙氏于后一种版本下解题曰："标题、行数、字数、序文、图说，俱与前巾箱本无异，唯每版稍高一分，字画亦有减省之异，当是南宋中重刊别本。"另外，解题还对著者或著述时代有所订误或考补。如《神僧传》九卷，被元史专家钱大昕收入《元史艺文志》。孙氏解题考订曰："自摩腾至元帝师胆巴，凡二百八人，不题撰人名氏，前后亦无序跋。王圻《续文献通考》：《神僧传》，永乐间命侍臣辑。其言当有所据。钱少詹载入《元史艺文志》，非也。"解题考订版本，广征博引。引用较多的历代书目有《隋志》、《两唐志》、《崇文总目》、《宋志》、《中兴馆阁书目》、《郡斋读书志》、《直斋书录解题》、《读书敏求记》、《千顷堂书目》、《天禄琳琅书目》和《四库全书总目提要》等。并征引或借鉴当代著名学者的学术意见，如钱大昕、卢文弨、毕沅、黄丕烈、王昶、阮元、顾千里、洪颐煊等。引用文献并非一味盲目称好，或引为佐证，或纠其谬误。

　　《平津馆鉴藏书籍记》是清代第一部具有真正、完整意义的私家善本藏书解题目录。在它之前，虽有《读书敏求记》、《拜经楼藏书题跋记》等，但都是"无目录之名"的"准目录"。《四库未收书提要》又不是阮元私藏目录。《平津馆鉴藏书籍记》的解题，充分吸收以往读书题跋记、书目著录和《四库全书总目提要》的撰作形式和内容，形成以著录和考订版本为主，兼及内容提要的解题特点。不难发现，这个特点与不久问世的《爱日精庐藏书志》相似，只是后者有更规范的体例。因而也有人认为《平津馆鉴藏书籍记》是藏书志的雏形。事实上，清后期的一些解题目录，如《艺风藏书记》、《滂喜斋藏书记》的风格和《平津馆鉴藏书籍记》更接近。从这个意义上说,《平津馆鉴藏书籍记》在清代目录学史上的学术价值应予充分肯定。

七、《廉石居藏书记》的编撰、收书和题跋特点

《廉石居藏书记》二卷,孙星衍撰,陈宗彝编。

廉石居也是孙星衍的藏书处,位于孙氏祠堂的五松园内。嘉庆十六年(1811),孙星衍引疾归里后,在廉石居整理藏书,每有心得,即撰一跋。道光十六年(1836),陈宗彝造访五松园,向孙星衍儿子孙竹庼借得《廉石居藏书记》遗稿一卷,但未经分类编次。在此之前,陈宗彝曾发现过孙星衍的一些手跋,于是取《孙氏祠堂书目》勘校稿本《廉石居藏书记》一卷,并补入他所辑到的一些廉石居藏书跋,编为外一卷,合之即为今传二卷本《廉石居藏书记》。内编上卷收录书跋一百二十一种,依《孙氏祠堂书目》分类排序,其中小学、金石两类无书。外编卷下收录书跋十四种,分属经学、小学、天文、史学、说部。两编所录一百三十五和书籍,大多见载《孙氏祠堂书目》,个别则未见,如宋版《纂图互注春秋经传集解》三十卷。大多不载《平津馆鉴藏书籍记》,个别则互见,如元版《左克明〈古乐府〉》十卷。这些题跋不仅不是专瞩宋元版本而撰,而且大多数是明刊普通本的跋,如赵用贤刊本《韩非子》、俞安期刊本《真诰》、吴勉学刊本《管子》、胡文焕刊本《事物纪原》、《古今原始》、《古丛辰书》、胡震亨刊本《山海经图赞》、吴琯刊本《华阳国志》、毛晋刻本《唐英歌诗》、《窦氏联珠集》、《唐

风集》、席启寓刊本《唐百家诗》，以及孙星衍自刊本《晏子春秋》
等。其中有些是《四库全书》未收之书，如《黄庭内景玉经及外景
玉经各一卷五藏六腑图说一卷》、《王叔和脉经》。清陶濬宣《〈孙氏
祠堂书目〉跋》称曰："陈仲虎又为编《廉石居藏书记》三卷，皆录
宋元明椠及旧钞精本，多为四库未录者。"与实际情况不甚相符。

　　《廉石居藏书记》是藏书题跋记体裁的目录，可作解题之用的
题跋内容，一般来说，要比《平津馆鉴藏书籍记》的解题丰富。如
明影宋钞本《北堂书钞》是孙星衍镇库之物，今藏北京图书馆。《平
津馆鉴藏书籍记》卷三记录此书："《北堂书钞》一百六十卷，题秘
书郎虞世南撰。前有《文献经籍考》题语一叶，目录一卷。此书今
世所行唯有陈禹谟删改本。此本犹从宋本摹钞，绝不易得。惟字
画讹舛，几于不可句读。陈禹谟凡例所引武功部、车部、酒食部
阙篇，以及'黄泉出楚宋汝疾有反'诸讹字，俱与此本相同。收藏
有'南泉'白文长印、'纫佩斋清赏印'朱文长印、'云章阁收藏图籍
印'朱文长印。"凡一百三十七字。《廉石居藏书记》记录此书，题
曰："右《北堂书钞》百六十卷，明人影宋钞本。虽文字讹舛，然
是虞氏原书，校之陈禹谟本，有天渊之别。世南此书，成于隋
代，故《隋志》、《旧唐志》皆已著录，惟作一百七十三卷，与此不
同。《玉海》引《中兴书目》云'分一百六十门'，卷数相符，知非
后人刊落之本。《玉海》又称，'二馆旧缺，唯赵安仁家有之，真宗
命内侍取之，手诏褒美'。则自宋代已珍秘之。今陈禹谟刊本亦
据此刊版，故云'是书传写讹脱，几不可读'。禹谟以意增损，又
以俗本经子之文改易原书，纰缪已极。此本得于吴门，前有'纫
佩斋清赏图书'，是明人所钞。虞氏引《尚书经》，在天宝时未经
改定之先，故'畯民用章'、'钦乃迺司'、'敬尔谿狱'、'其克有勋'

之属，皆用古字。今陈禹谟本悉依俗本《尚书》更正，赖此存古书梗概。海内藏书家不乏人，未知尚有此书佳本否。如无佳本，此既至宝。后有重刊者，倩通人少加校核，胜陈本倍蓰也。"题记凡二百九十三字，两者差别自可判明。

不过《廉石居藏书记》的跋文也并非都很精彩，有的仅作简略著录而已。如《尔雅》三卷："右《尔雅》上中下三卷，小版，八行，行十五字，每卷后有音释。"又《春秋说例》一卷："右《春秋说例》一卷，宋刘敞撰。《永乐大典》录出。据《书录解题》称，原书凡四十九条。今仅二十五条，不得全书矣。"这种详略不均、多少不一的情况，在题跋目录中是正常的。

《廉石居藏书记》的书跋虽然大多以明刊通行本为对象，但孙星衍能广集异本，校其异同，定其优劣，说出普通版本外的不普通的学问。所以重校勘是《廉石居藏书记》题跋的特点。如孙星衍藏有六种版本《管子》：明赵用贤刊本、明朱东光刊本、明吴勉学刊本、明葛鼎刊本、明《中都四子》本和依宋蔡潜残本校本。《廉石居藏书记》所录朱东光刊本《管子》跋，主要通过与吴勉学刊本的比勘，考订《管子》篇卷的阙亡流变，并指出诸书所引文献资料的差异讹误。诸如此类者，有《晏子春秋》、《商子》、《唐律疏议》、《初学记》、《焦氏易林》等跋。陈宗彝《〈廉石居藏书记〉序》曰："先生考据博而精，记中于汉宋学之分，儒释教之界，绝之必力，深得立言之旨。"具体而言，是指卷下宋版《吕氏家塾读书记》三十二卷跋文，跋曰："宋时经学不逮汉唐者，以臆说，无所师传。朱文公叙云，唐初诸儒，为作义疏，因讹踵陋，百千万言，而不能有以出乎二氏之区域。至于本朝刘侍读、欧阳公、王丞相、苏黄门、河南程氏、横渠张氏，始用己意，有所发明。盖不待讲于齐、鲁、韩氏之传，而学者已知《诗》之不专于毛、郑矣。及其既久，求者益众，说者愈多，同异纷纭，争立门户，学者无所适从，而或反其为病。今观《吕氏家塾》之书，未尝不谨其说之所自，及其断以己意，虽或超然出于前人意虑之表，未尝敢有轻议前人之心也，云云。是知朱文公亦知宋学无师传，则有门户纷争之弊。后之学宋人，以为出于汉唐诸儒上者，盖瞽说也。"所以，书跋是颇能体现撰者学术素养和水平的。

《平津馆鉴藏书记》和《廉石居藏书记》皆收入《木樨轩丛书》、《式训堂丛书》，近世以《丛书集成初编》本通行。

《爱日精庐藏书志》

一、作者身世、藏书及治学

《爱日精庐藏书志》是清代最有影响的私家藏书目录之一。爱日精庐是书志编撰者张金吾的藏书楼。张金吾，字慎旃，别号月霄，乾隆五十二年（1787）出生于藏书之乡常熟的一个藏书世家。祖仁济、父光基皆邑诸生，家有照旷阁藏书万卷。故阮元称其"世传家学，代有藏书"。金吾少时父母见背，由叔父张海鹏教养。海鹏字若云，号子瑜，乾嘉时以刻书闻名遐迩。尝谓"藏书不如读书，读书不如刻书，读书祇以为己，刻书可以泽人，上以寿作者之精神，下以惠后来之沾溉"。取毛晋汲古阁《津逮秘书》残板汰益之，刊为《学津讨源》二十集，择四部中有关实学而传本将绝者，梓印《墨海金壶》一百十五种。又刻明人及时贤撰述为《借月山房丛抄》，以影宋抄本校刻《太平御览》。金吾及长，从叔父校刊《太平御览》诸书，"钩稽审覆，见者称焉"。青少年时期的这段身世，对他影响甚深。金吾二十二岁时，补博士弟子员。但他省试一不中，便绝意科场，决计慕乡先贤遗风，承父祖辈余绪，笃志储藏刊刻之业。经过十年努力，小大汇收，今古并蓄，合之旧藏，积书已达八万卷之多，插架诒经堂、诗史阁、求旧书庄诸处。诒经堂名，语出《汉书》"遗子黄金满籯，不如一经"，爱日精庐即其别称。当时与同邑陈揆子准稽瑞楼并甲吴中，"四方之名士，书林之贾客，挟秘册，访异书，望两家之门而投止者，络绎于虞山之麓、尚湖之滨"，成为常熟藏书史上承前启后的大家。

　　张金吾认为藏书当为读书服务。他说："藏书者，诵读之资而学问之本。""藏书而不知读书，犹弗藏也。"但他只以经史为当读之书，视稗史杂说为小道，不屑一顾。曾讥讽钱曾《读书敏求记》说："厄言小说、术数方技，居其大半。下至食经卧法、鹌谱鸽论，以及象戏之局、少林之棍、种树之书，与夫《雷神纪事》之荒诞、《孟姜女集》之无稽，兼收博采，并登簿录，虽小道可观，恐难语乎择焉而精矣。若传注之羽翼经训、史籍之记载朝章，及有关学术政治之大者，则寥寥数种，半属习见，心窃惑之。"把儒学经典奉为不二之正统，而不能以治史的观点看待六经和其他古籍文献，是他藏书的一大局限。不过，他钟情经籍而兼爱宋元人集，倒也构成特色。尤其是为了编纂《金文最》的需要，对金元两代遗集矢志网罗，加意搜访，所得王朋寿《类林》、孔元措《祖庭广记》、蔡松年《明秀集注》、吴宏道《中州启札》等，皆当世绝无仅有之书。为续补《通志堂经解》而编定的《诒经堂续经解》，多达一千二百余卷，亦皆得益于丰富的经籍典藏。

　　如果说张金吾对藏书的选择是持保守态度的话，那末他对藏书的流通则抱着"乐与人共，有叩必应"的开明态度。他的见解是，书"既幸归予手，若不公诸同好，广为传布，则虽宝如球璧，什袭而藏，于是书何裨？于予又何裨？且予喜藏书，不能令子孙亦藏书。聚散无常，世守难必，即使能守，或僮仆狼藉，或水火告灾，一有不慎，遂成断种，则予且为包氏之罪人同。倩善书者录副本以赠，予之不敢自秘，正予之宝爱是书也。"乾嘉以来，乐于公开秘藏，互相交流的藏书家越来越多，但秘不示人者仍有之，稽瑞楼陈氏即是。而张金吾的慷慨不吝则出了名，以致他捐馆后，友人李兆洛会发出从此"无借书处"的感叹。张金吾藏书思想的两个特点，不仅指导着他的藏书建设和管理，也影响着他对《爱日精庐藏书志》编例的思考。遗憾的是张金吾年未及"知天命"，即负债家落，藏书被债主族侄张承涣"倾囊倒箧，捆载以去"。越年妻死，雪上加霜。人去楼空，触目凄凉，无奈以诵抄佛经竟日，次年亦撒手西去，时道光九年（1829）。藏书家的结局，他虽早有预料，却也可叹厄运降临得太快了一点。

　　张金吾既以藏书为业，且立有"以撰述名当世"之志。他自叙，"少学为诗。稍长，读书照旷阁，与校《太平御览》诸书，为校雠之学者有年。其后泛滥六籍，为考证之学者有年。又其后究心经术，尊汉学，申古义，为声音训诂之学者又有年。继而讲求亡籍，考核源流，则杂以簿录之学，纂辑经说，采辑金文，则杂以汇萃之学"。撰书《两汉五经博士考》、《广释名》、《十七史经说》、《金文最》、《诒经堂续经解》等二百余卷，编著亦可称富。但他自觉读书未能"研精覃思，随性分所近，成专门绝业"，也犯有"藏而不读，读而不专之过"。张金吾以考据治经，确实难称专家，倒是那两部巨编，多少具有补阙拾遗的意义。唯《金文最》刊行，《诒经堂续经解》不及梓印，原稿后储涵芬楼，毁于一旦。真正使张金吾"以撰述名当世"的，还数他的簿录之学、他的目录名著《爱日精庐藏书志》。

二、《爱日精庐藏书志》的成书和体例

"藏书考镜，赖有书目。"嘉庆二十五年（1820）夏，张金吾
在八万卷藏书规模巨成之后，即"略加诠次"，编成一部二十卷
的藏书目录。继而，"择传本较稀及宋元明初刊本暨传写文澜阁
本另为一编，凡万二千卷"，撰成善本书目《爱日精庐藏书志》四
卷，以活字摆印出版。此后六七年中，因搜书增益颇多，且其目
录学思想亦有发展，乃于道光六年重加编次，附入原书序跋，厘
为三十六卷。旋而又补撰续四卷，合为四十卷，于次年自刻行世。
一般所说的《爱日精庐藏书志》，就是指这个重编的四十卷本，它
按四库分类序列，共收录张氏善本藏书七百六十五部。

《爱日精庐藏书志》的编撰体例有两大特点。第一是收书原
则，即对善本的选择标准。藏家选编善本书目，大多以珍稀古旧
秘本作标准，即使宽容至明清精校精刻，也是以板本为取值标准。
张金吾则认为："著录贵乎秘，秘籍不尽可珍；椠本贵乎宋，宋
椠不尽可宝，要在审择之而已。夫所谓审择之者何也？宋元旧椠
有关经史实学而世鲜传本者上也。书虽习见，或宋元刊本，或旧
写本，或前贤手校本可与今本考证异同者次也。书不经见而出于
近时传写者又其次也。而要以有裨学术治道者为之断。此金吾别
择之旨不无少异于诸家者也。"在这一思想指导下，《爱日精庐藏书
志》"止取宋元旧椠及钞帙之有关实学而世鲜传本者，其习见之书
概不登载，明以后诸书择其尤秘者间录数种，余俱从略"，此其
一。"义取阐明经训，考证古今，故经史两门所录较备，别集一类
亦兼收并采，至若艺术谱录、九流小说以及二氏之书，择其稍古

而近理者略存数种，以备一家"，此其二。总之，其"采录之旨，别择之意"不在"矜宋刻之精，标钞帙之富"，而在版本与内容的双重标准，如果版本好却"非有裨学问、藉资考镜者，不与焉"。张金吾意向中的善本标准构成了《爱日精庐藏书志》的收书特点。另外，书志收录了很多四库未收之书，也可算是一个特点。

第二是其叙录内容的与众不同。顾千里序曰："今夫书之有目，其涂每殊。凡流传共见者，固无待论。若夫月霄之目，乃非犹夫人之目也。观其某书，必列某本旧新之优劣、钞刻之异同，展卷具在，若指诸掌，其开聚书之门径也欤！备载各家之序跋，原委粲然，复略就自叙、校雠、考证、训诂、簿录，汇萃之所得，各发解题，其标读书之脉络也欤！世之欲藏书、读书者，苟循是而求焉，不事半功倍欤！"这段话多被后人用以评价《爱日精庐藏书志》的不刊之论。我以为《爱日精庐藏书志》叙录体例的与众不同有以下三点。1．著录详备，体例严谨。书志于每书之下必依次为书名、卷数、版本（包括收藏情况）、作者、解题（包括考订刊刻源流、比勘版本异同优劣和内容评介）、历代书目著录、原书序跋、后人题识等。大凡以往书目出现过的内容一应俱全，而且序次有致，规范划一。这是以往私藏目录不曾有的。2．载录原书序跋、藏书题识不遗不繁。书志《例言》规定："略仿马氏《经籍考》体，诸书序跋凡世有刊本暨作者有专集行世，其序其跋载于集中者，以及经部之见于《经义考》、《小学考》，唐文之见于《全唐文》者，不更录入外，余则备载全文，俾一书原委灿然可考。"又"所载序跋，断自元止"。对于名家手书题识，因只附原书，很少收入文集，纵有后人传录，仍不多见，故无论长短简繁，悉为登录。辑录序跋、题识虽不是张氏首创，但像这样详尽而有条例的辑录法，也不曾有哪一部私家藏书目录做到过。3.解题具有题跋的形式特征。书志《例言》规定："四库已论，不复赞一词。或书出较晚、未经采入四库者，仿晁、陈两家例，略附解题，以识流别。"这些解题，除内容提要外，都是张的研究考订心得，比之晁、陈两志，更具题跋文章的色彩。正是《爱日精庐藏书志》叙录体例的这些与众不同之处，才构成古典目录中的一个新体制——藏书志。

三、《爱日精庐藏书志》的目录价值

张金吾当日有言："此所刻书目续目，刻才成而书散，书散可惜，刻成可喜。"《爱日精庐藏书志》详尽地反映了一代藏书名家的珍贵秘藏，使许多业已"销声匿迹"的古籍善本得以"留档存案"。它收录不少四库未收书、晚出书，后人多将其和阮元《四库未收书提要》一起，用作《四库全书总目提要》的补充。诸如此者，都是《爱日精庐藏书志》作为一部目录工具书的实际使用价值。但这些还不足以使之成为清代最有影响的一部私藏目录。《爱日精庐藏书志》最重要的价值及其在目录学史上的意义，还在于它创制了藏书志这个目录新体制。

坦白地说，构成《爱日精庐藏书志》体制特点的"零部件"，都是取自前人的旧东西。辑录序跋来源于马端临《经籍考》、朱彝尊《经义考》，详备的著录参自明清以来各家私藏目录，解题取法晁陈两志、《四库总目提要》及题跋集，载录名家手书题识也早有启端。所以有人说"它实际上是题跋和书目合二而一的产物"。然而"合二而一"不是简单的"组装"，而是兼融各家目录体制之长于一体的变例，令人"耳目一新"。那么，《爱日精庐藏书志》确立的目录新体制于目录学究竟有何意义呢？首先，它继承并发展了古典目录叙录解题的优良传统。在这个问题上，张金吾是有"预谋"的，他说："目录之名自康成始，其有序录则《七略》、《别录》所由昉也。然目录之存于今者，自晁、陈两家外，惟《读书敏求记》略述源流，故储藏家每艳称之。"自晁、陈两志后，序录体书目差不多断绝了两个朝代。《读书敏求记》实际上是题跋文集形式的"准序录"，偏重版本鉴赏。真正恢复序录传统的是《四库全书总目提要》，但这是公藏目录。受其影响，私家目录也追仿其例，先是阮元《四库未收书提要》，继而又有孙星衍《廉石居藏书记》、《平津馆鉴藏书籍记》。但前者非采自一家私藏，后者属读书题跋记目录体裁，在目录体制上并无突破性贡献。《爱日精庐藏书志》也深受《总目》影响，但不守拘囿，刻意求新，在《总目》不足之处下功夫，加强版本资料的记录和考订。它借用读书题跋记的表述方式发表见解，但又将其置于规范化的总体格局中，而不失书目应有的统一体例。客观记录和主观研究的结合，资料性和学术性的结合，使它蓄含更多的信息量，比以往的叙录解题更符合书目揭示图书形式和内容特征的本质要求。按顾千里的说法，它不同于众目并优于众目之处，即在既"开聚书之门径"，又"标读书之脉络"，把揭示藏书和指导读书的功能统一了起来。

　　《爱日精庐藏书志》开创的新体制，深获当世与后世藏书家、目录学家赞赏。清末四大藏书家中就都仿其例编目：瞿镛《铁琴铜剑楼藏书目录》、杨绍和《楹书隅录》、丁丙《善本书室藏书志》和陆心源《皕宋楼藏书志》。在清末民初之际，它和读书题跋记是最流行、最受欢迎的两种目录体裁，并由其始作俑者之书名而确定了这种新目录体制的学名"藏书志"。

藏书志适宜于善本书目，编撰普通图书版本目录不必如此"大动干戈"。所以藏家往往为普通收藏编简目，为善本书编藏书志。如丁丙的《八千卷楼书目》和《善本书室藏书志》。另外，藏书志一般都有既定的修撰计划，难以久耗时日深入考据，故其解题部分的考据成果和学术性往往不如读书题跋记。所以一些藏家两者并举，相辅相用，如陆心源的《皕宋楼藏书志》和《仪顾堂题跋》，傅增湘的《藏园群书经眼录》和《藏园群书题记》。

藏书志目录体制是几代目录学家目录工作实践和经验积累的结果，是清代目录学迅速发展至一定阶段的产物和趋于成熟完善的标志。可以说，在此之后，传统目录在体制上已没有更大更新的突破了。因此《爱日精庐藏书志》在目录学史上具有十分重要的意义。

四、张金吾的目录学思想

张金吾因《爱日精庐藏书志》而确立他杰出目录学家的地位，他的目录学思想集中反映在《爱日精庐藏书志》里，除前已阐述外，还有三点补充。

（一）与前代及同代目录学家相比，张金吾的目录实践更多理性意识。也就是说，他替《爱日精庐藏书志》设计新体例，是有理论指导的目录实践，不是无意识地继承而达到客观上的发展效果。他为《爱日精庐藏书志》拟定的篇首《例言》，条例之缜密，体例之完整，其他私家藏目鲜能企及。他为书志初编、重编撰写的两篇自序，表现了他对目录学历史的思辨能力和力图"变法"的自我意识，在同时代众多具有目录实践的藏书家、目录学家中，或许只有章学诚、顾千里等少数人能与之一试高低。所以，在传统目录学文献中，《例言》和《自序》堪属重要篇章。对目录研究的理性思考，是张金吾先人一步完成目录改制创新的重要因素。

（二）张金吾目录思想深受《四库全书总目》影响。张金吾从事目录研究的时期，正是《四库全书总目》向读书人和藏书家流通并日益显示其权威影响的时期。以分类编排为例，在《总目》刊布之初编成的《孙氏祠堂书目》还能自由地发挥自己的分类见解，十几年后的张金吾就基本搬用四库体系了。其次，他强调目录收书"要以有裨学术治道者为之断"的原则，也能在《总目》编例中找到。他以经学家的目光批评钱曾《读书敏求记》收书太滥，却不知这样一来反而削弱了目录保存和反映文献史料的功能。对《总目提要》的内容，张金吾更是战战兢兢，不敢"复赞一词"。这虽然是当时人的普遍心态，但也有敢作敢为者，如周中孚。王重民说："《郑堂读书记》对于《四库提要》作了不少的修改和补充，尤其对于《四库提要》代表乾隆宣传封建思想的部分删去了不少。这样的读书记还是有用的，不是有了《四库提要》便不应该作，而是应该做的更好，那当然也是不容易的。"在这个问题上，张金吾是相形见绌的。

（三）张金吾与章学诚目录学思想的关系。章学诚是大张金吾一辈的目录学理论家，他的思想观点是否影响启发张金吾，张没有明说，但具体比较一下则不难发觉有关系。章把整理和保存图书资料的工作看成是学术思想的"三月聚粮"、"萧何转饷"，研究、著作与图书资料的关系，"如旨酒之不离乎糟粕，嘉禾之不离乎粪土"。张则说："欲致力于学者必先读书，欲读书者必先藏书。藏书者，诵读之资而学问之本也。"因此他力求著录完备，为读书学问提供尽可能多的原始材料。章从目录"辨章学术，考镜源流"的命题出发，极力提倡恢复刘向、刘歆创立的叙录传统。张也持同样看法并努力付诸实际。可以说，张金吾目录学思想中值得肯定的部分，都能在章学诚的目录学理论中找到源头，而且他也不比章说得更深刻。但重要的是他把理论转化为成果，做了章学诚没有做的事。

初编《爱日精庐藏书志》四卷的嘉庆木活字印本，传世甚稀。日本汉学家长泽规矩也曾于京师厂肆获致而收入静嘉堂，值仅大洋三元。重编《爱日精庐藏书志》三十六卷《续志》四卷的道光七年（1827）张氏家刻本，今亦难得。清周星诒跋陈师曾本《郡斋读书志》曰："辛酉越中之变，所藏悉为劫灰，无论其他。如张氏金吾《藏书志》者，向极易得，今求之十年，卒艰一见，甚可叹恨也。"光绪十三年（1887），吴县徐氏灵芬阁以木活字摆印出版，惜有舛乱，且亦无多。1982年台湾文史哲出版社以刊本影印，又加编简目及索引，利于查阅，但大陆图书馆购存者并不多。我认为这部目录著作仍有整理再版的必要。

《郑堂读书记》

一、《郑堂读书记》与《慈云楼藏书志》

　　《郑堂读书记》是周中孚以读书记形式编撰的目录著作，而实际上又是他为上海藏书家李筠嘉编撰的《慈云楼藏书志》的别录副本。

　　周中孚，字信之，别字郑堂，生于乾隆三十三年（1768），卒于道光十一年（1831），浙江乌程（今湖州）人。嘉庆六年举拔贡。嘉庆初年，周中孚先后就读于阮元创办的崇文书院和诂经精舍，师从王昶、孙星衍等名师，因博闻强识，深于经术，入选纂辑《经籍纂诂》，聘为诂经精舍讲学士。他治学严谨，撰述编著《郑堂读书记》、《郑堂札记》、《九曜石刻录》、《孝经集解》、《逸周书注补正》、《顾职方年谱》、《子书考》、《金石识小录》、《词苑丛话》、《郑堂文录》、《诗录》、《西宁县志》、《肇庆府志》，以及署名李筠嘉而实为他编撰的《慈云楼藏书志》。其中尤以《郑堂读书记》最为世人称道。

　　嘉庆二十一年（1816），周中孚经苏松太兵备道龚丽正的推荐，受聘于上海大藏书家李筠嘉，为其整理藏书，编写书志。李筠嘉，字修林，一字筠香，生于乾隆三十一年（1766），卒于道光八年（1828）。候选光禄寺典簿。善辞赋，精校勘。家富藏书，龚自珍称其足与鄞范氏、歙汪氏、杭州吴氏、鲍氏相辉映于八九十年间，"顾异日数本朝目录，必不遗李氏"。周中孚客寓李宅，为之斠订藏书，历时四载，于嘉庆二十五年编成《慈云楼藏书志》，录书四千七百余种，论议胪注至三十九万言。李筠嘉殁后，藏书不久即散去。《藏书志》"稿本流传，惟两部"，一为原稿，一为李之鼎宜秋馆别录副本。李之鼎副本今不可寻，原稿辗转流至武昌徐行可手中。民国二十年，转归吴兴刘承幹嘉业堂。据《李氏家乘》载，《慈云楼藏书志》八十卷，但据周子美编《嘉业堂钞校本目录》载，《慈云楼藏书志》六十卷四十六册，题李筠嘉著，旧抄稿本。是嘉业堂所得者已残阙。在相当一段时期内，但闻《慈云楼藏书志》名而难见其真面，反而是《郑堂读书记》的知名度稍高。

《郑堂读书记》稿本的流传在清末民初的书目中屡有见载。赵之谦《郑堂札记跋》曰："《读书记》旧归平湖朱氏（朱为弼），庚辛乱后，闻为粤东巨公某取去，遂不得见。"《续碑传集》曰："惟《读书记》藏独山莫氏，凡三十四册，然已逸十之二三，或言后归德清戴望。"莫友芝《邵亭知见书目》曰："《郑堂读书记》三十四册，稿本，国朝乌程周中孚撰。计亡逸十之二三，不知更有副本否？"李之鼎《书目举要》曰："《郑堂读书记》三十四册，持静斋藏，周氏手稿本。"又刘承幹《郑堂读书记跋》曰："是编初归朱椒堂侍郎，稿本百余册，后归洪鹭汀观察，复以归予，仅存七十一卷，似从椒堂侍郎所藏本传抄，而有脱佚者，非先生之旧也。"故《嘉业堂钞校本目录》著录作旧抄稿本。刘跋又称昔广雅书局藏传抄本，欲刻入《广雅丛书》，未果。又邵懿辰《四库简明目录标注》也著录有此书，且疑其原缺或缺少。由此可见《郑堂读书记》在当时还是颇有流传的。

由于《慈云楼藏书志》的罕传，藏书界和目录学界一直将其与《郑堂读书记》看成是没有关系的两部目录。直至《藏书志》稿归嘉业堂，被司钥书楼的周子美先生持以与《郑堂读书记》对照校读，顿悟其里，发现"郑堂既为李氏撰《慈云楼藏书志》，其稿别录出，改名《郑堂读书记》，虽增减其字句，而大体什同八九"。"按李之鼎《书目举要》既列《慈云楼藏书志》，又列《郑堂读书记》，不知实为一书，均出周郑堂手"。周子美先生的考证文章《慈云楼藏书志考》发表在《图书馆学季刊》，是当时一项引人注目的学术成果，其结论一般已为学术界所承认。如王重民《论四库全书总目》就参照了周的说法："《慈云楼藏书志》没有刊行，周中孚后来把它的稿子改题为《郑堂读书记》。"但近年来也有不同看法。认为《慈云楼藏书志》成书在先，《郑堂读书记》完帙在后，二者并不是完全相同的著作。其理由是：一、《郑堂读书记》所著录的图书不全是慈云楼中的藏书；二、根据周子美《慈云楼藏书志考》附列两书目的对照表，《藏书志》收书三千七百七十九种，《郑堂读书记》收书二千六百三十九种，相差一千余种。说明《读书记》在《藏书志》的基础上已经做了抉择去取、增补删并、字句修饰工作，《读书记》是以《藏书志》所录提要为基础，再加上周中孚日常所作的题跋增删润色而成的。

其实持异议者之依据并无新意，其关键在于对"同一书"概念的分歧。周子美经比较两目相同篇目文字内容，认为"虽增减其字句，而大体什同八九"。这种情况若发生在两个作者身上，就会有抄录之嫌。若同出一人之手，那么按现在的话来说，或许可以叫作一稿两用。即使改稿《郑堂读书记》时只选用了《慈云楼藏书志》的大部分，或增加了少许非慈云楼藏书提要，但从量和质来看，《读书记》无疑是《藏书志》的别录副本而改稿易为它用。如果以为"同一书"的概念是一字一句不差的两本书，那《读书记》和《藏书志》当然不是，但这在图书学和版本学上都是难以成立的观点。嘉道以来，私人藏书家延请专家编撰家藏书目的情况逐渐普遍起来。专职编目人员的产生，既为那些有力收藏无力编目的书楼提供了技术帮助、智力输入，也使这些一般来说是少有藏书的编目者获得十分宝贵的考察实践机会。它顺应清代藏书楼发展新形势而产生，并刺激了目录学的发展。因为他们的学术成果往往具有两个方面，一是为他人作嫁衣裳，一是为自己作新装。比如莫友芝替丁日昌编写持静斋藏书目录，同时为自己编撰知见传本书目积累了素材。王国维替蒋汝藻编藏书志，并结合自己的研究，写出《五代两宋监本考》、《两浙江刻古刊本考》等学术著作。但像周中孚这样一稿两用的情况倒很少见。或许因为他担心《慈云楼藏书志》久久不刊会使他呕心沥血的学术成果埋没人世，故而采取了这样的动作。从现在来看，这倒不失为一种有意义的举措，倘若没有《郑堂读书记》，恐怕至今还会对《慈云楼藏书志》的作者问题各执一词，一如《书目答问》。倘若没有《郑堂读书记》，周中孚恐怕也不会在中国目录学史上有如此地位。

1921 年，吴兴刘承幹将所获抄稿本《郑堂读书记》与广雅书局藏抄本相校，刊入《吴兴丛书》。民国二十九年（1940），上海商务印书馆据《吴兴丛书》本铅印，收入《国学基本丛书》，并根据周子美的考订意见，从嘉业堂藏《慈云楼藏书志》稿本六十卷中，辑出《郑堂读书记》未见的条目，作为补遗，厘为三十卷附入。1958

年，商务印书馆复排印单行，并重编总目及著者、书名索引。所以，尽管《慈云楼藏书志》先出于《郑堂读书记》，尽管《读书记》是《藏书志》的原稿别录，尽管现存《藏书志》要比《读书记》的收书量多出一千余种，尽管《读书记》记的绝大多数是慈云楼藏书，但周中孚的目录学代表作一直是《郑堂读书记》。

二、《郑堂读书记》的收书与编例

　　《郑堂读书记》七十一卷《补逸》三十卷，共收录图书四千七百六十二种。其中宋版仅六种、元刊二十种、明刻数百种，余者皆为清刻清抄本，丛书零种特别多。分类基本按四库总目。《郑堂读书记》七十一卷：卷一孝经，卷二五经总义，卷三至六礼，卷七乐，卷八诗，卷九书，卷十至十一春秋，卷十二至十三四书，卷十四小学，以上经部（缺易类）；卷十五正史，卷十六编年，卷十七纪事本末，卷十八别史，卷十九杂史，卷二十诏令，卷二十一奏议，卷二十二至二十四传记，卷二十五史钞，卷二十六载记，卷二十七时令，卷二十八职官，卷二十九政事，卷三十政书，卷三十一律书，卷三十二至三十四目录，卷三十五史评，以上史部（缺地理类）；卷三十六至三十七儒家，卷三十八兵家，卷三十九法家，卷四十农家，卷四十一至四十三医家，卷四十四至四十五天算，卷四十六至四十七术数，卷四十八至四十九艺术，卷五十至五十一谱录，卷五十二至五十九杂家，卷六十至六十二类书，卷六十三至六十七小说家，卷六十八释家，卷六十九道家，以上子部；卷七十至七十一别集，以上集部（缺楚词、总集、诗文评、词曲）。

《补逸》三十卷：卷一至二易，卷三书，卷四诗，卷五礼，卷六春秋、孝经、五经总义、四书、乐，卷七至八小学，以上经部；卷九正史、编年、纪事本末、别史、杂史、诏令、奏议，卷十传记、史钞、载记、时令，卷十一至十八地理，卷十九目录、史评，以上史部；卷二十儒家，卷二十一兵家、法家、农家、医家，卷二十二天文算法、术数，卷二十三艺术，卷二十四谱录，卷二十五至二十六杂家，卷二十七类书，卷二十八小说家，卷二十九释家，卷三十道家，以上子部；集部无。

《郑堂读书记》及《补逸》收录的主要是《四库全书总目》和《存目》已收的普通书，也有相当一部分四库后出之书和四库未著录之书。据统计，可补四库遗阙未收的图书有一千九百余种。四库未收之书，有晋干宝《周易注》、汉郑玄《六艺论》等。还有早于四库本的唐写本《大唐郊祀录》、《奉天录》等。但它补入最多的是国朝人著述。据统计它著录了《四库总目》与《清续文献通考经籍考》都未收的清人著述九百九十四种，远远超过阮元《四库全书未收书提要》、孙星衍《平津馆鉴藏书籍记》和张金吾《爱日精庐藏书志》等。在近代《四库全书总目提要续编》问世之前，唯《郑堂读书记》方能称得《四库全书总目提要》的续编。

《郑堂读书记》是一部有解题的目录。学术界评论一般都认为《郑堂读书记》的最大特点是"体裁新颖"，是"与传统目录迥异"的读书记体裁的代表作，但又说它的体例"略仿《四库全书总目提要》"。显然，这是自相矛盾的说法。首先，目录学界给读书记形式体裁目录的定义是，"并非从登录入手编制目录，而是从致力学术研究入手，随读书研究，随写成读书记以表述个人心得与见解，这样经过一定岁月的积累，便成为有相当学术水平的目录学专著"。

　　《郑堂读书记》虽以"读书记"命名，但它是《慈云楼藏书志》的改头换面，而不是脱胎换骨，名义虽改，"从登录入手编制目录"的本质却未更改。其次，就其体裁的具体情况来看，《郑堂读书记》解题内容表现出很强的有序性：每书之下记注卷数、版本，换行著录撰者姓名及其小传，载录《四库全书总目》、《存目》及历代主要书目对该书的著录情况，节录原书序跋，然后概述书旨、校订文字、评论得失，末尾记录藏书题记，等等。这种记录有序的体例，与一般读书札记形式解题无陈式、不拘一格的体例，具有明显的区别。所以，既然它体例略仿《四库全书总目提要》，就不可能是读书记体裁的代表作。而《郑堂读书记》的前身《慈云楼藏书志》，确实是周中孚有意仿《四库全书总目提要》而撰写的藏书目录提要。

　　关于《慈云楼藏书志》体例问题，周中孚当时与顾千里曾有过一次讨论。周中孚拟仿《四库提要》体例编撰慈云楼藏书目录，向顾千里征询意见。顾千里复信说："悬记卷帙，未免过于重大；莫如变而通之，改从简易。"他反对有了《四库提要》以后还对普通书逐部作提要的方法，建议："用赵明诚《金石录》例，先将六千部之目，每部下只用细字注时代、撰人及何本一行，分若干卷，列于前。复将每书按语，择其精华，做成跋体，不必部部有跋，亦不必跋跋自始至末胪陈衍说，其无甚要紧及读者自知则置而弗论。亦分若干卷列于后，通为一书。"简单地说，他主张编成简目体总目和题跋记的合目。但周中孚并没有吸收他的意见去修改。后来周中孚改《慈云楼藏书志》稿为《郑堂读书记》，当然仍旧是仿

《四库提要》的体例。

顾千里的意见代表着当时目录学界的一种普遍心态，即认为《四库提要》议论精深，不敢复加一词。像张金吾撰《爱日精庐藏书志》，只给《四库全书》未收之书写提要，对《四库全书》已收之书，至多在版本、文字及资料性方面给予补充。这种想法并非毫无道理，因为以一己之力，焉能对由各科专家写定的《四库提要》在内容分析、评论上作更多的补充或修正呢？所以，要谈《郑堂读书记》成功与否，首先要看周中孚是怎样给已有《四库提要》的书另写提要的。

三、《郑堂读书记》提要的特点

《郑堂读书记》提要基本上是仿《四库提要》的路子撰写的，它与清前期以来各种类型书目解题的最大区别就是把重点放在书旨提要上。但它与《四库提要》也略存不同，主要表现在以下几个方面：

第一，《郑堂读书记》各篇提要揭示图书特征的序列层次比《四库提要》更加规则化，也即前文提到的"有序性"。这与《四库提要》出众人之手，而《郑堂读书记》出一人之手也有关系，叙录体例容易做到前后一致。

第二，《郑堂读书记》考述作者行事稍详于《四库提要》。余嘉锡《目录学发微》批评"《四库提要》最长于考据，然以例不载撰人行事，故其所辨正者，仅及于名姓爵里耳。"《郑堂读书记》提要对正著者行事似无过多发明，仅在文字上做了些归纳工作，并一律置于作者名下用小字注记，使作者事迹更简明了然。但它对副著者行事多有补充。如《班马异同》注记评者刘会孟事迹："会孟名辰翁，号次溪，庐陵人。景定壬戌廷试对策，忤贾似道，置丙第，遂以亲老请掌濂溪书院，后召入史馆，及除太常博士，皆不就。宋亡后，隐居以终。"《人物志》记注者北魏刘昞事略："昞字廷明，敦煌人。凉李暠时官儒林祭酒。沮渠蒙逊平酒泉，授秘书郎。魏太武时又授乐平从事中郎。卷首题为凉人，误也。"

第三，《郑堂读书记》著录版本比《四库提要》详明。《四库提要》一般在书名下只注记"某家藏本"、"某处采进本"，并非版本类别，提要内容也极少涉及版本。《郑堂读书记》于书名下注记版本则比较标准。如《春秋集传微旨》三卷"海昌陈氏养和堂刊巾箱本"、《旧唐书》二百卷"明闻人氏校刊本"、《新唐书》二百二十五卷"明南监本"、《广川画跋》"余姚卢氏抱经堂校定传抄本"、《郑端简公奏议》十四卷"明嘉兴项氏万卷堂刊本"、《钟鼎款识》一卷"扬州阮氏积古斋摹刻本"、《邺中记》一卷"武英殿聚珍版本"、《中兴小记》十卷"《永乐大典》本"、《古今刀剑录》一卷"《汉魏丛书》本"，等等。由于《郑堂读书记》所收书大多是普通本，所以它对版本的考订不可能也无必要像有些藏书题跋记那样。也就是说，它的提要内容并不以考据版本见长。但是它还是按不同情况记录一些版本特征的。如《国语》二十一卷"读未见书斋仿宋本"，提要曰："此本为嘉庆四年吴县黄荛圃得宋明道本而校刊之，前有钱竹汀、段茂堂二序，后有黄荛圃校刊札记一卷。"《滇载记》一卷"《说郛》本"，提要曰："《稗海》、《历代小史》、《函海》、《艺海珠尘》均收入之。"如《金陀粹编》十八卷《续编》十八卷"康熙己亥刻本"，提要曰："是书岁久散佚，元至正二十三年重刻于江浙行省，后有戴洙序，称旧本佚阙，遍求四方，得其残编断简，参之考订，复为成书。故书中脱简阙文，时时而有。明嘉靖中刻本，并仍其旧，即《四库》所著录者。此本为士景所重订，又一变明本之旧……仍当与明本并行不悖也。"《御注孝经》一卷"文渊阁传写本"，提要曰："是书顺治中虽曾镂板印行，而民间流传甚少。朱彝尊从礼部尚书杜臻得见宝藏，谨录之以弁《经义考》之首。是本从文澜阁写本恭录，前有提要一篇，与曹氏刊本所载全然各别，此当属馆臣初拟本，后复别为撰定云。"

第四，《郑堂读书记》提要考订不如《四库提要》，但对图书内容特征的总体把握却要比《四库提要》简明得当，文字表达较通俗易懂。周中孚撰写提要时，尽管不一定对《四库提要》提出修订意见，很多观点和说法也抄自《四库提要》，但其文字从不大段抄录《四库提要》，而且大多能变换角度去概述书旨，评介内容。

以常用书《贞观政要》为例。《四库提要》曰："《宋中兴书目》称，兢于《太宗实录》外，采其与群臣问答之语，作为此书，用备观戒，总四十篇。《新唐书》著录十卷。均与今本合。考《旧唐书·曹确传》，载确奏'臣览《贞观故事》，太宗初定官品'云云。其文与此书《择官篇》第一条相同，而《唐志》所录，别无《贞观故事》，岂即此书之别名欤！其书在当时尝经表进，而不著年月，惟兢自序所称侍中安阳公者，乃源乾曜，中书令河东公者，乃张嘉贞。考《玄宗本纪》，乾曜为侍中，嘉贞为中书令，皆在开元八年。则兢成此书又在八年以后矣。书中所记太宗事迹，以《唐书》、《通鉴》参考，亦颇见牴牾，如……俱小有异同。史称'兢叙事简核，号良史，而晚节稍疏牾'，此书盖出其耄年之笔，故不能尽免渗漏。然太宗为一代令辟，其良法善政，嘉言懿行，胪具是编，洵足以资法鉴。前代经筵进讲，每多及之。"通篇独多考订。而《郑堂读书记》提要曰："是编皆缀集唐太宗与其群臣问答之语，凡良法善政、嘉言懿行，编为十卷，分为四十篇，各加标目，名曰《贞观政要》。其论治乱兴亡、利害得失，明白切要，可为法戒。文亦质朴该赡，足追古之作者。司马氏修《通鉴》，于太宗一朝，大都取材于斯。虽小有抵牾，不害其全书也。注为元戈直撰。直字伯敬，临川人，吴澄之门人也。倪氏、钱氏《补元志》俱载之，作《集注贞观政要》。其注于义之难明、音之难通，字为之释，句为之述，章之不当分者合之，不当合者分之。自唐以来诸儒之论，莫不采而辑之，凡二十二家。间亦断以己意。然后此书之旨，益为明白晓畅，是亦有功于是书不浅已。"通篇少考据而多客观介绍，仅取《四库提要》一二观点说法，而所增内容对了解该书另有裨益。周中孚之所以写成这样的提要，跟他一人独立完成四千余篇有关，精力所限，学力所囿，焉能作深层次的学术考据，唯此概其书要而已。这种写法，和现代词书条目的写法相似，所以说它比较通俗易懂。

四、《郑堂读书记》的目录性质和目录价值

在总结归纳《郑堂读书记》提要特点后，再回过来讨论几个问题。

第一，《郑堂读书记》的目录体制问题。据前文所述，《郑堂读书记》显然与一般意义的读书札记形式目录体裁差别较大，难以归属此类。因此它还是属于其原稿《慈云楼藏书志》的名称"藏书

志"一类目录比较合宜。但它和目录学界一致认为是藏书志体的创始者《爱日精庐藏书志》不尽相同。具体反映在它著录、载录原书版本要素不如《爱日精庐藏书志》详实细致，提要着重于提示、评介图书内容而不是考订版本，且无论普通书还是稀见书，一律撰写提要。这些方面虽然与藏书志体裁目录的一般原则小有抵牾。但它本质上仍具有著录加按语的特征。然而，《郑堂读书记》(《慈云楼藏书志》)的编撰时间几同于《爱日精庐藏书志》，为什么不说《郑堂读书记》是藏书志体制的创始者呢？对此王重民曾论述其颇为精辟的见解说："《郑堂读书记》对于《四库提要》作了不少修改和补充，尤其对于《四库提要》代表乾隆宣传封建思想的部分删去了不少。这样的《读书记》还是有用的，不是有了《四库提要》便不应该作，而是应该做得更好，那当然是不容易的。只因为当时的目录学家们不了解这一点，他们的思想认识基本上和顾千里一样，这就使得周中孚以后没有较多的人编写普通书的提要了。从此以后，凡对普通藏书多是编成简单的藏书目，凡是善本书方编善本书藏书志。"清后期目录的发展基本呈此态势，因此人们就自然将属善本书志的《爱日精庐藏书志》立为藏书志体制的"始作俑者"，而《郑堂读书记》这样无人效法的普通书藏书志体，自然就难立门派了。

　　第二，《郑堂读书记》的评价问题。虽然周中孚略仿《四库提要》推出的目录体制没有被推广，虽然他的提要在学术性方面不如《四库提要》，在资料性方面不及《爱日精庐藏书志》，但仍不失其独有的实用价值。顾千里评其曰"藏书读书，两臻其善"，确然。它记版本详于《四库提要》，利于藏书者；记内容详于《爱日精庐藏书志》，更利于读书者。当然，顾千里也说过《爱日精庐藏书志》既"开聚书之门径"，又"标读书之脉络"的话。这说明在此两个方面，同作为藏书志体的《郑堂读书记》和《爱日精庐藏书志》是一致的。但《郑堂读书记》的体例似更有益于一般读者而不是学者。正如姚名达《中国目录学史》所说："有专述书之内容，以便读者之取材者，周中孚之《郑堂读书记》已启斯意。"《郑堂读书记》的体制特点没有被清代目录学家看好，是有客观原因的，但这并不妨碍它在清代目录学史上的意义——《四库全书总目提要》的续编。

《楹书隅录》

一、杨氏海源阁藏书源流聚散

山东聊城杨氏"海源阁"为清末北方第一藏书楼，它与常熟瞿氏"铁琴铜剑楼"并峙海内，号称"南瞿北杨"。

海源阁第一代藏主杨以增，字益之，号至堂，别号东樵，生于乾隆五十二年（1787），卒于咸丰五年（1855），道光二年（1822）进士，官至两湖河道总督，卒谥端勤。当其在河道总督任上，恰逢汪阆源艺芸书舍藏书散出，杨以增"楼台近水，得月滋多"。此外，江南名家故藏散出者，也多有收罗，如著名的宋本《毛诗》，即"购之扬州汪容甫先生家"。以增子绍和，字彦合，号勰卿，生于道光十年（1830），卒于光绪元年（1875），同治四年（1865）进士，官太史侍郎。"性爱蓄书，于述古、佞宋之癖，尤窃慕之"。早岁随父宦游南北，搜觅宋元椠本颇多。他是海源阁第二代藏主，经他之手，海源阁又有了第二次大宗收藏。即咸丰庚申（1860年）以后，宗室怡王府乐善堂藏书散出，藩府之珍，零散厂肆。时绍和官于京师，与朱子清、潘祖荫、翁叔平等争相购致，绍和所得颇多。汪氏艺芸书舍藏书来源于吴县黄荛圃百宋一廛、周锡瓒香严书屋、袁寿阶五砚楼和顾抱冲小读书堆。怡亲王乃康熙帝第十三子允祥，雍正杀戮亲弟，但对怡亲王优加恩渥。怡府藏书珍品主要来源于徐乾学传是楼和季沧苇，"大楼九楹、庋藏满溢"。这两家都是清代藏书链上的重要环扣，故而傅增湘《海源阁藏书纪要》称"其收藏闳富，古书授受源流咸以端绪"。于是乎杨氏海源阁"举明季清初诸名家所有古刻名钞，又益以乾嘉以来黄、顾诸人之精校秘写，萃于一门，蔚然为北方图书之府"。海源阁藏书总量多达二十余万卷，其中宋元本有四百六十四部，约万余卷。书楼十二间，楼上藏宋元本，别辟"宋存书室"专贮宋本，又以其置宋版《毛诗》、《三礼》和《史记》、《两汉书》、《三国志》，专储一处，额其室曰"四经四史斋"。据杨绍和说，杨以增"毕生邃于经学，于经学服膺北海"，"所藏四经，乃《毛诗》、《三礼》，盖为其皆郑氏笺注也，《尚书》、《春秋》虽有宋椠，固别储之"。楼下置充宋充元本、明版、清初版、殿版及抄本。绍和殁后，传其子保彝，字凤龄，号凤阿。保彝乏嗣，以族子杨敬夫为继。故杨氏海源阁也先后经历了四代。

海源阁在清代藏书史上的意义和地位无疑是重要的。叶德辉《书林清话》写道："赫寇乱起，大江南北遍地劫灰。吴中二三百年藏书之精华，扫地尽矣。幸有常熟瞿氏铁琴铜剑楼保守其子遗，聊城杨氏海源阁收拾余烬。"使明清以来无数藏家苦心收藏的宋元古本尚能保存部分至今。还有人从古本传播地域的角度来评论，如王献唐说："清代私家藏书，初以江浙为中心，展转流播，终不出江浙境外。迨聊城杨致堂，始得百宋一廛之精本，辇载而东，情势乃稍稍变矣。""杨氏藏书，半得于南，半得于北，吸取两地精帙，萃于山左一隅，其关于藏书史上地域之变迁，最为重要。以前江浙藏书中心之格局，已岌岌为之冲破。"道咸乱世，江浙图书流向外省者，除山东海源阁外，较大的还有粤东揭阳丁日昌持静斋等。古籍珍善版本从某一地域辐射出去，有利于文化的传播，学术的发展，这是一般而论。但聊城偏远，交通不便，"家在陶南，僻处东南，非千里命驾，殆无窥见"，与江浙两省藏家舟车往来，书约抄校，观摩赏析的情况相比，反而丧失了这些便利条件。又因光绪中江标入阁观书，出言不逊曰："昔之连车而北者，安知不捆载而南。"主人睹此，不怿于怀，缘是扃闭深严，殆同永巷，深自珍秘，不轻示人。使海源阁只起守护之职，而退化了流通的功能，这固然是杨氏父子始料未及的。更令人痛惜的是在那兵荒马乱的岁月里，海源阁连守护之职也无能为力。

　　书籍之厄，除水火之外，兵燹之害更烈于政治。"兵燹荐临，则为无取舍之破坏工作，盖大兵到日，闾阎邱墟，何况公家之收藏与夫私人之珍弄。一方则主者奔命不暇，无暇计及典守。一方则将帅员卒，大抵多不学之徒，无心念及典藏之可贵。于是昔之嬛嬛插架，一霎时化为灰烬矣"。海源阁的历史就屡次遭受兵燹之灾。第一次是咸丰十一年（1861），捻军在皖北及齐鲁之地活动，"烽火亘千里，所过之区，悉成焦土。二月初，犯肥城西境，据予华跗庄陶南山馆者一昼夜。自分珍藏图籍必已尽付劫灰。及寇退，收拾烬余，幸尚什存五六，而宋元旧椠，所焚独多，且经部尤甚"。如"四经四史斋"之宋本《毛诗》，就焚存卷十八至末三卷。第二次匪劫发生在民国十八年。因海源阁府宅宽敞，匪首王金发设司令部于杨府内。劫后但见书籍零落，积尘逾寸，宋本《史记》残余一册，宋本《咸淳临安志》残余两册，均散置地上，与乱纸相杂。黄荛圃手校宋本《蔡中郎集》书页被用来拭抹鸦片烟签，涂污满纸。据家人告之，匪徒每以阁上书籍炊火，旧书不易燃烧，愤言："谁谓宋版书可贵？"但据查这次损失不算至重，检视阁上现存书籍，尚有宋元善本及荛翁精校之书，以《楹书隅录》检之，均为下乘，其最精之本，闻在匪乱以前由族人杨敬夫事前运至津门寓所及其戚属之处。不料一年之后，又遭匪劫。民国十九年春，海源阁为匪首千金子所据，揩器做枕，无不以书代之。又匪首王冠军与县长王克昌勾结，将精品八大木箱劫入县府。事后杨敬夫派人验查，计经部损失十之七，史部损失十之四，子部损失十之四，集部损失十之三。宋元版完全损失，其中以高丽版韵学书最有价值。所剩者为充宋、充元及明清版、手抄本等。共装七大车，运赴济南。

　　自杨氏书籍散失以来，北平书贾来往济南、保定、聊城间者，几络绎不绝。盖王匪所盗之书，后悉数运回保定，售与当地书肆。济南书市亦不时发现海源阁藏书，据民国二十年五月十六日《申报》报道："最近济南市上发现海源阁书籍一批，缘去岁王冠军部军队大掠海源阁书籍北上时，道经高唐，有一兵携书数麻袋，嫌其累赘，遂以京钱六十吊售于高唐邮政局长。"麻袋中有宋本《韦苏州集》、元本《范德机集》、《韩昌黎文集》等。所以这是海源阁历史上遭受的一次浩劫。

　　在清末藏书四大家中，海源阁遭损失最烈，而其于民国时代遭受的两次匪劫，皆因其地处齐鲁匪患丛生的偏远之隅。因此，所谓海源阁在藏书史上地域变迁的重要意义，并非真有道理。论者或曰："收藏家知兵匪之难以预知，则知昔日深闭其书而不使流通传抄者，匪特不能永保，兼亦为盗资粮矣。"我们不能但称美海源阁是主持北方文献之第一家，它在清代藏书史上的作用和意义并非只有可称颂、可肯定的一面。

二、《楹书隅录》的编撰与收录

海源阁藏书目录前后编过五部。第一部是杨绍和编《海源阁书目》，第二部是杨绍和编撰的《楹书隅录》，第三部是江标编《海源阁藏书目》，第四部是杨凤阿编《海源阁藏书目》，第五部是杨凤阿编《海源阁宋元秘本书目》。其中，《楹书隅录》的价值和影响最大。

《楹书隅录》五卷《续编》四卷。同治二、三年间（1863—1864），杨绍和居住在聊城乡里，撰成《海源阁书目》，但此事只见载绍和《〈楹书隅录〉自序》，不复见书。书目成后，复取宋元各本，记其行式印章评跋，管窥所及，间附数语，成稿若干。同治四年，绍和进京入翰林院供职，簪笔鲜暇，直至同治八年始检旧稿，编次厘定为《楹书隅录》五卷。是此目始编于同治三年，卒成于同治八年。同治十年，杨绍和复命儿子保彝将储诸山中别墅、未及入录的精校名抄本原书跋尾，抄录邮寄若干条，由杨绍和在京手加甄录，补为《楹书隅录续编》四卷。光绪九年（1883），保彝将原稿与著录各原本，详加校订，补入十余种，始成定本。及至光绪十九年，刊成行世。

《楹书隅录》共收录书一百七十一种，按经史子集分卷。卷一经部，收书三十八种；卷二史部，收书三十一种；卷三子部，收书三十种；卷四至五集部，收书七十二种。《续编》共收录书九十八种，卷一经部四种，卷二史部十六种，卷三子部四十六种，卷四集部三十二种。正续两编共收书二百六十九种。计宋本八十五部，金元本三十九部，明本十三部，校本一百零七部，钞本二十四部，共二百六十八部（因《隅录》卷二明本《长安志二十卷》《长安志图三卷》，以二种一部计）。正编五卷所录皆杨以增"四经四史斋"旧藏善本，及杨绍和昔年所得精椠的一部分，其中宋金元本有一百二十一部（包括影宋影元钞本），占正编所收书的三分之二。续编只有元本《尔雅》一部，和元钞本《鄱阳集》《乐府新编阳春白雪》二部。以卷二史部为例，有宋蔡梦弼刊本《史记》、宋淳熙耿秉广德郡斋刻本《史记》、宋建安蔡琪家塾刊本《汉书》、宋钱唐王叔边刊本《后汉书》、宋绍兴十八年荆湖北路安抚司刊本《建康实录》、宋嘉定元年刊本《通鉴总类》、宋椠《舆地广记》、宋本《咸淳临安志》等，大多是毛晋汲古阁、徐乾学传是楼、季沧苇、黄丕烈百宋一廛遗物，中国古代版刻史上可数的宋椠珍品。正编共收明刊本八种，若明洪武刊《欧阳文忠公集》、成化本《长安志》、正德罗珊刊本《栟桐先生文集》、绿格墨印铜活字印本《栾城集》等，皆黄荛圃所谓"书有不必宋元刻而亦可珍者"。《续编》所收九十八种，则大多是得自黄荛圃、汪容甫二家的精校名钞本。卷一经部四种，校本有二种。卷二史部十六种，有十五部校本。卷三子部四十六种，校本四十三种。集部三十二种，校本二十六种。校本占《续编》收书量的七分之六。子部校本中黄丕烈校本就有《盐铁论》、《韩非子》、《宋提刑洗冤录》、《灵台秘苑》、《画鉴》、《衍极》、《文房四谱》、《砚笺》、《墨子》、《鹖冠子》、《刘子新论》、《芦浦笔记》、《杨公笔录》、《西溪丛语》、《宾退录》、《学斋佔毕》、《封氏闻见记》、《麈史》、《春渚纪闻》、《却扫编》、《霏雪录》、《洞天清录》、《东莱先生诗律武库》、《湘山野录》、《挥麈录》、《邵氏闻见录》、《归潜志》、《山居新话》、《东园友闻》、《遂昌山人杂录》、《穆天子传》、《剧谈录》、《江淮异人录》、《茅亭客话》、《录异记》、《道德真经指归》、《列子》等。光绪初，潘祖荫编刊《士礼居藏书题跋记》，就借《楹书隅录》稿抄录。清末民初，藏家得一黄校本即欣喜若狂，而海源阁《楹书隅录》竟收录了那么多黄校黄跋本，可见其收藏版本"实力"之雄厚。

由此可知，《楹书隅录》不像《铁琴铜剑楼藏书目录》限止于宋元人著述，而是纯以版本的珍贵程度为收录标准的善本书目。

三、《楹书隅录》的编例特点和目录价值

目录学史论者对《楹书隅录》的评价并不高，王欣夫《文献学讲义》说："绍和所附考证殊属寥寥，且多舛讹，只可供藏书家的参考，而非读书家所亟需，在四家书目中评价较低。"黄永年《古籍整理概论》说："清后期四大藏书家中，除杨氏海源阁的《楹书隅录》是杨绍和杂抄其父杨以增所藏部分旧本书的前人题跋并略记得书经过、不像正规的藏书志外，瞿镛的《铁琴铜剑楼藏书目录》、陆心源的《皕宋楼藏书志》、丁丙的《善本书室藏书志》都可算是标准的藏书志。"那么，《楹书隅录》的编例究竟怎样呢？

据绍和自序，《隅录》各篇乃"记其行式印章评跋，管窥所及，间附数语"。同书许赓飏序说的稍详："以所得各种考核同异，检校得失，于每书之下详载各跋，间附己意，末乃系以行式及各家印记。"通览全书，绍和编撰之例确如许序所言。如宋本《毛诗》下，顺次录查慎行跋、顾广圻跋、吴荣光题识，然后是绍和考订

按语两篇，最后记行款字数及藏书印记。基本上是藏书题跋、绍和按语和行式印记三大内容。但也往往因书而异。如校宋本《礼记郑注》下，载录松崖跋、黄丕烈题跋五篇、袁廷梼校识和"咸丰纪元春钱唐许乃普借观于海源阁"识语一条，别无编者按语和行款印记。北宋本《骆宾王文集》下依次摘录顾广圻跋两篇、黄丕烈跋一篇，并记藏书印章，无考证。影宋精抄本《鲍氏集》下开篇即是绍和考证之语，末附藏书印记，无藏书题跋可录。还有一些书志并不按藏书题跋、考订按语、版式印记三大内容的体例，内容形式与一般书录无异。如元本《礼书》下曰："每半叶十三行，行二十一字，首载建中靖国元年牒文。《乐书》末有庆元己未三山陈岐、迪功郎建昌军南丰县主簿林子冲两跋，至正丁亥福州路儒学教授林光大后序。盖《礼》、《乐》二书，庆元间陈岐以北宋本重梓于旴江，光大复繙刻之。故卷中犹避宋讳。二书传于今者，以此为最旧矣。"

《续编》中杨绍和的考证按语更少，如卷三子部中，校宋本《韩非子》、校明钞本《盐铁论》、校元本《宋提刑洗冤集录》、校明钞本《灵台秘苑》、校旧抄本《文房四谱》、校明蓝印铜活字本《墨子》、校旧抄本《墨子》等等，全是载录原藏书题识跋尾，别无作者一字，连附记版式印章也没有。这也正合绍和自序所云，"命儿子保彝由里中钞寄原书跋尾若干条，手加甄录"的体例。

那么《楹书隅录》中杨绍和的考证又是如何呢？总的看来，窃慕"述古佞宋之癖"的杨绍和"管窥所及"，大致是承继钱曾、黄丕烈等鉴赏一派的风格。其内容主要有以下几个方面。

其一，叙得书来源与经过。如宋本《毛诗》云"先公于己酉购之扬州汪容甫先生家"。宋本《周易本义》云："昨岁入都，于厂肆见此本，楮墨绝精，色香俱古，洵吴氏原椠。爱玩不忍释手，而索直昂，议再三来就，比归，始致书友人购之。"元本《文选》云："是书乃茉花吟舫朱氏藏本，癸卯先大夫展觐时，购于都门。旧册残敝，卷首孙渊如先生题语亦多漫漶。丁未，先大夫移抚关中，倩良工重加装池，属幕中顾君淳庆照录如左。"

其二，叙藏弆源流。如宋本《山谷老人刀笔》下云："卷末跋尾款题'天启二年花朝石斋老人识'，下有'石斋'白文印。按石斋，明漳浦黄忠端公别号也。忠端生于万历十三年乙酉，中天启二年壬戌进士，年甫三十有八，似于老人之称未合。然卷首有图书三，曰'存雅堂'、曰'云间'、曰'卧子手抄'，确是青浦陈忠裕公印记。忠裕崇祯十年登第，出忠端之门，师生交谊最笃，频相过从。则此本当为忠端所藏，而忠裕曾经假录者矣。国初归华亭沈文恪公，卷首末有沈荃印。道光庚戌，日照印林许丈瀚为先公购于吴门。"

其三，鉴赏版本，考镜源流。如明本《苏老泉嘉祐集》十四卷下云："按《老泉集》在宋时凡四本，曾南丰撰墓志称二十卷，公武、直斋所载皆十五卷，徐氏传是楼藏绍兴十七年婺州刊本作十六卷附录二卷，康熙间邵仁泓翻雕宋本亦十六卷，其十四卷者惟《天禄琳琅书目》、《延陵季氏书目》著录。《天禄》本云'其版仿宋巾箱本式，而字体较大'，视此本正同，但称'标题不仍嘉祐之名'，则又与此本未合。《老泉集》佳刻颇鲜，此本虽非宋元旧帙，然尚饶有古意，当是明初开梓者，故亟存之。"又宋本《脉经》下云："伏读《四库全书总目》，是书未经著录，仅于《脉诀》注中有'王叔和《脉经》十卷，见于《隋书》、《唐志》'云云。《延陵书目》有宋板《脉经》，然止七卷，当非完帙。张氏《藏书志》有钞本，乃从元天历本录出。近时嘉定黄氏及钱氏守山阁新刊本所据校者，亦只元刻。可见是书之宋椠固不多觏矣。此本卷首载林亿等校定《脉经》序，并王叔和原叙，卷末载熙宁元年、二年进呈镂板衔名，绍圣元年、三年国子监牒文衔名，及嘉定丁丑濠梁何大任后序，称'家藏绍圣小字本，岁陈漫灭，博验群书，正其误千有余字，鸠工创刻'。盖是书初刊于熙宁，至绍圣间由大字本开作小字本，而此本又从小字本重雕者也。《守山阁丛书》本钱君熙祚跋中称与今本不同诸条，核之此本俱合。按守山阁本从元嘉泰四年江西儒学椠本覆出，而元椠所据乃宋嘉定间侯官陈孔硕刻于广西漕司之本，与此正同时锓梓。顾陈本录自建阳坊刊，此则以绍圣监本重雕也。"

其四，记述当时藏书界的情况。如金本《新刊韵略》下曰："咸丰初，扬州始复，南北各军往来淮上，往往携古书珍玩求售。"宋本《证类本草》下曰："昔日梅伯言丈官京师，喜购书，得一佳本，辄邮筒相告，或辍赠焉，每以京都风行宋元刻本，不能多购为恨。予年来珥笔之瑕，往往作海王村之游，而古书日少，较昔尤为难遇。今春明善堂书散出，予得明刊宋元人集及各子书善本百余种，而宋元本独鲜。"

根据上述《楹书隅录》编例特点和编者按语内容分析，笔者以为，《楹书隅录》虽然与张金吾《爱日精庐藏书志》创下的"正规"藏书志体例不尽符合，但其既载录原藏书题识与版式印记，又附按编者考订心得，与藏书志体例实质相合，故仍当属藏书志一类书目。由于《隅录》所收虽然多属珍善版本，但就内容而言，却大多是已入四库的常用书，故其不录原书序跋，不考作者，亦属合理。而首载前贤藏书题跋，洋洋大观，盖因海源阁"四经四史斋"

藏本皆经名家收藏，流传有绪也。因此，《楹书隅录》的编例是从海源阁藏善本的实际情况出发编定的，可视为特色，而不必因其"不像正规藏书志"而贬低其价值。其次，除《续录》外，《楹书隅录》中杨绍和的考订并不少，其内容以考订版本为主，风格与《读书敏求记》、《荛圃藏书题识》相似，洵属鉴赏一类。当然，杨绍和鉴定版本常出现错误，后人如杨守敬、傅增湘等曾屡加指正，说明他虽然服膺黄丕烈，却不如黄丕烈，这与他与外界缺少交流有关。但其中仍不乏可供参考借鉴的内容。若与四大藏书家的其他三家藏书志比较，窃以为谓《楹书隅录》低于《铁琴铜剑楼藏书目录》和《皕宋楼藏书志》可矣，谓低于《善本书室藏书志》则不必。如果避开《楹书隅录》所反映善本图书的珍贵性，以及杨绍和那些并不怎么令人满意的考订之语不论，单就载录的前贤藏书题跋而言，其资料价值就足以与《铁琴铜剑楼藏书题跋集录》相比美。因此，《楹书隅录》在清代藏书目录中的地位和作用不可低估。

《楹书隅录》光绪十九年（1893）杨氏家刻本刊行十余年后，版片竟散落都市，被董康购获，检之已阙失三分之一。董康补刊一百九十余版，始复为完书。故现存诸本大多是光绪十九年杨氏家刻民国元年董康补刻印本。

《海源阁藏书目》一卷，江标编。江标在随汪柳门学使按试途经海源阁时，曾登阁观览，粗得涉猎，记其厓略。凡著录藏本三百六十余种，记书名、版本、卷册，不附解题，按四部秩分，是一部不完整的善本简目。光绪十四年（1888）刻成，与江标所编《丰顺丁氏持静斋书目》、《铁琴铜剑楼藏宋元本书目》同编为《江刻书目三种》。由于它先于《楹书隅录》刊成，故一时间尚起有作用。待《隅录》一出，则几可废。唯其中手抄之目，往往有出于《隅录》之外者，亦可利用。

　　《海源阁藏书总目》和《海源阁宋元秘本书目》均由杨保彝编撰。时宣统新元，世势动荡，保彝有感藏书难得，特编此二目，拟呈请归入祖祠公有而报山东提学使备案。《总目》收书约三千二百三十余部、二十余万卷，大多是版刻较近、抄胥弗精、世所经见之书，且未刊行，故影响甚微。《海源阁宋元秘本书目》四卷，是目仅著录宋金元明刻本和元明清初名家抄校本，共四百六十九种。其中有四库未收、采遗未见或编次卷目有异者。每书名下记录版本、卷册函数。依四部分卷，各卷按宋、元（金、明）、校、抄本依次编列。收书量多出《楹书隅录》和江目一二百种，虽为简目，尚有一定参考价值。是目保彝手编底本，后经王献唐校订，于民国二十年（1931）由山东省国立图书馆铅印出版、间附王氏注按。

《铁琴铜剑楼藏书目录》
和《铁琴铜剑楼藏书题跋集录》

一、瞿氏铁琴铜剑楼藏书源流与特点

常熟瞿氏"铁琴铜剑楼",是清中叶以来,历史最长久、藏品最丰富、保存最完好的藏书楼。常熟自明末以来,私家藏书传统悠久,万卷名楼,层出不穷,如绛云楼、汲古阁、述古堂、爱日精庐、稽瑞楼,皆富甲东南,名闻海内,但究其历史,不过一二世则散尽,唯瞿氏后继,前后五世,越一百五六十年,私家收藏,经历之长,仅次于四明范氏天一阁。且最终纳入国库,得到妥善归宿,堪称善始善终。

瞿氏藏书肇自瞿绍基。绍基字厚培,号荫棠,生于乾隆三十七年(1772),卒于道光十六年(1836),江苏常熟人。性好书,于家乡菩里村筑恬裕斋储之。黄廷鉴《恬裕斋藏书记》曰:"有村菩里,沃壤千畦,桑竹弥望,故学博荫棠先生隐居在焉。有斋曰'恬裕',其藏书之所也。君以明经选授广文,一试职即归隐,读书乐道,广购四部,旁搜金石,历十年,积书十万余卷，昕夕穷览，尝绘检书图以寓志。时城中稽瑞、爱日两家，竞事储藏，先后废散。君复遴其宋元善本为世珍者，拔十之五，增置插架。由是恬裕藏书，遂甲吴中。"绍基为瞿氏藏书筑下的基业传于其子镛。镛字子雍，生于乾隆五十九年（1794），卒于道光二十六年（1846）。黄廷鉴撰记时他已掌钥书楼，记称曰："哲嗣子雍明经，克成先志，搜奇罗逸，不懈益勤。"瞿镛之功，一再扩大收藏，改名"铁琴铜剑楼"。据称汪士钟艺芸书舍之书，于咸丰庚申以前全部散佚，一归常熟瞿氏铁琴铜剑楼，一归上海郁氏宜稼堂。故而张星鉴《怀旧记》曰："虞山瞿氏馆中多善本书，得于黄氏士礼居者为多。"瞿藏士礼居旧藏即转由艺芸书舍所得，是铁琴铜剑楼最珍贵的一个部分。又王献唐《海源阁藏书之过去现在》称咸丰庚申丧乱之后，"江南各地藏书，一时俱出，杨致堂以在河督任内，因利乘便，与瞿氏铁琴铜剑楼购藏最多，故不名一家，而精帙殊富"。是铁琴铜剑楼名列清末藏书四大家，正在瞿镛时。瞿镛做的第二桩事，即编成《铁琴铜剑楼藏书目录》。铁琴铜剑楼第三代传人，是瞿镛之子秉渊、秉清。他俩也为铁琴铜剑楼做了两件事，校订书目，刊成经部，并在战乱中苦守其书，不致毁失。张瑛《铁琴铜剑楼书目后序》曰："适遭咸丰庚申之难，板毁于兵，濬之捆书籍，转徙流离，最后渡江而北，藏之海门。寇退，载书回里。"《常昭合志》曰："当粤寇之难，邑中藏书，大半毁失，秉渊兄弟，独不避艰险，载赴江北。寇退载归，虽略有散亡，而珍秘之本，保护未失。"不过据瞿启甲说，此番兵劫，"散失宋元本卷以千计，如宋刊《前》《后汉书》、《晋书》、《通典》、《丽泽论说集录》、《邓析子》、《窦氏联珠集》等，而明刊本及钞本、校本数更倍蓰，尚不与也，至若当时未入《书目》之明清人著述，则又不可胜数矣。整理之余，得十之七，因绘《虹月归来图》志幸，遍请名家题咏，士林传为嘉话云。"秉渊、秉清殁后，子斐卿、棣卿及启甲，承先志，"凡宋元善椠暨前明诸家藏本久散四方者，留心采访，稍稍购归"。光绪二十四年，端方饬令瞿氏酌量呈献图书储之公馆，启甲不从。后从里中父老劝，影写罕见本百种以进。民国初，启甲选任众议员，倡设常熟县立图书馆，捐赠藏书。民国十二年（1923），移书上海。民国二十九年，卒于沪上，遗命书勿分散，不能守则归之公。子济苍、旭初、凤起，在上海沦陷时期苦苦守护不失，并于建国初献书国家。瞿启甲在近代时局急剧变化的情况下，苦心经营，并主持修订、梓印了《铁琴铜剑楼书目》，完成先祖、先父未竟之业，又编印《铁琴铜剑楼宋金元书影》和《铁琴铜剑楼藏书题跋集录》，其功于书楼，不下瞿镛。

铁琴铜剑楼藏书，因其历有代数，宋元精椠与一切孤本为世人未经见者多有之，在清末藏书楼中属超一流。傅增湘先生认为："吾国近百年来藏书大家，以南瞿北杨并称雄于海内，以其收藏宏富，古书授受源流咸有端绪。若陆氏之皕宋楼、丁氏之八千卷楼，乃新造之邦，殊未足相提并论也。"瞿氏藏书多宋元珍本，且多孤罕之本，是其最大特点。民国初，上海商务印书馆编辑《四部丛刊》，影印古籍，初编三百二十三种，出虞里瞿氏者二十五种。续编七十五种，出瞿氏所藏者逾半，达四十种。三编七十种，瞿家又占十六种。众所周知，《四部丛刊》以严格选择最早、最好或最少见的版本为底本而著称，前后三编凡四百六十八种，借取铁琴铜剑楼藏本者占六分之一强，足见瞿氏藏书的实力。另外，铁琴铜剑楼收藏旧抄和名家校本也不少，地方文献也是特色之一。

铁琴铜剑楼在长期的藏书实践活动中，逐步形成一套管理方法和制度。书楼平日有人管理，每岁必取出一曝，而曝书有一定时日，故所藏书因保存与曝书之得法，历久不失，即宋元旧椠，视之一如新装，而无一部散佚。此为海内藏书家所未见。又书楼亦许人入楼参阅，但不准借出，别辟专室，供人坐读，非秘藏高庋不示人者。铁琴铜剑楼蓄书皆出于耕养，辛苦致之，斯能绵远。但瞿氏几代藏主，在学术上都没有很大的名气和很大的成绩。这种局限在瞿氏编撰的几部书目里也有所反映。

二、《铁琴铜剑楼藏书目录》 的目录体制与解题特点

《铁琴铜剑楼藏书目录》二十四卷，瞿镛编撰。共收录图书一千一百九十四种，其中宋刻一百七十三种、金刻四种、元刻一百八十四种、明刻二百七十五种，钞本四百九十种、校本六十一种，其他七种。所收止于元人著述，明清著作未入目。按四库分类排次，卷一至七经部，卷八至十二史部，卷十三至十八子部，卷十九至二十四集部。每书之下记卷帙存缺、行幅字数、序跋印记，并校雠异本文字。故属善本藏书志类型书目。

《铁琴铜剑楼藏书目录》解题内容的特点是校比版本。即在著录版本之后，多取一异本对校文字，以见此版本之用。如宋刊本《毛诗》二十卷，解题曰："是本胜处往往与唐石经及宋小字本、相台本合，今以木渎周氏刊本校之，其足以是正周本者，具著于篇。"以下校周刊本异文达三叶之多。又如校宋本《诗集传》二十卷，解题曰："至如《集传》所载切音，俗刻多刻直音，最为缪妄，

惟胡氏《诗传》附录纂疏，悉遵朱子之旧。今以此本核之，犹多胜于胡本处，如《召南》'何彼襛矣'，襛，此音如容反，胡本作奴容反……"如宋刊残本《春秋经传集解》二十三卷，解题举相台本异文考证，曰："凡此皆似此本为长，以倦翁之殚力校雠，犹有未及，他本更无论矣。"如《周易兼义》、《附释音春秋左传注疏》等宋刊本解题，则以阮元刻本相校，校勘文字将近十叶之多。故王欣夫《文献学讲义》称赞瞿镛《铁琴铜剑楼藏书目录》于《周易》、《左传注疏》十行本，《榖梁注疏》宋监本，各附校勘记，体例极善，也是创例。又补《周易象义》之阙，正周氏本《毛诗传笺》、汪氏本《公羊解诂》之讹脱，读一书可得数书的功用。在近世藏书志中，尚没有超过他的"。瞿目此例，在后来《日本访书志》中采用过。然而亦未必称极善，因为像这样例子并不占瞿目多数，多数情况仍是简单说明一下此本与彼本有不同。如明刊本《玉笥集》下曰："此明弘治间山阴令慈溪王伯仁刻本，嘉定潘密序。其诗不分卷，专录咏史、乐府，间有杨铁崖评语，与成化十卷本篇第字句微有不同。又《列朝诗集》采玉笥诗五十余首，取校此本绝异，或蒙叟未见刊本也。"

　　由于《铁琴铜剑楼藏书目录》收书下限于元人著述，故大多是《四库全书》已收之书。因而解题绝对避开《提要》已重点考述的作者与书旨，只是在版本著录和考订上做文章，这是比较明智的做法。因而其解题或多或少起着补订《四库提要》的作用。如《四库提要·贞素斋集八卷附录一卷北庄遗稿一卷》曰："《北庄遗稿》一卷，则頔弟远、逊遗诗，亦孔昭等所采入。"《铁琴铜剑楼藏书目录·华阳贞素斋文集八卷》曰："末卷附录其弟远、逊二人诗文。远字仲修，曰《北庄遗稿》。逊字士谦，曰《可庵搜枯集》。嘉靖中，其裔孙旭等裒辑。"又如《四库提要·梧溪集》曰："是书传本差稀，王士祯属其乡人杨名时访得明末江阴老儒周荣起手录本，乃盛传于世。荣起号砚农，究心六书，毛晋汲古阁刊版，多其所校。"而瞿目著录元刊本《梧溪集》，解题曰："原吉此集刊于至正己亥，有周伯琦序。景泰七年重修，程敏政有序。是本存卷五至卷七，其卷一至卷四毛氏抄补。卷末有朱笔题记，云'虞山觊庵陆贻典校补于汲古阁下，丁巳九月下浣'。卷首有'毛晋'、'士礼居藏'二朱印。"可知瞿氏藏本系四库本的祖本。又元戴良《九灵山房集》，《四库提要》未提及版本，瞿目则云："后有正统十年从曾孙统跋，是本即其所刻，未几板烬于火，流传绝少。乾隆中，十四世从孙殿海等拟重刻之，先得鲍氏、汪氏钞本，依以开雕，续得嘉兴曹氏所藏刻本校勘之，始臻无憾，然获见已迟，故未遵其行款也。"

《铁琴铜剑楼藏书目录》中也有四库未收之书。如《四库提要》著录宋陈大猷《尚书集传或问》二卷，实际上只是《尚书集传》的附卷《或问》。瞿目则收录全部《尚书集传》八卷《或问》二卷，解题曰："此书博采诸家，参以己意，条例云依经文为次叙，先训诂而后及意义，或先用甲说，次用乙说，而后复用甲说者，则再出甲姓氏。大概使意义贯穿如出一家。其全书体例盖仿《吕氏读诗记》，当时学者多宗之，而《宋史·艺文志》失载，惟见叶氏菉竹堂及西亭王孙万卷楼书目，今则传本绝稀。通志堂蒐访不获，仅刻《或问》二卷。此犹完好如新，洵秘笈也。《或问》二卷与通志堂本同，然通志本颇多讹脱。"诸如此者还有吕祖谦《左传类编》六卷、王应麟《古文春秋左传》十二卷，及元刊本《尚书音释》一卷。

《铁琴铜剑楼藏书目录》对张金吾《爱日精庐藏书志》的版本

著录也提出一些不同看法。如明刊本《铁崖文集》五卷，解题曰："明弘治十四年御史冯允中以储静夫藏本合朱昱先世藏稿校刻之，允中与昱皆有序，卷末有'姑苏杨凤书于扬州之正谊书院'一行，张氏《藏书志》讹为元刊本，以未见冯、朱二序故也。"宋刊本《文苑英华纂要》八十四卷，解题曰："《爱日精庐藏书志》因后有延祐甲寅赵文序，目为元刻本。其实书中'朗'、'恒'、'贞'、'徵'、'署'、'勗'等字，皆有减笔，为宋刻无疑，赵序乃元时所加也。"

和《爱日精庐藏书志》相比，《铁琴铜剑楼藏书目录》载录序跋文献稍为简略，著录体例不似张志严格，但瞿目按语内容充实丰富，胜过张志，因此从总体上看较接近题跋体裁的目录。《铁琴铜剑楼藏书目录》偶尔也收入近时普通版本，如元刘仁本《羽庭集》钞本六卷，系抄自文澜阁本。有些书录解题过于简略，如钞本《履素斋稿》一卷，曰："旧传《巴西集》有文无诗，此出知不足斋鲍氏采辑，题画诗为多。"但总的来说，《铁琴铜剑楼藏书目录》无论从其收录的图书，还是其解题的内容，都具有较高的参考价值。

瞿镛著《铁琴铜剑楼藏书目录》，未刊行而谢世。其稿经季菘耘等校订，于咸丰七年付梓，刊成经部三卷。庚申中，版被毁。乱后以原稿录副，复请王颂蔚、叶鞠裳等重校补正。自光绪五年（1879）梓版，既付剞劂，间有谬讹，瞿启甲又与诸名家商定其篇，悉加更正刊定，即为光绪二十四年（1898）瞿氏家塾刻本，后有光绪二十四年瞿启甲跋，并附校勘记。而此前一年，却先出了个光绪二十三年董康诵芬室刊本，无张瑛序和启甲跋。现在通行的就是这两个本子。

另有《恬裕斋藏书目》抄本传世。题瞿镛编，无序跋，分四部，每书记书名、卷数、作者及版刻，凡《四库总目》和《爱日精庐藏书志》已录之书加符号注记。其中有《铁琴铜剑楼藏书目录》所无者，如旧抄《周易集解》、抄本《毛诗要义》、明刊本《诗外传》、校本《诗外传》之类。但《铁琴铜剑楼藏书目录》有而此目无者更多。一般认为，《恬裕斋藏书目》是先于通行本瞿目的稿本。

又《铁琴铜剑楼藏宋元本书目》四卷，题瞿镛藏，无编者，光绪二十三年（1897）刻本，系江标《江刻书目三种》之一。此目于每书下记卷数、版本，细至阙卷、缺笔、刊记、印记等，共收录宋元版本四百种，偶加按语。考之，实摘录瞿目，瞿目出而此目成无用之书。

又《铁琴铜剑楼宋金元本书影附识语》四卷，瞿启甲藏编，《识语》丁祖荫撰。民国十一年（1922）常熟瞿氏影印本。别取各种宋元本，择其较为罕有者一二叶，仿杨守敬《留真谱》例，影印成编。按四部分卷，每部按宋、金、元本顺序辑次。每种版本附以识语，着重于版本特征的各项著录，间或有所考证。其中颇有失误。书影是近代产生的新型目录著作，而其作用更在为研究版本服务，也是版本学著作的一种类型。诚如瞿启甲所说，《书影》"聊资研究版本之一助，藉欲使其与《书目》能互相阐扬也"。

三、《铁琴铜剑楼藏书题跋集录》 的编撰体例和内容特点

《铁琴铜剑楼藏书题跋集录》是一部汇辑铁琴铜剑楼藏书所附前贤题跋而成的目录，这是瞿启甲在完成了《铁琴铜剑楼藏书目

录》的修订刊印和《铁琴铜剑楼宋金元本书影》的编辑出版工作以后，为书楼所做的第三件有意义的工作。瞿氏藏书，渊源流长，常熟一派几代藏书，辗转易主，留下前后藏主和校读鉴赏者的许多题跋识语。书归铁琴铜剑楼后，瞿氏奉行"学子皆可就读，无使寒素力薄之士抱向隅之憾"的宗旨，开放藏书，招得许多学者名士欣然前往访书，并系言识语，附于卷末，使铁琴铜剑楼藏书中的诸家题跋越积越富，并成为瞿氏藏书重要价值的组成部分。这些题跋，过去曾分别随《铁琴铜剑楼藏书目录》、《铁琴铜剑楼宋金元本书影》，以及为刊印《四部丛刊》、《百衲本二十四史》提供版本时和后人编辑某题跋专集时印出过一些，但毕竟很不完全，略而不详，远不能反映瞿氏藏本中的这部分珍贵内容。于是，瞿启甲在完成前两编后，"遂启汇录诸家题跋之志"，"俾得与《目录》、《书影》彼此参证，以期相得益彰"。稿成后，因战事惶惶，未及观其刊成。原稿由哲嗣凤起先生宝藏，存匮箧笥四十余年后，重加标校整理，于 1985 年由上海古籍出版社出版。

《集录》共收书三百八十余种，按经、史、子、集分为四卷。经部三十五种，史部七十二种，子部一百十六种，集部一百六十三种。其中宋刻本（包括残本、抄补本）近四十种，元刻本二十余种，另有影宋影元抄本、校宋本和旧抄本等，堪称一部瞿氏善本藏书目录。

《集录》以诸家题跋占绝对主要部分，几乎没有瞿氏几代藏主的题跋，与《拜经楼藏书题跋记》、《士礼居藏书题跋记》以藏主题跋为主、诸家题跋为辅的形式不同。编者瞿启甲偶拈按语。如宋刊补钞本《王黄州小畜集三十卷》，首录"甲案"："此书后前人亦录有谢肇淛跋文一则，原文见下谢钞本后，故从略，不重见。"宋刊本《广成先生玉函经一卷》，末录"甲案"："此书初已散失，旋经收回。当日曾留跋以志幸，兹并录附于前贤之后。此余家铁琴铜剑楼旧藏物也，共二十八叶，装成一册，黄跋定为宋椠，洵足宝贵。于咸丰庚、辛之际失散，已逾卅载，先君深为惋惜，遗命如遇旧物，虽破产赎之可也，非过也。以故先兄斐卿、棣卿仰承先志，访之十余稔而卒无一得，盖完璧之归，如是之难也。今夏，吾师陆媚川夫子函告曰：'某肆中有宋刊《玉函经》一书，颇似君家旧物，盍往观之。'余闻信之下，急棹扁舟抵城，索观之而不爽，遂以重资易归。异日者散轶之书，渐次得返，俾复旧观，小子之幸，亦先父兄在天之灵所深慰也尔。光绪二十七年岁次辛丑五月十有二日。"循此可知瞿启甲按与吴寿旸按不同，并没有起组织编排诸家题跋的作用。因此，它几乎是一种全新的题跋目录体裁。

《集录》收录元、明、清名家题跋极多，兹录如下：陆友仁、倪瓒、孙道明、焦循、文徵明、文嘉、董其昌、柳佥、归有光、李开先、孙鑛、姚咨、钱榖、叶盛、赵琦美、钱谦益、顾炎武、毛晋、毛扆、王士祯、朱彝尊、林佶、陆贻典、查慎行、杨循吉、谢肇淛、邵恩多、黄虞稷、何焯、惠栋、卢文弨、吴翌凤、顾抱冲、顾千里、黄丕烈、陈鳣、孙星衍、钱大昕、秦蕙田、张敦仁、鲍廷博、袁廷梼、严虞惇、厉鹗、瞿中溶、冯已苍、严元照、臧镛堂、张燕昌、黄廷鉴、陈揆、张金吾、杭世骏、胡珽、钱东垣、宋筠、李兆洛、王振声、王闻远、季锡畴、鱼元傅、张蓉镜、叶昌炽等等，令人叹为观止。其中尤以黄、顾题跋最多。而且《集录》并非专录名家题跋，它是"全录"型而不是"选录"型的，题跋者无论有名无名，题跋不分详略巨细，载录形式也不管是原跋还是过录，是跋尾还是题签、书衣题识，凡见于藏书者，悉录无遗，与吴寿旸辑《拜经楼藏书题跋记》完全不同。

由于是悉录无遗，照录不误，所以《集录》中不少题识只是记读书之事，不是记所读之书。如元刊本《资治通鉴》二百九十四卷的题记长达二十八页，大多数是明文衡山和清严虞惇的阅读日程记事，甚至是与读书不相干的记事。如严氏题识曰："此本为文氏藏书，自衡山先生至文肃公，俱有题识。病中无聊，命笔点一过，赋性鲁钝，掩卷即忘，殊可恨也。丙辰十月十六日严虞惇记。""此为文氏藏书，先大人得之以授小子者也。先世藏书，一无所存，唯此犹为故物，故自里门携至京师，时一展玩。但应酬牵率，不能专力，又拮据薪桂，戚戚无好怀，大概涉猎而已。虞惇记，时戊寅八月二十日。""虞惇年十三，先君子白云先生即命读《资治通鉴》，因用徐氏坊本点阅一过。后复授此书，历年动笔圈点，作辍不恒。去岁摘官，索居无事，遂得终阅。忧患之余，神志耗减，不能记忆。中间评语，多有枨触，伤忌时事，但可藏之家塾，不可传示同人，凡我子孙记之。严虞惇再记，时辛巳二月十八日。"诸如"酒后于半塘舟中曾立一誓，此生决不可犯，慎之。""初患右耳聋，甚闷闷，知五官不可阙一也。"这样的记事除编严虞惇年谱时或可参考外，别无一用。但有些记事亦可作史事之补，如"庚寅七月初三阅，噶礼进密札，必欲置陈鹏年于死，上谕九卿议其罪。少宰仇公兆鳌昌言曰：'陈鹏年有三罪：不逢迎上官一也，生今返古二也，不能止百姓之讴歌三也。'同列皆为之咋舌，于是仅议革任发回原籍，不许出境。呜呼，仇公可谓凤鸣朝阳矣。严虞惇记。"不过这毕竟是游离于书外的"意外收获"，从目录意义上说，并无所谓。以上，之所以烦举这些无用或用处不大的例子，是因为这在《集录》中有相当的代表性。当然这并不是说《集录》的价值就不高了。

　　不少版本，其名家题跋虽有专集，但《集录》集前前后后诸贤题跋于一处，益于观览。如校宋本《韩非子》二十卷、宋刊本《文苑英华纂要》八十四卷、宋刊残本《分门纂类唐歌诗》、宋刊本《周易注疏》十三卷等。由于跋出诸家之手，所以《集录》不像一般藏书题跋目录那样具有个人撰作与学术研究的特点，故其目录参考价值也就不能一概而论了。但《集录》的参考价值是毋需置疑的，不要说今人，就是瞿镛编撰《铁琴铜剑藏书楼目录》也利用过书中题跋。如前文第二节中所举《文苑英华纂要》解题例，瞿氏以书中多避宋讳而纠张金吾鉴定意见，实际上是受到该本题跋的启发。道光癸巳邵渊耀跋曰："抑菉圃定为宋本，而《爱日书目》以有延祐年间后序列之元刻中。余初览亦以为然，及细阅全书，于宋讳多阙笔，实即自序所云冶使史公刊本，特元复科时欲其流传之广，故加以后序耳。其云手钞本者，乃钞撮之意，自序有云寄刊本令作钞序，其明证也。举此以见菉圃老眼之非花，芙川亦弥当珍重已。"

　　在辑集题跋而成的目录里，《铁琴铜剑楼藏书题跋集录》是独一无二的品种。清末四大家中，仅杨氏海源阁藏书可与之比，但海源阁楼门紧闭，访者无路可入，跋焉得之？且如瞿氏一脉五世，世守此业者，又有哪家？所以像《集录》这样的辑集方式，在私家藏目中是不可能有的，但于今公藏善本，是否能仿其例呢？它的目录体制是否还有生命力呢？

《开有益斋读书志》

一、朱绪曾传略与《开有益斋读书志》的编撰

《开有益斋读书志》是朱绪曾撰写的一部读书札记体裁的藏书目录。

绪曾字述之，生于嘉庆十年（1805），卒于咸丰十年（1860），江苏上元（今南京）人。道光二年（1822）举人，尝知浙江海昌、嘉兴诸县。他早年师从归安姚文田，以研精博物闻名东南。著有《北山集》、《昌国典咏》、《金陵诗征》、《金陵旧闻》、《曹子建诗注》和《开有益斋读书志》。

金陵朱氏乃藏书故家，世祖南仲公廷佐，据载曾编有《古今书目》，后被黄虞稷所获，备《千顷堂书目》参取。嗣至绪曾，藏书遗风不减，"每遇秘笈，尤喜传钞"，"居秦淮水榭，藏书十数万卷，丹黄斠画，皆精审"。"官浙水，又获抄文澜阁本，故所弄宋元秘笈多外间所罕见者"。朱绪曾在浙期间，与两浙藏书之家相知相交，互通往来，所获甚丰。如《开有益斋读书志》收录的《岁时广记》、《袁忠臣传》抄自范氏天一阁，《南唐书注》抄自吴氏

拜经楼,《淳祐临安志》、《医经正本》录自劳格,《中兴礼书》录自钱聚仁。

　　钱泰吉《曝书杂记》曰:"述之权知海昌,得纵观所藏书,余拟助之编纂书目。述之调任嘉兴,遂不果。后其书载归金陵,已付劫灰。"朱绪曾金陵藏书,在太平军攻陷江宁之战中遭毁。当时他正在浙中为官。据刘寿曾《〈开有益斋读书志〉跋》曰:"咸丰癸丑,粤寇陷江宁,先君子方官浙中,慨收藏之灰烬,因取旅次所存数十箧,日夕关览,掇其大旨,若考证之词,笔于别简,其假自友朋者亦为题记。"朱绪曾书录笔记,以备他日不测,并把这些读书札记连同《北山集》以后的著述文章,汇编成《开有益斋集》,未分卷,细字底稿,凡十余万言,成厚本者三,序跋居一。咸丰庚申(1860)冬,太平军攻陷杭州,朱绪曾避地客死山阴,行箧藏书与著述稿俱丧失。幸而有一嘉兴人王福祥在宁波偶获残稿序跋一本,遂寄还给绪曾的儿子桂模。朱桂模喜先父遗墨失而复得,即请仪征刘寿曾依类排比,纂次先后,编成《开有益斋读书志》六卷,附《金石文字记》一卷。书成之时约在光绪初元。其间,另有江宁藏书家津逮楼甘元焕,从桂模处抄录遗稿,并据朱绪曾《研渔笔记》等遗著中搜辑序跋,依《读书志》体例续编一卷。光绪六年(1880),朱桂模将《开有益斋读书志》正续编一并付于金陵翁氏菇古斋开雕染印行世。

二、《开有益斋读书志》
的目录性质和收书特点

　　《开有益斋读书志》正续编共录一百七十余种图书，按经史子集类分序次。卷一经部，下属五经、四书、小学三类，共记录图书十八种。卷二至卷三史部，下属正史、别史、奏议、传记、史钞、载记、时令、地理、山水、古迹、杂记、游记、异域、职官、政书、目录等十六类，约记录图书近五十种。卷四子部，下属法家、医家、天算、杂家、类书、小说、道家等七类，共记录图书约十六种。卷五至卷六集部，下属别集、总集、诗文评等三类，记录图书约六十四种。《续录》一卷约记录图书二十七种。这些所记之书，绝大部分是朱绪曾行箧所藏，少许是借自他人者。另外有几种朱绪曾著作的序跋，被刘寿曾附辑于各类之后，如《重刊宋本棠阴比事序》、《昌国典咏》、《续梅里诗辑》等。因此，《开有益斋读书志》仍可作为朱绪曾藏书目录来看待。

　　《开有益斋读书志》记录的图书有以下几方面特点：

　　（一）罕见之书，或优于、异于四库本的版本。如明抄本《韩氏三礼图说》二卷，为"卢抱经、钱辛楣《补元艺文志》皆不及"。宋刻《春秋左氏传句解》七十卷，在朱彝尊《经义考》里只见著四十卷本。明嘉靖初印本《素庵医要》十五卷，"是书医家罕见"。宋项安世《平悔庵稿》、元邵亨贞《蛾术诗词》等，皆《四库全书》未收之书。又如朱绪曾伯曾祖朱元英撰《左传博议拾遗》，四库本书名脱"博议"二字，非原本。元刻《四书丛说》，四库本《中庸》佚其半，《论语》全佚。《知稼翁集》十一卷《词》一卷，四库本才二卷。《临安诗文集》十卷，四库辑本仅六卷，等等。

（二）地方文献。朱绪曾尝曰："余好搜寻桑梓文献。"《开有益斋读书志》记录金陵文献尤其丰富。如《建康实录》、《帝里明代人文略》、《金陵新志》、《金陵杂兴》、《金陵百咏》、《金陵待征录》、《洪武京城图志》、《建文元年宫闱小录》、《南雍志》、《灵谷寺志》等。还有不少金陵籍人氏的著述文献，如贝琳《七政推步》、周在浚《南唐书注》、吴可《藏海居士集》、周麟之《海陵集》、杨翮《佩玉斋类稿》、王贞德《德风亭初集》等。众多的桑梓文献为朱绪曾编纂《金陵诗征》、《金陵旧闻》提供了丰富的素材。

朱绪曾长期在浙江海盐、嘉兴当父母官，对当地人文有所偏爱。他重修曝书亭，续辑《梅里诗辑》，编《昌国典咏》，为当地做了不少文化工作。《开有益斋读书志》记录的海盐、嘉兴地方文献占相当比重，如周松霭《海昌胜览》未刻稿、《大德昌国志》、《昌国典咏》、《梅里诗辑》等。海昌、嘉兴人氏著述有管凤苞《读经笔记》、郎晔《陆宣公奏议注》等。

（三）近人著述。如刘淇《助字辨略》、江声《论语竢质》、胡绍勋《四书拾义》、杭大宗《三国志补注》、方观承《坛庙祀典》、李荣陛《尚书考》、《易考》、顾栋高《毛诗类释》、沈青厓《穀梁传明辨录》、辛廷芝《四书解细论》等。在金陵、海盐、嘉兴人氏著述中也有一些近时或当时人的作品。

（四）朝鲜人诗文集。朱绪曾《〈皇华集〉跋》曰："忆旧藏高丽人诗集凡四十余种，俱付兵燹之劫。"令人扼腕痛惜。《开有益斋读书志》尚略载数种，如李齐贤《益斋乱稿》、《栎翁稗说》，权韠《石洲集》，高由厚、高用厚《正气录》，朴訚《挹翠轩遗稿》，以及《皇华集》等。这在一般私家藏书目录中并不多见。

总而言之,《开有益斋读书志》记录之书不讲求版本,与清以来绝大多数私藏目录提要不同,或许这是因为行箧藏书的缘故。

三、《开有益斋读书志》
的解题特点和学术价值

朱绪曾尝曰:"吾集序跋最夥,与《甘泉乡人稿》相类,无空言也。"这是作者的自我评价。刘寿曾《〈开有益斋读书志〉序》曰:"《隋志》之赞《别录》、《七略》曰:'剖析条流,推寻事迹。'目录家之系于乙部,其体盖最尊。其传于今者,二十余家而已。而廑记书名,别无解题者强半焉。辨版本之良窳,覈传印之早晚,当别属鉴赏家言者又强半。先生《四库》在匈,言成典则,其叙录宗旨,以表微扶佚为先,大者在经训儒术、典章法制,次者亦多识前言往行,为征文考献之资,旁涉校雠,亦多精审。方驾晁、陈,殆有过之,诚有得于目录家之原者。"陆心源的评价是:"仿《郡斋读书志》之例,而精核过之。"刘、陆的评论相当正确。

《开有益斋读书志》是读书题跋记体裁的目录,其风格与清前期及中期的读书题跋记目录不同。先让我们具体分析一下它的解题内容,主要有以下几个方面:

(一)揭示书旨,评判得失。《读书志》记录的《四库》未收书和《四库》以后著作,大都以此为主要内容。如评宋朱中有《潮颐》:"言海潮之书,实为先导。"南唐陈致雍《曲台奏议》:"为考礼得失之林,不独广南唐之记载。"清杭世骏《三国志补注》:"于陈志裴注无所考证,所引书不尽可据。"《祠山事要》:"书中载杨吴、南唐时事最详，可与《五代史》，马、陆《南唐书》相证。"由于《开有益斋读书志》记录这部分书籍相当多，所以其以内容提要的解题显得很多。

（二）详考作者事迹。特别是对《四库全书总目提要》未能详考的作者，多有发明。如李复《潏水集》，《四库》收此书，但谓作者，"事迹不见于《宋史》"，"恨史传不能详尽"。朱绪曾根据《潏水集》内诸谢表，考出李复仕履；又据楼钥《攻媿集》，考其卒年。又《四库提要》评此书"其他持论亦皆醇正，所上奏议，大都侃侃建白，深中时弊"。朱绪曾即详举集中"持论醇正，深中时弊"的文章奏议，以广益之。又如《藏海居士集》，《四库提要》著录为吴可撰，并云吴可"事迹无考，厉鹗《宋诗纪事》亦未之及"。朱绪曾指出《宋诗纪事》中有吴可，字思道，金陵人。但厉鹗误引史实，致使吴可与《藏海集》无涉。并证以周紫芝《太仓稊米集》、米芾《宝晋英光集》、《元至正金陵新志》等文献，参互考证，证明《藏海居士集》作者吴可，就是《宋诗纪事》中的金陵诗人吴思道。

（三）训释经义，钩稽史实，类同学术笔记。如读《韩文公集》一篇，只是对其中《上李尚书》一文中"李"下是否有"实"字这个问题，与朱子《韩文考异》的说法辨疑。读赵彦卫《云麓漫钞》，考辨书中言佛肸是季氏之臣的说法，指出"佛肸乃赵氏家臣"。另如读《欧阳文忠集》一篇，全文即引录《陇城县令赠太常博士吕君墓志铭》，因为吕君吕士元乃金陵人氏，事迹具载铭文，录之"亦敬恭桑梓之思也"。读程俱《北山集》，尽录集中《王汉之行状》一篇，因为王尝知江宁府事。读《杜樊川集》，则从樊川《杭州新造南亭子记》引录李播筑钱塘堤事迹，以补史志之阙。这类读后感，与《义门读书记》、《十驾斋养新录》、《十七史商榷》等学术笔记一样，严格地说，是不能算目录解题的。《读书志》中常见书的"解题"大多是这方面的内容。

（四）鉴赏考订版本。如《洪武京城图志》解题曰："镂刻精工，字仿赵松雪体，共六十叶，每半叶十行，满行十九字"，"篇幅宽阔，字大悦目"，"是明初印本，古香触手，与宋元佳刻无异"。《景定建康志》解题内容是以宋刻本校孙星衍刻本异文。又如读高丽刻本《皇华集》，则指出四库本只著录两种不全，对《提要》加以补充。由于《开有益斋读书志》收录旧本很少，所以少有鉴赏比勘的需要。

从以上分析可证明，刘寿曾归纳"其叙录宗旨以表微扶佚为先，大者在经训儒术、典章法制，次者亦多识前言往行，为征文考献之资，旁涉校雠"，洵属相当。因此，《开有益斋读书志》解题特点就是以反映图书内容为主，而不是反映图书的版本形式为主，同"辨版本之良窳，覈传印之早晚"的读书题跋记大不相同。所以说它"有得于目录家之原者"，即与晁公武《郡斋读书志》和陈振孙《直斋书录解题》渊源相接。所以说朱绪曾"四库在匈"，即与《四库全书总目提要》的风格一致。

《开有益斋读书志》的解题内容之所以呈以上特点，有其客观和主观原因。客观就是他的阅读对象——行笈藏书，大多不是珍善版本，而是通行易得之书，鲜有"辨版本之良窳，覈传印之早晚"的需要。主观是指朱绪曾有意追仿的风格特点，他说："吾集序跋最夥，与《甘泉乡人稿》相类，无空言也。"《甘泉乡人稿》是嘉道时海盐藏书家、目录学家、著名学者钱泰吉的作品，他的读书札记体裁目录《曝书杂记》、《甘泉乡人迻言》，被评价"为自来说部之创格，而著录之变体"。朱绪曾长期在海盐为官，濡染影响，与之相类，是很自然的事。

　　《开有益斋读书志》的目录价值有以下两个方面。从收录图书的角度来看，虽然版本价值不高，却有与众不同的文献参考价值，即志中记录的书往往为其他藏书目录所不屑或遗忘。如果说这些书在当时属于普通，那么时至今日，就绝对属于稀罕之物了。再加上朱绪曾的提要评论，读后愈觉有益非浅。从目录编制的角度来看，虽然它不是这种形式体裁目录的首创，但却更有"寓目录于跋尾"的主观意识。也就是说，朱绪曾是有意识地去编制这部读书札记体裁的藏书目录的。这在清代目录学发展史上也是很有意思和意义的事。

《持静斋书目》
和《持静斋藏书纪要》

一、丁日昌及其持静斋藏书

　　"持静斋"是清末广东大藏书家丁日昌的藏书楼。日昌字禹生，一作雨生，号持静。生于道光三年（1823），卒于光绪八年（1882）。广东丰顺人。他出身寒微，父早丧，赖母樵苏纺织为生。二十岁时中秀才，后屡应乡试不举。咸丰四年因"潮州军功"（即平定潮州吴忠恕起义）入仕，历任万安、庐陵知府。同治初，入曾国藩幕府，受到曾国藩与李鸿章赏识，以"学识深醇，留心西人秘巧"，被举荐至上海专办兵工，参与筹设机器局。同治四年（1865）授苏松太道，协助曾、李办理洋务，兼任江南制造局总办，旋升两淮盐运使。同治六年（1867）任江苏布政使，次年升任江苏巡抚。光绪元年（1875）转任福建巡抚，兼督船政。光绪六年（1880）会办南洋海防，节度水师，并充兼理各国事务大臣，成为清廷政坛上的风云人物、洋务派的中坚骨干。丁日昌不仅是一个精明干练的政治家，还是同、光时代屈指可数的大藏书家。

丁日昌收藏书籍约始于擢升苏松太道之际。有《百兰山馆诗》为证："中岁嗜古籍，简编时在手，佞宋复佞元，第恨乏科斗。"莫友芝《〈持静斋藏书纪要〉序》曰："东南文籍，夙称美备，镇、扬、杭三阁，又得副天府储藏。军兴以来，散亡殆尽。吾中丞锐意时艰，力振颓弊，而敷政余闲，即典册不去手。计十年蒐集，除重复，可十万卷，其中宋元善刻及旧抄大部小编单秘无行本者，且居十之三四。"中国近代藏书格局因时势剧变而经历过三次大变迁，一次是在咸丰庚申之后，一次是辛亥革命之际，一次在抗战时期。每一次图书的大流散，都意味着有一批新的藏主出现，这才使民族文化典籍得以代代相传。叶德辉《郋园读书志》曰："中丞收书在江苏巡抚任内，于时粤寇初平，江南故家藏书赖有中丞与仁和丁松生征君、归安陆存斋运使共相搜访，幸未罹于劫灰。"所言极是。

丁日昌藏书处初名"实是求是斋"，及左迁两淮盐运使，又名"百兰山馆"。以号持静命名书楼，则在江苏巡抚任上。持静斋藏书渊源主要有三个部分。其一，苏州顾沅"艺海楼"旧藏。沅字湘舟，家居苏城甫桥西街辟疆园。杨钟羲《雪桥诗话》曰："顾湘舟艺海楼藏书，不及《四库》六百余种，而《四库》未收二千余种，亦吴下嗜古之巨擘也。"据叶昌炽《藏书纪事诗》记载，艺海楼经"庚申之劫，其藏书尽为丰顺丁中丞捆载以去。《持静斋书目》所著录，多其家书也"。今检《持静斋书目》所录艺海楼旧藏，大多是旧抄本。其二，上海郁松年"宜稼堂"旧藏。松年字万枝，号泰峰，上海人。陈奂《师友渊源记》曰："松年饶于资财，凡宋人典籍，有未刻或刻而板废者，不惜重资以罗置邺架。吴门黄氏百宋一廛所藏，归山塘汪阆源家，近亦散布而入沪渎矣。"因此，宜稼堂藏书是清代私家藏书渊源链条上很重要的一环。宜稼堂藏书于郁松年身后散出，除被杨绍和"海源阁"、陆心源"皕宋楼"收购部分外，宋元旧刻中的精粹部分被丁日昌获得。今检《持静斋书目》所录宋元版，大多来源于此。其三，是在上海书肆中搜访零星所得。据莫友芝《宋元旧本书经眼录》记载，宋淳熙本《仪礼郑注》十七卷，即于"同治甲子署苏松太道丁禹生获之上海肆中"。今检《持静斋书目》，颇多惠栋、季振宜、张金吾、吴翌凤、王芑孙旧物。以上三大成分，均来源于常熟、苏州藏书故家，一如江标所说："丰顺丁雨生中丞藏书，半是吾郡旧家物。"吴郡藏书是清代藏书渊源中最大的一支长流，所以丁日昌持静斋具有很重要的中继作用。

丁日昌在敷政之余，搜集到这批珍贵藏书，多得力于莫友芝的帮助，"代其搜访者，独山莫子偲先生也"。莫在咸、同间也在曾国藩幕中行走，并受命访书东南。他在上海为丁日昌采购，代其鉴定、编目，并采撷所见，著成访书录。持静斋以旧本为主的收藏特色，跟莫友芝的藏书观分不开。

持静斋藏书在丁日昌解官返籍时同归故里，成为粤东藏书首富。日昌殁后，楹书无恙。子惠康，字叔雅，号惺庵，生于同治七年（1868），卒于宣统元年（1909），笃志坟索，初尚能守业。但光绪十二年（1886）江标撰《丰顺丁氏持静斋书目题词》说："闻所藏书已有出者。"光绪三十三年（1907）广东藏书家伦明在搜访持静斋藏书时，发现"书已尽矣"。叶德辉《郋园读书志》记曰："叔雅物故后，藏书四散。壬子、癸丑间，往往流入沪市，多为估人贩鬻而去。"叶与叔雅过从甚密，谓物故而方散出，是为友讳也。据袁同礼先生说，持静斋藏书大部分辗转归上海涵芬楼收得，一部分被日本书商辇之东去，一部分传至广东藏书家李文田、莫伯骥书楼。持静斋藏短短三四十年的历史，反映了近代私家藏书命运之蹇促。

二、莫友芝编《持静斋藏书纪要》的内容特点

丁日昌藏书"百兰山馆"时，曾有编目之举。据林达泉撰《百兰山馆藏书目录序》曰："雨翁都转，博雅好古，藏书富甚。暇日尽出所藏，嘱某编为目录。因仿《四库全书》例，分为经史子集四部。自兵燹以来，大江南北，两浙东西，所谓文宗、文汇、文澜三阁庋置秘本，都已化为灰烬，无有存者。都转乃搜罗荟萃，收拾于委弃瓦砾之余，购集之多，几及三四万卷，洵所谓壹其所好，好之而有力者也。都转从政之余，日手一编。清俸所入，尽以购集图史，故得蔚为大观。某，窭人也。屠门大嚼，亦且快意。编校之余，为志其缘起云。"今《百兰山馆藏书目录》已佚，从序文可知其于四部之下另辟杂集一类，摭拾丛残零本。

《持静斋藏书纪要》始编于同治六年（1867），毕工于同治九年（1870），乃丁日昌延请莫友芝所撰。这正是持静斋珍藏迅速增长的时期。莫友芝序曰："禹生中丞命为检理持静斋藏书三百有若干匣，散记其撰述人代、卷帙刊钞。逾两月粗一周，未及次序。……乃举官本《简明目录》，悉斋中所有，注当条下。《库目》未收，或成书在后者，约略时代，条记于上下端，用助朝夕检览。"莫此编系"举传本稀见，指述大略"，因名"纪要"。《持静斋藏书纪要》二卷，收书按版本类别排次。卷上分别著录宋刊、元

刊、明刊和近刊佚书，卷下著录抄本。每书并撰解题，与藏书志体相似。解题或鉴赏版刻、考订源流，或提要内容、考辨作者。如《金陀粹编》条下曰："《岳忠武王文集》十卷，珂悉载《粹编》中，为卷之十至十九。《四库》录《忠武遗文》仅一卷，为明徐阶所编，谓十卷本已不传。检核是编，固完善无羔也。"宋本《毛诗要义》条下曰："首尾完整，神明焕然，诚无上秘籍也。"《宋纪受终考》条下曰："专辨烛影斧声事。"对《四库全书》未收之书，皆注明"存目"或"未收"。《纪要》解题的篇幅内容较短狭，著录项目不及《爱日精庐藏书志》详备，故称其体近似藏书志。莫友芝在同、光时期，最精鉴赏，《纪要》最有价值的部分是莫友芝对持静斋藏善本书的品评。如宋本《程大昌禹贡图》二卷，宋刊初印，《四库全书》所收《永乐大典》本仅二十八图。此书有三十图，堪称稀世鸿宝。宋本《礼记集释》一百六十卷，墨宝纸光，上烛霄汉，纳兰性德刊《通志堂经解》时只得抄本，错舛较多，何焯《经解目录注》称"其板最精者"。宋本《西汉会要》七十卷、《东汉会要》四十卷，首尾完具，证抄本之失者十有一二。对一些版刻不精的宋元旧本，并能客观指出，如谓元本《诗经疏义》"不甚精"，元本《管子》"刊印不工"。类似的评语，虽着字不多，但多能切中关键，非泛泛空谈，故能为后人所重视。

三、《持静斋书目》
的编例、收书和目录价值

　　《持静斋书目》四卷《续增书目》一卷，丁日昌编，同校者门人林友松、黄翔龙、许希逸、谢应龙等。这是丁日昌的藏书总目，共收录图书二千九百一十三种，按四库总目分类。《书目》经部收书五百八十一种，续增二十三种；史部收书六百一十二种，续增一百零七种；子部收书五百六十七种，续增二百四十一种；集部收书六百一十六种，续增一百六十六种。经部中易类书较多，史部中地理、传记、目录类书较多，子部中小说家类书较多，集部则以别集居多。书目除以宋元善刻、名家精抄惊羡读者，还收录了不少西洋科技译著，如《代数学》、《谈天》、《代微积拾级》、《重学》、《圆锥曲线说》等。是见洋务派大员的藏书毕竟与一般士子不同。故叶昌炽《丁氏持静斋书目序》曰："中丞此书，上者镇库，次亦贫粮。精庖登俎，不遗菽粟之味；钧韶在悬，亦奏陶匏之响。"

　　《持静斋书目》是无解题的简目，但它的著录很有特点。一是注记版本较详，而且是从鉴赏的角度注记版本的形式特征。二是注记的形式比较自由，详则详，略则略。从个别、局部来看，就是题识。如《尚书表注》下记曰："国初昆山徐氏、锡山秦氏所藏《尚书注》十二卷，皆仁山早岁所著，即柳文肃行状中所称'章释句解，已有成书'者，非此本也。通志堂所刻即向顾伊人借钞者，然缺抄序，四栏外之上下左右标志亦多脱误，盖借抄时伊人不示以原本，但据另本过抄，辗转讹传，遂致鲁鱼亥豕。迨婺州本复以通志堂本重刻缩小，标题位置，尤多错脱。今此本灵光岿然，真可宝贵。顾伊人、周松霭曾藏。《梓材》一篇引《大传》今文，以为当有'周公曰'而无'封'字，虽近于改经，然于上文更为一贯。大抵仁山此作专主于明节目、通脉络，与少作之句梳字栉者，命意又截然不同。仁山卒于元大德间，今此刻犹避宋讳，大约刊于宋末元初可知也。"略者如《说文解字斠诠》下曰："顾涧苹校勘，朱墨烂然。是书谬误特甚，以涧苹校勘有依据，姑存之。"或亦略述作者，如《朱文公易说》下曰："宋朱鉴编。鉴为朱子之长孙，是书裒辑朱子平日论《易》之语。"或也有考订之说，如《周易旁注》下曰："《四库存目》收其《图说》二卷，谓其注已逸。此本一册为《图说》，三册为注，盖犹完书也。"这些条目内容，跟《持静斋藏书纪要》并无很大区别。不过，观照全目，因非每书必有，所以还是属于简目。或以为它充分运用了附注的形式。这个说法是可以的。叶昌炽序用"精鉴名印，最录跋尾，铭心绝品，间下箴识"的评语来概括，说明不能以一般简目等闲视之。正像说任何比喻都是跛足的一样，区别书目类型也存在同样的问题。《持静斋书目》采用的编例，有其产生的特殊原因，不会考虑后人归纳的困难。

　　《持静斋书目》和《持静斋藏书纪要》，从书目编纂学的角度来看，并无特别的创新和发展。这两部书目的目录价值主要在于较详细地反映了丁日昌藏书的版本情况。由于丁日昌的藏书至今尚存者不少，故此二目的作用不只在了解持静斋之过去，也有现实的参考价值。

　　同治年间，丁氏自刻《持静斋书目》四卷《续增书目》一卷，附《持静斋藏书纪要》二卷。原印本流传不多。后来版片归北京来薰阁，重印再行，逐渐流布。

　　此外，光绪十二年（1886），江标客粤东，见《持静斋书目》，以为"虽分四部而新旧杂糅"。于是"以宋元校抄旧刻五类分别部居"，收录丁氏藏书五百二十九部，编成《丰顺丁氏书目》，于光绪二十一（1895）年刊印，收入《江刻书目》。由于此目的著录内容都摘自《持静斋书目》，并无其他增补订误，所以没有多大的参考价值。

《滂喜斋藏书记》

一、潘祖荫"滂喜斋"
藏书与藏书记编纂者叶昌炽

"滂喜斋"是清末名臣潘祖荫的藏书楼。潘祖荫字东镛，号伯寅、郑庵，生于道光十年（1830），卒于光绪十六年（1890），江苏吴县人。吴县潘氏自清中叶以来，不仅是当地最煊赫的门第，也是全国著名的家族之一。在从乾隆中到光绪末的一百二十年间，以乡会试科名而言，潘氏先后约三十五人金榜题名，其中包括一位一甲一名的状元和两位一甲三名的探花。以服官从政而言，二品以上的有尚书侍郎三人、巡抚一人，中下级官员屈指难数。首开潘氏家族金榜题名记录的是祖荫的伯曾祖奕隽。他乾隆三十四年（1769）中进士，但不久便乞归故里，与同邑黄丕烈、袁寿阶等优游林下，品赏书画。编有《三松堂书目》，藏书"虽无百宋之珍，而精抄名校所获亦夥"，其中曾经荛翁校跋的在一百种以上。潘氏家族中功名富贵最高的是祖荫的祖父潘世恩，他是乾隆五十八年（1793）的殿试状元，官至太傅、武英殿大学士，位极人臣。祖荫是世恩第三子曾绶的长子，咸丰二年（1852）一甲三名探花，仕至工部尚书、军机大臣，卒谥文勤。他宦历三朝，虽难以称得政治上的杰出人物，但政绩不凡，口碑极佳，为同光"中兴之治"出力不小。潘祖荫治学，"于经，通《公羊春秋》；于史，通范氏《后汉书》"。他先后担任过侍讲学士、侍读学士、国子监祭酒。自任侍郎后，乡试覆试阅卷十三次，会试覆试、朝考散馆阅卷各七次，殿试读卷四次，考试试差、优贡朝考阅卷各四次，拔贡朝考阅卷二次，考试御史阅卷六次，考试学正学录、汉荫生阅卷各一次，考试汉教习阅卷二次，考试孝廉方正阅卷五次，考试汉誊录阅卷三次。这样的经历，几使他成为天下士子的座师。可惜他宦辙鲜暇，虽满腹经纶，却绝少著述，自撰仅《攀古楼彝器款识》、《秦輶日记》等零星小品。

潘祖荫于政事之余，尤喜搜罗善本秘籍、金石碑版。他收藏的国宝级大克鼎是左宗棠为感谢其保举之恩赠送的，在抗日战争时期，日寇觊觎欲夺，潘氏后人为护国宝费尽心机，方使阴谋未能得逞，后捐赠国家。祖荫藏书极为丰富，且多珍本。咸丰九年（1859）英法联军侵入北京时，他的藏书尽付荡然。后怡王府乐善堂书散出，祖荫得便而悉力搜藏。累十余年，"滂喜斋"藏书虽不及南瞿北杨之超一流，但在素有藏书之乡的吴县则足称一时之冠。潘祖荫有两方藏书印章，一曰"分廛百宋"，一曰"逐架千元"。它的含义不仅在于显示气魄壮心和藏书质品之高，也反映了滂喜斋藏书追溯黄、吴，重在鉴赏的特点。光绪十年（1884）潘祖荫延聘他的学生叶昌炽为其在苏州寓居中的珍本藏书编目。

叶昌炽字鞠裳，晚号缘督庐主人，生于道光二十七年（1847），卒于民国六年（1917）。江苏长洲人。世代经商，祖父叶秀荃经营布业发家，因受乡宦人家欺负，遗嘱后代必读书博取科第争这口气。叶昌炽少年时就读正谊书院，是冯桂芬的入室弟子。并在冯任总纂的苏州府志局中担任公署、学校、坛庙、寺观、释道和职官六门分纂校核。光绪二年乡试中举。光绪十五年会试题名，授翰林院编修，兼国史馆、会典馆两职。光绪二十八年出任甘肃学政，升授五品翰林院侍讲。但这时他已无意官场，不但没有入京供职，反而告请开缺回籍。辛亥后，他执意不闻民国事，甘为前清遗老。叶昌炽也是一名藏书家，藏书约一千部，室名"治廥室"。因受经济条件限制，他收藏的宋元本寥寥无几，但他独辟蹊径，以苏州先哲遗书为收藏重点，三百五十余部苏州人著作占其总量的三分之一强，其中明代文集又占半数以上。治廥室藏书的第二个珍贵之处是叶昌炽的自抄本，所抄必是罕见难得之本。他的"抄功"是极有名的，六十五岁那年，以半年时间抄成四百多页的《治园诗稿》三十卷，甚至在他生命最后一年，还奋笔抄录《中兴纲目》十卷。叶昌炽未能将其的藏书编目。抗战胜利后出现过一部《治廥室善本书目》，那是他的家属编成求售的。

叶昌炽的学问虽然早为有识共赏，但他和许多仕途不能通达的文人一样，以其精湛深厚的目录学、版本学和校勘学功底受雇于人。先是协助书钞阁蒋凤藻校勘藏书，继而助潘祖荫编《滂喜斋藏书记》。又襄助广雅书局校刊书籍，为瞿氏铁琴铜剑楼校正书目。晚年复受聘嘉业堂，役志校刻四史。叶昌炽治书服膺黄丕烈，虽然他没有百宋一廛。他写的题跋大多在版本考订、藏书故实上下功夫。《滂喜斋藏书记》也有这样的特征。

除藏书外，叶昌炽还收藏碑帖。他的"五百经幢馆"藏八千通碑拓，规模仅次于缪荃孙的"云自在龛"。而就学术而论，其《语石》一书于金石学的贡献成就，大大超过他于目录学的最高成就

《滂喜斋藏书记》。然而《语石》尤异于一般金石考释，而别开生面地着重于访求、收藏、鉴别的学术特点，还是来源于他祖述黄丕烈的目录方法论。叶氏影响最大的一部著作是《藏书纪事诗》。这部书条举历代藏书家故实，加按语说明，每家赋诗一首，意在为藏书家立传。故有人说："仅此一部体裁内容都是空前的巨著，叶昌炽已足以立言不朽。"这个评价虽然很高，却一点也不过分，因为他不仅开创了纪事诗体，而且还称得上是研究中国藏书史的开山之作。此书自刊行后，类似著作接踵而出，如伦明《辛亥以来藏书纪事诗》、徐信符《广东藏书纪事诗》等，直到今天还有学者仿其体裁编成《上海藏书纪事诗》。叶氏另一部很有价值的著作是《缘督庐日记》，该日记从同治九年（1870）起，至民国六年（1917）六十九岁生日那天搁笔，共记了四十九年。日记中对甲午之役、戊戌之变，庚子、辛丑京都变故及辛亥革命等国家大事变都有详尽的记载和自己的看法，可补史阙。还有记述陇中道里行程、山川形势、风土人情及学政使工作内容的。还有大量的读书心得。因为日记中有不少臧否时人、规诲亲故的言辞，叶昌炽临终时叮嘱后人勿以全稿示人。民国二十年（1931），王季烈、潘承厚昆仲等，删节原稿，刊成《缘督庐日记抄》，内容分"记书"、"记碑"、"在陇"、"国事"及其他等，大约各占五分之一。这部日记的价值与先出的《翁文恭公日记》、《湘绮楼日记》、《越缦堂日记》各有所长，而为人等量齐观，认为足与《曾文正公日记》并传。

光绪九年（1883），潘祖荫丁忧在籍，延聘叶昌炽教读幼弟祖年，并助校刊《功顺堂丛书》。潘氏既是昌炽居停，又是其会试座师，关系非同一般。鉴于叶昌炽在古书版本和目录流略方面的深厚功力，潘祖荫又嘱其为滂喜斋藏书编目。

二、《滂喜斋藏书记》的收书与编例特点

　　初，昌炽受命编成《滂喜斋书目》二卷，后改名《滂喜斋读书记》。不久，潘祖荫重新征用，因携书北上，书目未及校对。及潘祖荫夫妇先后逝去，祖年重请叶昌炽就原稿修订增补，定名《滂喜斋藏书记》，题作者名为潘祖荫。

　　《滂喜斋藏书记》共三卷，收书一百三十部。其中宋本五十八一部、金刻本一部、元刊本二十九部、明刊本十九部、顺治刻本一部、旧刻本二部、日本与高丽刻本十四部、影宋抄与旧抄本六部。其版本"等级"之高，是一般善本书目所难以达到的。像杨守敬自日本携归的北宋刊本《广韵》、南宋刊本《竹友集》，以及宋刻《金石录》、《淮海居士长短句》等，皆海内珍奇秘本。按经、史、子、集顺序排次，经部收书十八种，史部收书十七种，子部收书四十一种，集部收书五十四种。

　　《滂喜斋藏书记》是一部有解题的善本书目，体例近乎藏书志，每书详记行款、题跋、印记及卷册数，并记述藏书家掌故，风格又似荛圃题识。对考订古书版本源流大有好处。如赵明诚《金石录》三十卷，宋椠久亡，世传钞本以叶氏箓竹堂钞宋本为最善。《滂喜斋藏书记》录有宋刻残本《金石录》十卷，即原书跋尾之一至十，全书卷第十一至卷二十。此本原藏冯砚祥处，《读书敏求记》曾有记录，冯书散出后，迭经名家鉴藏，先后入朱大韶"横经阁"、鲍廷博"知不足斋"、江立"小齐云山馆"、赵魏"竹崦盦"、阮元"文选楼"、韩泰华"无事为福斋"，最后归潘祖荫"滂喜斋"。因全本宋椠久亡，故当世诧为奇书。江立得之，喜镌一"金石录

十卷人家"小印，以自矜异。一时名流如翁覃溪、姚伯昂、汪孟慈、洪筠轩、沈匏庐诸人，均有题记于上。《滂喜斋藏书记》对此备录无遗，并以卢见曾雅雨堂刊本互校，是正良多。谓宋本亦有讹误，然迥非其他诸本所能几及。并言："异书到处，真如景星庆云，先睹为快，获睹之人，亦以为此十卷者，殆为人间孤本矣。"另外，叶昌炽的版本鉴定方法，在各条解题中也时有所见。如《唐律疏义》，据"犯宣祖上一字庙讳"云云，定为宋刻。

《滂喜斋藏书记》在目录体制上并无新的发展，它的目录价值主要是较详细地反映了清末吴中藏书大家潘祖荫滂喜斋最精粹部分的版本面目，同时对这些藏本的版本源流也有较详细的考订，而且滂喜斋的这些藏本，大部分至今尚储藏于各地大图书馆，因此更有现实的参考使用价值。

三、《滂喜斋藏书记》的版本

《滂喜斋藏书记》编成后，于光绪末年镌刻成版，但仅试以红印，没有正式行世。民国十四年（1925），海宁陈氏慎初堂先予铅印通行于世，然错舛颇多，且前序对潘氏后人訾议殊甚，引起了潘氏后裔的不平。于是由潘承厚博山重新检校增补，于民国十七年（1928）始以原版刷印行世，并对事实真相予以澄清，说是该书刻成后，因缪荃孙据红印本而函假某宋刻本，未被应允，便诋书切责，潘氏后人顾忌书目公布后会引起更大的麻烦，于是稍缓行世。潘氏原刻本自然比陈氏慎初堂排印本好。

陈氏慎初堂印本《滂喜斋藏书记》后附《滂喜斋宋元本书目》。

这部书目原来是潘氏后人鬻书时，厂肆检点书籍而抄录的一份书目清单。流出后，于宣统元年（1909），由沈宗畸刻入《晨风阁丛书》。这部书目著录的书，与《滂喜斋藏书记》有出入。

《艺风藏书记》

一、缪荃孙传略及其治书之业

在中国近代藏书史、图书馆史、目录学史和出版史上，缪荃孙的影响和贡献甚为重要。荃孙字炎之，一字筱珊，号艺风。生于道光二十四年（1844），卒于民国八年（1919），江苏江阴人。光绪二年（1876）进士，授职翰林编修，充国史馆纂修总纂。他虽然"三十通籍，早负时望"，但"以性刚不能谐俗"，弃官归里，自戏语"以七品官归田"，刻小印用识微尚。弃官后，缪荃孙即于杏坛树帜，先后在江阴南菁书院、山东泺源书院、江宁钟山书院、常州龙城书院，讲经授徒。课士之暇，一意刻书，日事校勘，名山坛坫，著述自娱。光绪更制，改钟山书院为高等学堂，缪荃孙充学堂监督，兼领中小学堂，亲赴日本考察学务，归国后乃酌定新学课程，编辑课本，一切草创，中西之学兼重。宣统二年（1910），应召入京，以四品卿衔充任京师图书馆监督。辛亥鼎革，缪荃孙卜居沪上，隐身海滨，杜门不出，唯以书籍遣日，整理旧著，或与海上遗老，结社吟诗，以度余生。民国四年（1915），应赵尔巽聘，与修《清史稿》，及至垂垂衰病之时，犹铅椠不辍。

缪荃孙治学恪守乾嘉诸老学派。治经以汉学为归，治史悉本钱大昕《廿一史考异》、王鸣盛《十七史商榷》家法，以翔实为旨，不尚空言。著有《艺风堂文漫存》、《艺风堂文集》、《常州词录》、《艺风堂读书记》、《辽文存》、《续碑传集》、《碑传集补遗》、《艺风藏书记》、《艺风堂日记》、《艺风堂金石文字目》，参与编修《江苏通志》、《顺天府志》、《昌平州志》、《江阴县续志》，自编《艺风老人年谱》等。不过，艺风老人治经治史固精，终不如其治书之学之业辉煌卓著。

作为一个藏书家、目录学家，缪荃孙与众不同的地方是，他的工作和成就并不限于自己的藏书、自己的书目和自己的出版物。先说藏书。中国近代两个最有影响的官办图书馆就是由他参与筹办的。一个是江南图书馆，一个是京师图书馆。缪荃孙《筹办江南图书馆、京师图书馆纪事》："光绪三十三年（1907）丁未，年六十四岁。午帅（端方）奏派主图书馆事。十日，偕陈善馀赴浙，购八千卷楼藏书，以七万元得之。丁氏书旋陆续运江宁。""宣统元年（1909）己酉，年六十六岁。五月，奏派京师图书馆正监督，赴常熟，与瞿氏商量进书事。""宣统二年（1910）庚戌，年六十七岁。九月，由京汉火车入都。时图书馆未建，措北城广化寺开办。到馆任事，分类理书。""宣统三年（1911）辛亥，年六十八岁。三月，派回江南，催瞿氏进呈书。五月，旋京，并解瞿氏书五十种。六月，编定各省志书目四卷。八月，刻本馆宋元本书留真谱，本书一叶，牒文、牌子，序跋述源流者均摹之，加考一篇。九月，复交善本书目八卷。"缪荃孙促成丁丙八千卷楼藏书售与江南图书馆，是近代藏书史上一桩极有意义的事。且"益之捐购之本，至今海内各省图书馆，美富以江南为冠"。促成瞿氏铁琴铜剑楼酌量献书，影响也很大。因为它指点了中国古代私家藏书的最妥善的归宿，在中国近代图书馆创建史上写下了重重的一笔。这比缪荃孙一家收书更有意义。

再说目录。他自二十一岁入川，执贽张之洞学政门下，助张编撰《书目答问》，始为目录之学。为官方图书馆编撰了《京师图书馆善本书目》、《京师图书馆方志目录》和《宋元书影》，为私家藏书楼编撰过张钧衡《适园藏书志》、刘承幹《嘉业堂藏书志》。并编著《补辽史艺文志》、《重编红雨楼题跋》和《士礼居藏书跋》、《尧圃藏刻书题识》。尤其是对黄丕烈题跋的辑集，在目录学界产生很大影响，对题跋目录体裁的发展起着积极的推动作用。清末民初，出现了一大批仕途不达而专事或兼事代编书目的知识分子，如莫友芝、叶昌炽等，这是近代目录学史上出现的新情况。缪荃孙是这批专职目录工作者中的典型人物、代表人物，因此研究他的目录活动，对研究当时的目录学历史具有见微知著的功能。

再说刻书。缪荃孙编刻丛书有，《云自在龛丛书五集》共十九种，《对雨楼丛书》五卷，《藕香零拾》三十八种，《烟画东堂小品》十二种，"自辑古书及国朝人小集家集，皆在其中"。他"校刻古书，详溯源委，剖析异同，具载于序跋，论者谓与尧圃书跋允称同调。秘籍孤稿，以力薄不能多刊，每贻同志好事者"。如王先谦刻《续经解》，多取资缪藏秘本。最突出的是替盛宣怀、张钧衡、刘承幹刻书。光绪二十年（1894），盛宣怀延请缪荃孙主持《常州先哲遗书》刊印事宜。缪特地远赴湖北，请来有天下第一好手令誉的陶子麟刻字。三年后刻成初集四十种，绝大部分是明人以前的撰著。辛亥革命后又刻成续集三十种。被时论评为"抉择严谨、刻工精良，足为以后刻书者师法"。此外，张钧衡刻《适园丛书》、

《择是居丛书》，刘承幹刻《聚学轩丛书》等，或依缪氏指点，或请缪氏主持校勘。

　　缪荃孙是个跨越新旧时代的文人，虽然他的政治倾向支持变法而对革命保持缄默，但他对近代图书馆事业、目录学和古籍整理出版事业的贡献和成就，几乎无人能企及。与此相比，他编撰的藏书目录《艺风藏书记》实在是退为次要的。

二、《艺风藏书记》、《续记》、
《再续记》的编撰和收书

　　缪荃孙艺风堂藏书有几个来源。先是光绪初在京中史馆秉笔，"在馆殚心著述，暇即日涉海王村书肆，搜访异本，典衣购取，知交通假，抄校考订，日益通博"。继而在江南书院掌教，"课士之暇，一意刻书，日事校勘，丛书数集，陆续告成。金陵为东南都会，故家藏庋，时时散出，苏沪密迩，估客奔辏，所收旧籍金石书画乃富"。再有，他作为蜚声海内的古籍专家，与当时四大藏书家瞿、杨、丁、陆诸家皆至契，互通借阅，资以抄校。因而形成了艺风堂藏书特色。这个特点就是抄本多、四库未收书多、秘籍孤稿多。这个特点的形成有清末私家藏书格局已成的客观因素，也有缪荃孙个人经济能力及学术悟性的主观因素。代表着清末民初非超一流大藏书家重视抄、校、稿本的治书流派，对促进古籍整理研究的多层次发展起着良好的作用。及至光绪末，艺风堂藏书已积旧刻、旧抄、名家孤传之稿十余万卷。

　　光绪二十六年（1900），八国联军侵入北京，举国震惊，人心浮动。那时缪荃孙正在钟山书院，他担心国难书厄，苦心积聚的图书难以久存，遂吸取以往藏书家的经验，亟求编目，以防一旦书散而尚能以目存世，留鉴后人。于是择取其中六百二十七种善本，编成《艺风藏书记》八卷。这些书按孙星衍《孙氏祠堂书目》分类体系，略为改动，分为十类，依次为：经学、小学、诸子、地理、史学、金石、类书、诗文、艺术、小说。《孙氏祠堂书目》原有天文、医律两类，合入诸子类。因诸子、史学、类书、诗文四类收录图书较多，故设置二级类目，《艺风藏书记》八卷于光绪二十六年由缪氏自刻行世。

庚子以后，缪荃孙以大量的时间和精力投入江南图书馆和京师图书馆的筹建工作，奔走于大江南北，来往于各书楼藏主和坊肆书贾之间，既为公馆搜备，也为自己私藏增色，或购置，或换易，或抄录，或影摹，所得珍善秘笈，几与前藏相埒。宣统三年（1911）九月，缪荃孙在京师图书馆交出善本书目稿后，即乞假回上海寄庐，整理新藏，编志其目。越年，成《艺风藏书续记》八卷，收录旧刻、旧抄及近时珍罕秘笈七百余种。其分类基本上按《藏书记》，类目小有调整。调整的内容，有的是根据录藏的实际情况，如诸子类中增法律、释家两小类，撤农家、天文家两小类；史学类中增设史钞一小类，撤原古史一小类；诗文类中新增楚辞类目。也有属于体系调整的，如原隶属类书类的目录，抽出单独成类，并将原金石类，降为二级子目，合入目录类，即目录类下分书籍、金石两门。《艺风藏书续记》于民国二年（1913）由缪氏自刻行世。

缪荃孙生前最后七八年时间绝大部分是在上海度过的，虽然，他杜门不出，但四方遗老麇集沪滨，登缪府求字访书者终日不绝。

时缪荃孙生计无着，常变卖旧藏佳本换易布米，维持家计。然而在此窘迫的环境下，他好书之心不改，遇心喜之书，仍旧割囊而购。于是，他在逝世前不久，又对这些新藏书本加以整理编目，撰成《艺风新收书目》七卷，共收录图书一百零五种。因数量少，故不按图书内容而按版本形态分类，依次为宋刻、元刻、明刻、旧抄、校本、影写本、传抄本等。缪荃孙不及刻印再续记而先归道山。至民国二十九（1940）年，燕京大学图书馆得其原稿，经校订，改书名《艺风藏书再续记》，铅印出版。

《艺风藏书记》、《续记》和《再续记》共收录缪荃孙先后收藏的善本图书约一千五百种，是我们了解这位从事藏书活动将近半个世纪的藏家收藏情况的主要目录文献。

三、《艺风藏书记》的书志特点
和缪荃孙目录学思想

《艺风藏书记》、《续记》和《再续记》基本上属于藏书志体制目录。各书著录解题皆视具体情况而区别对待，对熟见的图书版本，仅著录卷数、版本等，十分简单。对珍善罕见之书，则详记版式特征、题识印记，或载录序跋，述其源流，考其文字异同。对《四库全书总目》未收之书，则兼及考订撰者传略，提要书旨，品评得失。就此数端而言，与前时或当时其他藏书志相比，并无什么新意新制。而且《藏书记》、《续记》的编撰过程都很仓促，故所志内容有失粗浅。所以这部藏书志只是较好地反映了缪荃孙的藏书情况，并不能充分体现缪荃孙的目录学思想。

　　缪荃孙不仅有丰富的目录工作实践，而且有相当深刻的理论见解和研究。他对黄丕烈的古书鉴赏及其题跋情有独钟，但并不主张一味追求古本。他认为清季私家目录分为两派，"一则宋椠明钞，分别行款，记刻书之年月，考流传之图记，以鉴古为高，以孤本自重，如《爱日精庐藏书志》、《艺芸精舍宋元书目》是也。一则涉猎四部，交通九流，蓄重本以供参订，钞新帙以备记载，供通人之浏览，补秘府之缺遗，如高儒之《百川书志》、钱遵王之《述古书目》是也"。主张藏书自当编目，编目必使"藏书、读书者循是而求，览一书而精神、形式无不具在"，即既要反映图书内容特点，又要揭示版本形制特征。因此书录解题当以"能上窥《提要》，下兼士礼居之长，赏鉴、考订两家合而为一"，方称上流。缪的这一理论观点，是充分吸收清初以来私家目录解题发展历史的经验和教训，使本来各立门派的解题内容，兼收并蓄，扬长避短。使古代目录学理论更加符合科学性。具体来说，缪荃孙的这个观点与孙星衍的目录实践有承继关系，在乾嘉时期，只有孙氏书目与题跋最能体现"览一书而精神、形式无不具在"的目录本质。缪荃孙对孙星衍是有所服膺的，这从《书目答问》以及《艺风藏书记》可以看出。

　　缪荃孙的《艺风藏书记》虽然力图贯彻其目录学思想，但没有充分体现，这与仓促成书有关，也和藏书志体制的局限性有关。相比之下，缪荃孙撰写的序跋和读书记，对书的剖析条陈更为精细，更体现他的目录学功力和水平。

《皕宋楼藏书志》和《仪顾堂题跋》

一、陆心源仕履学术及其藏书特点、藏书思想

  《皕宋楼藏书志》是清末四大藏书家之一陆心源的藏书目录。心源字刚甫，号存斋，晚号潜园老人。生于道光十四年（1834），卒于光绪二十年（1894），浙江归安（今属湖州）人。咸丰九年（1859）举人。同治年间，先后执掌广东南韶连兵备道兼管水利关务；闽盐法道，主管军政洋务及税厘通商诸局，并总办海防事宜。光绪初，因交恶上司被革官职。遂潜影乡居二十余年，"专意著书，与古人争寻章摘句之乐，不与今人竞奴颜婢膝之容"。光绪十八年，经李鸿章等荐举，开复原职，并召对于故宫勤政殿，委至上海稽查招商局事。然而未及充分施展抱负和才干，却罹疾而逝，终年六十又一。光绪末年，国史馆编纂清史时拟收陆氏事略于文苑传，但今本《清史稿》无陆传。据载台北故宫博物院藏清史馆档案中有"陆心源传"包一件，内收两浙总督端方奏稿、陆氏履历册及史官钱骏祥、夏启瑜分别撰写的两篇陆心源传记。当是删落的原稿。

陆心源天资聪颖，通经博学，常与同郡姚宗诚等六人切磋学问，时称"归安七子"。其学远踪郑玄、许慎，近步顾炎武。署堂名曰"仪顾堂"，心仪之也。陆心源治政治学皆能务实而有所建树。据俞樾《陆氏墓志铭》，陆心源著作有《仪顾堂集》、《仪顾堂题跋》、《皕宋楼藏书志》、《金石粹编续编》，《穰梨馆过眼录》、《唐文拾遗》、《宋诗纪事补遗》、《千甓亭砖录》、《古砖图释》、《群书校补》、《吴兴诗存》、《吴兴金石记》、《归安县志》、《宋史翼》、《元祐党人传》、《校正钱溆芝疑年录》、《金石学录补》等，约九百四十余卷，总其名曰《潜园总集》。在宋史研究、地方文献研究，以及版本目录、校勘辑佚、金石碑帖等方面均有造诣，颇多成就，而究其学术之道，在乎考据。一个人在有限的时间里，既能不乏政绩、又能著述等身，还跻身于四大藏书家，确属不易。陆氏尝曰："自问上不负国，下不负民，中不负所学。"察其一生业绩，尚不为过也。值得一提的是，陆心源的丰富藏书使他得益匪浅。

陆心源早在咸丰初为诸生时就开始搜讨图书，积聚不下万卷。粤官任内也颇多收获，归时携书百匮。奉调赴闽，暇余犹无忘访求于闽中故家。及革褫归郡，更掇拾残丛，网罗蟫断。二浙八闽，素多藏楼，庚申以来，兵燹不断，时势变迁，私家庋藏，难于固守，纷落星散。这对有志蓄书的陆心源来说，不啻是天赐良机。及至同治末，已积书五六万卷。一些名家旧物，如福建陈氏带经堂珍藏宋本《周易正义》、《尚书注》、《续资治通鉴纪事本末》，以及本郡藏家严元照、刘桐、韩子蘧、杨秋宝、丁兆庆等人的部分藏书，几经周折，全部成了陆宅书楼的插架之物。然而真正使他的藏书排名直升四强的，还是他在光绪六年（1880）用番银八千饼，一举购得上海郁松年宜稼堂四万八千余册书籍。于是，才有了守先阁、皕宋楼和十万卷楼的构筑。

守先阁在吴兴城东莲花庄北陆心源宅"潜园"中。陆心源曾说："士大夫无论在朝在野，皆当讲求当世利害，民生疾苦，出可安内攘外，处可守先待后。"以"守先"名其书楼，正寓其志。稍后，又在月河街宅楼置一藏室，取名"皕宋楼"。皕者，二百也。以示此楼贮宋版之富胜过荛翁"百宋一廛"。稍后，又于皕宋楼上另辟一室，名曰"十万卷楼"。三库总藏四千零六十七部，四万三千六百九十四册，约十五万卷。皕宋楼特藏宋元旧本，十万卷楼藏明清精刻、名人抄校与近儒著述等，守先阁庋藏普通寻常之书。

陆心源藏书特点大致有以下几个方面。第一，从图书内容来看，所藏史部和集部书籍占很大比重。在四千多部书籍中，经部书四百六十部，史部书一千零六部，子部书七百十三部，集部书一千七百五十四部，另丛书一百十六部。在守先阁中，经书一百十二部，史书五百二十五部，子书一百九十四部，集部书五百十五部，丛书七十三部，史、集的比重更大。这个特点反映了陆氏藏书与读书、治学、撰述的关系。考其著述，较集中在史学、金石学和诗文征存等方面，著述方式不外乎对史料的搜辑和考证。余嘉锡先生尝评陆氏学问之精博，在于善考人物之行事。若《宋史翼》、《元祐党人传》、《唐文拾遗》、《宋诗纪事补遗》、《吴兴诗存》等，多能对史传语焉不详的历史人物，旁稽博考，辑补成篇。所以，在他的藏书里，关涉人物传记行实、资料文献的史籍和诗文集最多。第二，颇多善本。皕宋楼藏宋元版书有不少稀世珍品，如蜀刻大字本《周礼》、浙刻单疏本《尔雅》、建宁刻小字本《太平御览》、杭州刻大字本《三苏先生文粹》、元刊元印本《金华黄先生文集》等。而且大多是足本完本。日人岛田翰尝曰："宋距今殆八九百年，其间丧乱相踵，书之罹水火之厄者不知凡几，其残编断简，犹可爱惜，而陆氏乃完全者累累，岂不可宝重而珍秘乎哉！"第三，陆氏藏书"非圣贤之书不敢滥储"，"而坊刻不与焉"。取舍以四库著录为标准，摒"丹经道箓、阴阳卜筮不经之书"，对坊刻劣本、俗书更不屑一顾。可见他是走张金吾的路子。

　　陆心源对私藏图书的态度相当开明。光绪八年（1882），他把守先阁藏书向公众开放，奏请大府立案，不得盗卖盗买，一任郡人自由观览。皕宋楼、十万卷楼珍本善书也并非"秘不示人"，丁丙兄弟补抄文澜阁四库书，俞樾为浙江书局校刻新旧唐书，都曾商求于陆氏而得到满足。和乾嘉以来许多藏书家一样，他还选择一批版本较好、传世稀少的书校刻重印，辑成《十万卷楼丛书》，总五十种、三百八十五卷。更重要的是他于"七录之学，夙所究心"，亲手编撰了藏书简目、善本藏书志和读书题跋记等完整的私家藏书目录系列，在清末四大藏书家中堪称独一无二。据载，陆氏藏书简目有北京图书馆藏皕宋楼抄本《吴郡陆氏藏书目录》、费氏复斋抄本《归安陆氏旧藏宋元本书目》，山西省文物局藏陆心源手写并跋的《仪顾堂书目》，以及日本静嘉堂文库藏陆氏抄本《皕宋楼宋元书目》、《十万卷楼书目》、《守先阁书目》三种。当然，最能体现陆心源目录学功力、水平的，还数《皕宋楼藏书志》和《仪顾堂题跋》。

二、皕宋楼藏书的流失及其影响

陆心源去世后，其子树藩尚能抱守遗书。但好景不长，一来树藩长期在上海经商，无暇眷顾，万千书册，尘封网结；二来"时事日非，变生不测，刀兵水火，在在堪虞"。据树藩自述，他曾与上海工部局接洽过捐书事宜，拟于租界内建一书楼。又曾与端方商议过，在上海建一座博物院性质的书楼，将陆氏藏书与盛宣怀愚斋藏书合璧。但均成空中楼阁。不久，树藩生意失利，更因创办庚子之难京津救济会等赈捐慈善事业赔资，雪上加霜，负债累累，遂生变卖藏书之心。由于陆氏藏书量多质优，沽值高昂，树藩为求保持原藏的完整性，又不肯拆零易售，故一时间国人无力认购，望洋兴叹。光绪三十一年（1905），日本人岛田翰来华，登皕宋楼观书，思忖日本国藏汉籍偏多经籍诸子，缺者史、集，陆氏藏书正能补其短缺。于是居间中介，为日本三菱财团岩崎弥之助以十万元之价买下近五万册陆氏藏本。皕宋楼书既流入异邦，日人为之额手相庆，移入静嘉堂文库宝藏之。岛田翰喜形于色，曰："昔黎莼斋驻节吾邦，与宜都杨君惺吾购求古本，一时为之都市一空。数穷必复。陆氏之书，虽缺其四库附存本、道藏及明季野乘，而余知今之所获倍蓰于昔之所失。"

日本三菱财团斥资购藏皕宋楼珍本汉籍，其性质与此后半个世纪日本对中国的文化掠夺虽然不同，但仍极大地震动了中国文化学术界知识分子的民族感情。海内学子动色相告，嗟叹："世有贾生，能无痛哭。"惊呼："目见日本书贾，荦重金来都下者未有穷也。海内藏书家与皕宋埒者，如海源阁，如八千卷楼，如长白某氏某氏，安知不为皕宋楼之续！前车之鉴，思之能弗惧欤！"
吁请清政府担负起防止民族珍贵文献流散国外的责任。隔年，杭
州丁氏八千卷楼藏书亦欲售让，消息传出，舆论严峻，两江总
督端方遂以公府名义作价收购，归藏江南图书馆。民国十九年
（1920），又有常熟公民控告铁琴铜剑楼主人有售书于外人情事。
民国政府教育部十分重视，咨上海特别市政府训令市教育局查禁，
后经蔡元培等证明，瞿氏售书，确非事实。此事虽属浮言，其意
仍在爱护国家文物文献。在抗日战争最艰苦的民国二十九年初到
民国三十年底之间，国立中央图书馆在教育部和中英庚款董事会
支持下，联络沪、港文化界爱国人士，冒险搜购了数万册即将散
佚沦亡的善本古籍，包括刘承幹"嘉业堂"、张钧衡"适园"、刘世
珩"玉海堂"、莫伯骥"五十万卷楼"等私家藏书，以及北京"文禄
堂"书肆之书。这些古籍一部分藏匿上海，一部分运往重庆，一
部分滞留香港，辗转离合，终于完整妥善保存至今。这些事情固
然与皕宋楼鬻书事件无直接干系，但因此事而激发、强化民间和
政府对国家民族文化遗产的保护意识，并非杜撰空造之词。

　　陆氏皕宋楼原藏移置扶桑之国的静嘉堂后，得到妥善呵沪。
日本学者在重加考订整理后撰写编印了《皕宋楼藏书源流考》、《静
嘉堂文库秘籍志》、《静嘉堂宋本书影》等，为了解、使用、研究
这批汉籍善本提供了诸多方便，并对日本汉学研究产生不小的影
响。从前日本收藏汉籍只知宝贵唐卷子本，而四部之中，唯注意
经、子。自杨守敬访书东瀛，助黎庶昌梓印《古逸丛书》，而宋元
版始重，自陆氏书籍舶载而东，而史、集部始重。静嘉堂文库对
各国访学者是开放的。严绍璗教授近著《汉籍在日本的流布研究》
一书这样写道："1985 年，我由京都大学任上赴东京，便欲一睹

陆氏'皕宋楼'等珍藏。静嘉堂文库接待学者，态度一向甚善，可以电话预定书目，过后造访，读者到达时，工作人员已将典籍取出，虚位以待，如此数十次而无怨言。但书库深奥，镇库之宝甚丰，因而不便让人涉足。承蒙高桥均教授的好意，介绍与静嘉堂文库文库长米山寅太郎教授相识。米山教授说：'一个中国学者在日本察访中国文献典籍，这当然是一件应该予以通力合作的事。'于是，约定吉日，进库观看。"尽管受此礼遇，他仍由衷感叹皕宋楼藏书的外流是"二十世纪中国文献典籍被外人劫掠之重大惨祸。八十余年来，它在中国学术界所留下的伤痕，无论是现在或将来，都将使我们永远铭刻于心"。更何况大多数中国学者无法获得严教授的机遇，对于他们来说，要想了解陆心源皕宋楼珍藏秘籍，最好的选择就是读一读陆心源编撰的《皕宋楼藏书志》。

三、《皕宋楼藏书志》的编例和学术意义

《皕宋楼藏书志》一百二十卷《续志》四卷，编定刊成于光绪八年（1882）。陆氏藏宋元旧本，据俞樾《陆氏墓志铭》载，为宋本二百余种、元本四百余种。这是对外号称，壮其声势。书入静嘉堂后，经岛田翰重加鉴定，确定为宋本一百十部、元本一百五十五部。据华东师大研究生王海明硕士论文《陆心源及其藏书之研究》考订，陆氏藏本计有宋刻一百十部、元刻一百十部、明刻六百余部、清刻二千四百五十余部、抄本七百八十部，并有日本、朝鲜刻本若干。《皕宋楼藏书志》收录宋元旧椠旧抄及流传罕见者凡五百余种，是陆氏藏书的善本书目。

　　《皕宋楼藏书志》继承张金吾开创的藏书志体裁书目，并结合具体情况稍作变通。《例言》规定曰："一，是编仿张氏金吾《爱日精庐藏书志》例，载旧椠旧钞之流传罕见者，惟张氏以元为断，此则断自明初。一，《四库全书总目》考核源流，折衷至当，何敢复赞一词。阮氏所续进，张氏所收录者，均采其说，著之于编。有为阮氏、张氏所未见者，仿晁、陈两家例，略附解题，以识流别。一，书目之载序跋自马氏《经籍考》始，是编仿载诸书序跋，凡世有刊本暨作者有专集通行，其序跋已载集中，及经部之见于《通志堂经解》，唐文之见于《全唐文》，并书已刊入《十万卷楼丛书》者，均不更录，余则备载全文，俾一书原委，灿然俱陈。一，所载序跋断自元人止，明初人之罕见者，间录一二。至先辈时贤手迹题识、校雠岁月，皆古书源流所系，悉为登录。其收藏姓氏印记，间录一二，不能备载。一，愚间有考识，则加案字别之。一，宋元刻本备载行款缺笔，以便考核。一，所载序跋，或舛误、脱落、缺失而别无可据者，悉仍其旧。一，一书而两本俱胜者，仿《遂初堂书目》例并存之。"这几条体例的基本原则仍袭用《爱日精庐藏书志》，变通之处则有两个方面。一是尽量吸收新的或更好的学术研究成果。比如采录张金吾为《爱日精庐藏书志》部分图书写的解题。比如用《通志堂经解》代替《经义考》。比如所载序跋延至明初人之罕见者，等等。二是增补了版本著录的条例。特别是确定了用案语记录编撰者对该书的考识，使藏书志体例更趋严谨，虽然这些案语内容都较简略，主要是对作者姓氏别号爵里的补正或对刊刻年、刊刻地的鉴定。

　　《皕宋楼藏书志》书录各篇行文格式规范一律，依次为书名、卷数、版本、作者、原书序跋、牌记行款、题识手跋、解题（引

《四库总目提要》、阮元《四库未收书目提要》、张金吾《爱日精庐藏书志》或自撰）、案语。类目按四库分类法，经史子集四部下隶属四十四类。

《皕宋楼藏书志》在学术上的一个不足，是对宋元版本的鉴定比较粗疏，判断失误之例屡出不穷。比如把元明间刻本《论语集注》、《孟子集注》、《大学章句或问》、《中庸章句或问》、明嘉靖覆宋本《李翰林集》、清初翻宋本《友林乙稿》等讹定为宋本。把明嘉靖宗文堂刻《艺文类聚》误定为元宗文堂刻本，明景泰间内府刻《饮膳正要》误定为元刻元印本等等。此外还有以南宋充北宋，以修补印本充原刻原印本的情况。如原题北宋真宗间刊本《说文解字》、北宋英宗年间刊《广韵》、北宋咸平年间刊《吴书》、北宋嘉祐年间刊《唐书》、北宋本《唐百家诗选》等，都应是南宋年间刊本。还有著名的宋刻大字本《三苏先生文粹》，陆心源鉴定作"北宋蜀中刊本"，后经傅增湘先生考鉴，实系宋宁宗时期刊本。皕宋楼号称宋刊古本二百种，而不实者，竟占四成。失误率之高，说明陆心源的鉴别能力大不如顾、黄前辈。这是检阅查考《皕宋楼藏书志》所必须注意的问题。

据日人河田罴《〈静嘉堂秘籍志〉序》曰："陆氏编藏书志，属幕客李宗莲任之，故往往有缪误。"这个说法出自李宗莲《〈皕宋楼藏书志〉序》。但审视李序，似不能断定书志完全是由他人捉刀代笔的。李序曰："余方放浪湖山，无以消日力，先生则出巨稿三尺许，属为参定同异。乃缮辑疏录，从事黄墨者三阅月。"三个月的校订工作，显然不能与编藏书志相提并论。所以错误还是陆心源自己犯的。

《皕宋楼藏书志》于光绪八年编定后，遂即付梓。除此陆氏家刻本外，还有少许抄本传世，如苏州图书馆藏张炳翔抄本、忍丁堂写本等。由于藏书志目录体制的局限，难以容纳陆心源对藏书的考订研究心得，而这方面的内容已大部分辑集成《仪顾堂题跋》。所以要研究这批书籍，最好是把《皕宋楼藏书志》和《仪顾堂题跋》一起看，有可能的话还应参阅《静嘉堂秘籍志》和傅增湘等人的目录著作。

四、《仪顾堂题跋》的编纂和收书

光绪十六年（1890），陆心源把历年来撰写的题跋辑为一编，名为《仪顾堂题跋》，凡十六卷。书成之后，邮寄京师，问序于潘祖荫。潘序极赞此书，"惟思适居士庶几能之"。复寄书作者，"谓七百年来未有此作，隐然以黄伯思、洪景卢相推许"。潘祖荫的嘉勉，促使陆心源继续"专意丹铅"，于光绪十八年（1892），再度集成题跋十六卷，题名《仪顾堂续跋》。

《仪顾堂题跋》十六卷，卷一为经部书跋，卷二至五为史部书跋，卷六至九为子部书跋，卷十至十三为集部书跋，卷十四至十五是碑帖信札书画跋，卷十六是碑墓志跋。其中书跋二百七十余篇。《仪顾堂续跋》十卷，卷一至四为经部书跋，卷五至八是史部书跋，卷九至十一是子部书跋，卷十二至十四是集部书跋，卷十五至十六是书画金石跋。其中书跋也约二百七十余篇。这五百多篇跋文大多为元明以前著述而题撰，且多珍善版本。检其目录，冠以宋椠元椠、影宋影元者很多，还有不少名家抄校稿本，如邵晋涵《重辑〈旧五代史〉原稿》、明钱馨室手抄《会稽掇英续集》、毛晋抄《渭川居士词》《双溪词》、钱曾抄《春渚纪闻》、陆师道手写《汉隶字源》、冯巳苍手抄《汗简》、手校宋本《水经注》、吴宽丛书堂抄本《贞一稿》等。也有清人乃至近世、当世人著述的题跋。如阮元修《广东通志》《两浙金石志》、嘉庆《湖南通志》《广西通志》、同治《乌程县志》《新修鄞县志》、劳格《劳氏杂识》、吴骞《拜经楼藏书题跋记》、粤雅堂刊《菉竹堂书目》、朱绪曾《开有益斋读书志》、黄宗羲《宋元学案》，大典本《春秋会义》《春秋经解》，武英殿聚珍本《五代会要》《朝野杂记》，文澜阁传抄大典本《全生指迷方》等等。这些图书版本绝大部分是陆氏珍藏之物，所以能作为他的藏书目录来使用。其中极少数书籍不是陆氏藏书，如宋本《孔子家语》是萧敬孚所藏，陆"游申浦"，萧"出以相示"，而跋其书后。所以陆心源没有用"皕宋楼藏书题跋记"名此书。

五、《仪顾堂题跋》的内容特点和学术价值

对于这部题跋集，潘祖荫是大加赞赏的，评价其"刊落野言，纠正讹字之义，牵连如瓜蔓之抄，精诣绝特，有风叶之喻"。如果说序言难免溢美之词，那么晚于潘、陆，且素以治学审慎、论议苛严著称的余嘉锡的评语，可信度就更高了。他说："陆氏之书，在同时目录学家，可谓岿然而出其类者。陆氏之学，惟此则轶今人而追古人矣。后之治目录学者，所宜取法也。"推崇备至。那么让我们分析一下陆氏书跋究竟好在哪里。

通体而言，《仪顾堂题跋》的优胜之处，一在于言之有物，虽不必每篇称佳，却鲜少空洞浮泛、无病呻吟、故作姿态的弊病。

二是考订比较全面，凡对图书内容的介绍和评论，对作者生平爵里的考究，对版本藏弄、刊印源流的考订，对版本文字优劣的比勘，对书林掌故的记述等等，大多能做到有感而发，与那些偏重版本不及其余的题跋相比，显得比较均衡而色彩丰富。潘祖荫序曰："夫潜夥跋尾，但详古刻。简庄跋文，不出群经。桃溪、篛里，虽亦兼综其学，其识更非二家之比。观察此书，意嫥群籍，名迹碑版，了以余力，意惟思适居士庶几能之。然而居士猪肝为累，马尾空雠，平津、江都，迭更府主，太仓之米五升，文馆之烛一把，往往写同给札，段迫还瓻，群玉之府，等于传舍，兼金之珍，坐叹居奇，转瞬即非，铭心安在！而观察则富拥百城，精传三馆，粤海挂冠，复因带经之藏，一游闽峤。红雨、小草，间有余烬，江浙故家，畸零掇拾。岁月屡届，遂成大观，譬之谟觞之水；百川灌输，涧苹复起，亦嗟向若。"他认为陆心源题跋之所以超人一等，一是学识高，即其主观优势，一是藏书多，即其客观优势。这是很有道理的。

　　具体地说，《仪顾堂题跋》的突出之处有三方面：第一，补正《四库全书总目提要》。

　　（一）补《四库全书总目提要》、《四库未收书提要》等未收录的图书。这部分书跋大都是内容提要和评论。如《续跋》卷十一《宋椠启札截江网跋》，介绍"四库未收、诸家书目亦未著录"的，宋末元初麻沙坊刻熊晦仲编《新编通用启札截江网》十集，"凡古今前辈之事实、近日名公之启札，皆网罗而得之"，"所采表笺奏状、书启禀札、赞颂序记、赋文箴铭、歌诗词曲，皆载全文"，其中甚多"宋人诗集之传者"。陆跋详列丁黼等二百数十名作者姓名，指出书中载录之文，"今皆不传，可藉以得其梗概"。

（二）补《四库全书总目提要》考订之未详。如《仪顾堂题跋》卷一《六经雅言图辨跋》，认为此书就是四库收录的郑樵《六经奥论》，《四库提要》谓此书不出樵手，而未定为何人所著。陆跋经缜密考证，指出此书当是郑樵从兄郑厚所撰，原名《艺圃折衷》，以论多过激，版毁书焚，然私下流传，不敢公然刊行，故易书名，又以夹漈之说杂之，题曰莆阳二郑，以遮耳目。

（三）正《四库全书总目提要》考订之误。如《续跋》卷十一《明钞职官分纪跋》，此书原题富春孙逢吉彦同撰，《四库全书总目提要》认为此书有元祐年号，孙逢吉为南宋隆兴进士，不可能著作此书。陆跋经翔实考订，指出宋时孙逢吉有三人。一蜀人，孟昶时为国子监毛诗博士；一吉州龙泉人，字从之，隆兴元年进士，《宋史》有传；一杭州富春人，字彦同，《浙江通志》有传，即著此书者。

（四）补证《四库全书》所收书的版本情况。如《元椠春秋辨惑跋》指出，四库是辑本而此为原本。《疑狱集跋》指出四库本卷数系后人割裂。《徂徕集跋》、《宝晋山林集跋》、《足本历代制度详说跋》，指出四库本不全。《东坡集跋》、《广陵集跋》指出四库本分类编次的不同。《缘督集跋》指出四库本与他本的文字异同。

第二，考证作者。凡《四库全书总目提要》及其他各家书目未著录作者，或著录不详、不清、有误的，陆跋则博采史乘，发隐钩沉，使作者姓氏名号、家世仕履、行实学术，一一昭明。如《衢本郡斋读书志跋》三篇，考查晁公武生平事迹，博洽缜密，后人难复加一词。《宋朝事实类苑跋》因作者江少虞的里贯仕履，诸书皆未详，乃自弘治《衢州府志》、《宝庆四明志》、《建炎以来系年要录》、《江西通志》等文献中采辑史料，勾勒面目。又如郭若虚

《图画闻见志》,《四库全书总目提要》云"若虚不知何许人",陆跋从《续资治通鉴长编》等文献中考出郭若虚是宋初外戚谯王太原郭守文之后。又如《新福建通志康执权传跋》是对《通志》传记中人物的补订,指出《通志》把康执权的字平仲误记为康与之的字伯可。

考订作者的内容在陆跋中占有很大比重,是陆跋学术性最强、学术价值最高的一部分。且其参考意不只在于考证的结果,还在于考证的过程。陆心源爬梳文献、运用史料的技巧和途径,能给人以借鉴和启迪。陆跋的这个优胜之处,得益于他的学术专长。陆心源治史以考订人物著称,所著《宋史翼》、《元祐党人传》、《湖州府志人物志》、《吴兴诗存》等,都是考订人物的上乘之作。而且陆对宋史研究最专,题跋中予以考订的作者大多是宋代人。这说明目录解题的特点及其学术性,与作者的治学特点密切相关。

第三,考订版本。《仪顾堂题跋》考订版本比《皕宋楼藏书志》翔实而更有深度。如《宋椠婺州本五经正文》、《宋刻玉篇残本》、《宋嘉祐杭州刊本新唐书》诸跋,着重于鉴定版本。《宋耿秉椠本史记》、《抄本创业起居注》、《宋椠湖北庚司本汉书》、《齐民要术》诸跋,着重于比较版本异同。《宋板读书管见》、《贾子新书》、《说苑》诸跋,着重于叙述版刻源流。又如《北宋本千金方》跋文,因此书"全本明初已不可得已",故具列原书卷次篇目。如《类编长安志》跋,要在阐明该本的版本价值,指出此书虽体例"既未尽善,考订亦未详瞻,惟宋元旧志,南则存者尚多,北则惟此书耳。"

陆跋鉴定版本失误的地方也不少,如把明本《万宝诗山》误定为南宋麻沙本,贻为后世话柄。其它误将元椠当宋椠,将明本当宋元本的例子还可举出一些。日本静嘉堂购进皕宋楼书后,细加覆核，剔出部分失考的版本，因而有人对陆心源的鉴赏水平颇有微词。这既是事实，却不必全盘否定。相形之下，陆跋对版刻源流的考订较多可取之处。如《明正德陆相刻本〈贾子新书〉跋》，考证诸明本中数陆相本最好，吉藩本、何元朗本、程荣本、何良俊本均源于陆相本。这个结论在现代整理出版《贾子新书》时被证实是合乎事实的。

　　陆心源富有藏书，见多识广。潘祖荫序称赞说："推之京蜀相台，抚建公库，麻沙书帕，等诸自邻，支那足利，间亦用夷，板刻源流，收藏姓氏，剖析异同，如指诸掌。"更值得推许的是，陆心源能综合分析历代版刻特点，归纳总结出一些规律性的东西来。如《宋刻〈玉篇〉残本跋》曰："南宋时蜀、浙、闽，坊刻最为风行，闽刻往往于书之前后别为题识，序述刊刻原委，其末则曰'博雅君子，幸毋忽诸'。乃书估恶札。蜀、浙本则无此种语。"又如《元张伯颜刻〈文选〉跋》曰："宋人刻书皆于卷末列校刊衔名，从无与著书人并列者。隆、万以后刻本，此风乃甚行，伯颜其作俑者也。"如《元瑞州路〈隋书〉跋》曰："当时虽牒各学刊刻，书院之有余赀者亦预其役耳。各学之版，明初入南监，正德、嘉靖，递有修补。"诸如此类者比比皆是，对今人了解古籍版刻的历史和特点，正确鉴别古籍版本，都有所裨益。《仪顾堂题跋》中还收有域外汉籍版本的书跋，如《高丽栞本〈桂苑笔耕〉跋》、《日本宽元年抄（黄帝难经明堂）残本跋》、《仁平元年〈黄帝内经太素〉跋》、《东洋覆元本〈是斋百一选方〉跋》等。看得出陆心源对日本、高丽刻本是费心思研究过的，所以能在版本考据中运用这方面的信息材料。如《〈济生方〉跋》曰："原本久佚，此则馆臣从《永乐大典》辑出者。日本尚有原书，为枫山秘府所藏，前有宝祐癸丑用和自序。又有《济生续方》一卷，为日本医官汤河氏藏，有咸淳丁卯自序。"

陆跋对书林掌故的记载也不乏可资者，如《宋椠婺州〈九经〉跋》记述清初怡王府乐善堂图书的流存情况。《宋刻〈玉篇〉残本跋》记录上海郁松年宜稼堂藏书与丁日昌持静斋藏书之间的一段纠葛，所记虽不必尽符事实，却也不必尽摒之。

《仪顾堂题跋》虽然瑕瑜并存，但就其总体而言，诚如李慈铭所说："可取者甚多。"其学术价值早已超出单纯反映陆心源藏书情况的范围。近代胡玉缙《四库提要补正》、余嘉锡《四库提要辩证》，都经常征引陆心源书跋的考订意见。当然，后人在他的基础上，又上了一层台阶。就清代目录学发展的角度来看，《仪顾堂题跋》、《仪顾堂续跋》是清代题跋体裁目录类型发展的一个新台阶。它摆脱了自清初钱曾《读书敏求记》以来，藏书题跋偏侧版本，路子越走越窄的阴影，使题跋的"触角"广泛而全面地伸展到图书内容、形式的各个方面，从而更有效地发挥题跋的目录作用。

《仪顾堂题跋》有光绪十六年（1890）陆氏自刊本。《仪顾堂续跋》有光绪十八年（1892）陆氏自刊本。

《善本书室藏书志》

和《八千卷楼书目》

一、八千卷楼藏主丁氏昆仲及其藏书源流

光绪十四年（1888），杭州城郊崛起一座新藏书楼，"紫阳山环其前，皋亭山倚其后，钱江与西湖映带左右，规模宏畅，气象崇隆，观者莫不叹羡，以为此其东壁图书府乎"。这就是丁申、丁丙兄弟的"八千卷楼"，名列清末四大藏书楼。弟丙字嘉鱼、松生，号松存，生于道光十二年（1832），卒于光绪二十五年（1899），浙江钱塘（今杭州市）人。兄申，原名壬，字竹舟。

丁氏昆仲在清代藏书史上所建的第一大功是抢救并修复文澜阁《四库全书》。咸丰十年（1860），太平军攻陷杭城，丁申、丁丙在避难时，发现因战乱散佚于市的文澜阁四库藏本。于是不顾危险，"深宵潜往，掇拾灰烬瓦砾之中，得万余册"，舟运至上海暂藏。战事甫息，旋买棹载书，同归故里。并旁搜博览，或购或抄，使四库原藏渐复旧观，储之郡库。光绪初，浙江巡抚谭钟麟重建文澜阁，丁氏领命经营土木工程，一载而竣。事闻，赏丁申四品

顶戴，谕旨有"嘉惠士林"之褒。文澜阁《四库全书》在民国时代
又经钱念劬、张宗祥两番补抄校订，终复完帙。今人能再登楼阁，
重睹"南三阁"《四库全书》唯一幸存者，丁氏昆仲护书首功，盖不
可没。

　　丁氏昆仲在清代藏书史上所立的第二功，就是建立起这座
藏书逾四十万卷的书楼，为国家和民族保存了一份珍贵的历史文
化遗产。丁氏世代久有藏书传统。祖父丁国典，因仰慕先世闻人
丁顗藏书八千卷，遂于梅东里构小楼储书，题额其上曰"八千卷
楼"。父丁英亦好学嗜书，尝往来齐楚燕赵间，遇善本辄载以归，
南北往还，暑搜雪购，得数万卷，其中半皆乾嘉诸老箧中秘物。
然而，庚申、辛酉，杭州城两度罹兵燹之灾，丁氏万卷积书尽付
劫灰。丁申、丁丙除继承先祖藏书的精神衣钵和"八千卷楼"名
外，别无一卷半帙所遗。书劫之后，他们在修复文澜阁《四库全
书》的同时，开始重起炉灶。丁丙这样记述说，当时"故家旧籍幸
免于兵火者十不得一，其或冷摊僻市，偶见数册，尤为可贵。因
偕伯氏重为搜罗天水、蒙古之遗椠，名臣巨儒之手录"。

　　同治三年（1864），丁氏昆仲避居上海。那时的上海已成为东
南藏书流通交易的集散中心。他们在沪收罗列各种残籍以捆束计，
约高二尺一束者，达八百束之多。返归杭州后，更是"弃车服之
荣，乐嬛嬛之业，恶衣恶食，朝访夕求，凡齐楚燕赵、吴越秦晋
之间，闻有善本，辄邮筒往复，期必得而后已。内而秘殿所储，
外而岛夷所蓄，力之所至，鲜不征求，历三十余年，几及万种"。
待八千卷楼落成，"地凡二亩有奇，筑'嘉惠堂'五楹，堂之上为
'八千卷楼'。堂之后，室五楹，额曰'其书满家'，上为'后八千
卷楼'。后辟一室于西，曰'善本书室'，楼曰'小八千卷楼'。楼

三楹，中藏宋元刊本约二百种有奇，择明刊之精者，旧抄之佳者，及著述稿本、校雠秘册，合计二千余种，附储左右。若《四库》著录之书，则藏诸八千卷楼，分排次第，悉遵《钦定简明目录》，综三千五百部，内待补者一百余部。复以《钦定图书集成》、《钦定全唐文》附其后。凡《四库》之附存者，已得一千五百余种，分藏于楼之两厢。至后八千卷楼所藏之书，皆四库未收采者也，以甲乙丙丁标其目，共得八千种有奇。如制艺、释藏、道书，下及传奇小说，悉附藏之。计前后二楼书橱，凡一百六十，分类储藏"。以上是丁丙在《善本书室藏书志跋》中的自述。从一无所有发展到如此规模，丁氏昆仲耗费了近三十载光阴。后人评论说："其所以聚书之多者，半固由于机缘，半亦由于人力焉。"其实，成就任何一桩事业，不就是靠机缘和努力吗！

　　新楼告竣时，丁申已先归道山。十年后，丁丙亦逝去。满室盈书传子侄立诚、立中兄弟。光绪三十三年（1907），丁氏经商告败，亏耗巨万，因有鬻书偿债之议。当时正因陆氏皕宋楼鬻书东瀛而舆论哗然，又恰逢两江总督端方拟于金陵龙蟠里?盋山园侧惜阴书院旧址筹建江南图书馆。于是，由缪荃孙斡旋中间，以七万五千元购置公馆。丁氏此举，受世论激赏。缪荃孙曰："书籍全归江南图书馆，价虽稍贬而书无少逸，易一地耳。书固可按目而稽，在江南犹在丁氏。"陈登原评论说："丁氏如此下场，实为私人藏弆史生色。古往今来藏书者不知凡几，然皆不久而散，私人藏弆之不易永久，已为显著而不可免之史实。毋为绛云之火，毋为海源之毁，更毋为皕宋之以故国精华浮沉异国。"丁氏八千卷楼藏书的归宿，正是古代私家藏书楼发展的终极善途。

二、《善本书室藏书志》的编纂与收书特点

据孙峻《〈八千卷楼书目〉序》说，丁丙是在光绪二十一年
（1895）开始善本藏书志编写的。那时，他趁养疴之暇，"约峻辰集
酉散，日撰解题二十部。峻常登楼，择其尤者六七十种，供三日
之编纂。每晨趣正修堂，丈危坐以待。及开卷检阅，靡不参伍错
综，博引旁征。峻述之而丈书之，阅三年毕事。丈欲重加复审而
病已甚矣。"然而丁丙和丁立中在藏书志跋里都未提起这件事。光
绪二十四年（1898），丁丙校录既竣，跋其后曰："自丁酉（光绪
二十三年）秋日养疴之暇，始分别部居，谨依《四库》次第，每书
列其文字异同之大致，名人收藏之源流，日积月累，札记遂多。
儿子立中，一一手录，裒然成四十卷，名曰《善本书室藏书志》。"
丁立中跋曰："右藏书志四十卷，先君所手著也。光绪丁酉且月
（农历六月），先君偶示微疾，养静松梦寮，躬自纂辑，命立中缮
录排纂。己亥（光绪二十五年）之春，书始脱稿，邮寄鄂中付梓，
卷帙既繁，遂绵岁月。辛丑（光绪二十七年）长夏，杀青斯竟。"
佣笔编目之事在清晚期藏书家中屡见不鲜，丁跋绝口不提并不奇
怪。后来丁立中让孙峻在《〈八千卷楼书目〉序》里抖出此事，应该
说是默认了。

《善本书室藏书志》四十卷，共计收丁氏所藏善本书约
二千六百五十三部。卷一至五经部，收书三百六十七种。卷六
至十四史部，收书四百五十七种。卷十五至二十二子部，收书
五百九十四种。卷二十三至四十集部，收书一千二百三十五种。
丁丙跋中对其收录标准作如是说："一曰旧刻。宋元遗刊，日远日

鲜，幸传至今，固宜球图视之。二曰精本。朱氏一朝，自万历后，剞劂固属草草，然追溯嘉靖以前刻书多翻宋椠，正统、成化刻印尤精，足本孤本所在皆是。今搜集自洪武迄嘉靖，萃其遗帙，择其最佳者甄别而取之。万历以后间附数部，要皆雕刻既工、世鲜传本者，始行入录。三曰旧抄。前明姑苏丛书堂吴氏、四明天一阁范氏，二家之书半系抄本。至国朝小山堂赵氏、知不足斋鲍氏、振绮堂汪氏，多影抄宋元精本，笔墨精妙，远过明抄。寒家储藏，将及万卷，择其尤异，始著于编。四曰旧校。校勘之学，至乾嘉而极精，出仁和卢抱经、吴县黄荛圃、阳湖孙渊如之手者，尤雠校精审。他如冯巳苍、钱保赤、段茂堂、阮文达诸家手校之书，朱墨烂然，为艺林至宝。补脱文，正误字，有功后学不浅。荟萃珍藏，如与诸君子面相质问也。"

　　这四条既被看成是丁丙的善本概念，也被看成是《善本书室藏书志》的收书特点。但这样说几乎适合大多善本藏书志，未能显示个性。缪荃孙认为丁志与杨、瞿、陆三家书目相比，"所长有二：一在收明人之著述，一在拾乡先辈之丛残"。柳诒徵提出："其书之可贵亦有数者：一为多四库修书底本，二为多日本、高丽刊本，三则多名儒宿学所校，四则近代校勘收藏家所藏之书，丁氏亦有之甚夥。"这些说法都不无道理。

　　据初步统计，《善本书室藏书志》收录宋元旧椠一百四十二种，明刻本一千一百六十三种，抄本（明抄、影宋元抄、精抄、旧抄、名家抄等）一千一百十种，近刻近抄本一百八十一种，稿本二十四种，日本、高丽刻抄本三十三种。根据最基本而简单的数字比较，丁志所录善本大致有两大特点、四小特点。

　　首先，明本和抄本合占书志收录总数的百分之九十，这是

《善本书室藏书志》收书的第一大特点。在杨、瞿、陆、丁四大藏书家中，丁氏起家最晚，收藏宋元旧椠最少，仅宋版四十种，元刊近百，且含三朝递修印本。所以他不得不转而重点收罗明刻精本。且明代版本的价值，乾嘉诸老早有指点。及至同、光之世，更为藏家共识。所谓"今距明末二百五十余年，距明初则五百年，阅世愈远，传本愈难，一刻再刻，业难考订，何敢轻弃"。

丁氏藏书志所录明本，除数量极多，同时书目难有匹敌者外，更具有珍品精品门类齐全的优势。一千几百种明刊本中被确定刊印年的约三分之二。上自洪武、永乐、洪熙、宣德、正统、景泰、天顺、成化、弘治，中及正德、嘉靖、隆庆、万历，下至天启、崇祯，各朝各代，无所不有。其中正德、嘉靖刊本最多，次则成化、弘治和万历本。如果说这几个朝代的刊本世尚易见，那么丁志收录的明初刻本就洵足珍贵了。如洪武刊本《六书本义》、《胡仲子集》、《梧溪集》、《傅与砺诗集》，永乐刊本《缶鸣集》、《全室外集》，宣德刊本《翠屏集》、《效颦集》，正统刊本《经济文集》、《事物纪原》，景泰刊本《皇明西江诗选》、《古今识鉴》、《高太史全集》、《古廉李先生诗集》，天顺刻《揭文安公文粹》、《柳侍制集》、《绀珠集》等。就连仅存在一年的洪熙朝也有刊本《归田诗话》。这些以元、明人诗文集为主的明初刻本的著录内容，在现有版刻史论述中少见引用。其次，各种不同性质出版机构的版本门类也收罗较全。南监、北监本有《二十一史》和《十三经注疏》，司礼监刊本有《资治通鉴节要续编》、《明伦大典》、《文献通考》等，藩府刊本有楚藩《丁鹤年先生诗集》、益藩《玉篇》、鲁藩《抱朴子》等，书院刊本有龙川书院刊《龙川先生文集》，芸川书院刻《侯鲭录》。至于其他各地官署、私家所刻，及活字摆印、朱墨套印本之类，不胜枚举。其中不乏孤本珍本。据万曼《唐集叙录》考证，如《章孝标诗》、《祠部诗集》、《王昌龄集》、《李颀诗集》等，只有《善本书室藏书志》著录过明刊本。数量众多，类型广泛，著录且作解题，这就使丁志收录的明刊本显示出其他书目所不具备的优势。

　　和明刻本藏量相近的抄本似不如明刻本那样的优势。著录中虽不乏明清名家抄本，像谢氏小草斋抄《沈下贤文集》、祁氏澹生堂抄《傅与砺文集》、吴氏绣谷亭抄《水云集》、钱氏述古堂抄《辛巳泣蕲录》、徐氏传是楼抄《南渡录》、赵氏小山堂抄《马石田文集》、鲍氏知不足斋抄《白云集》、吕氏观稼楼抄《翰林珠玉》、沈氏鸣野山房抄《陵阳先生集》、王氏十万卷楼抄《侍郎葛公归愚集》、何元锡抄《谢氏后汉书补逸》、劳权抄《宝晋英光集》等等。但更多的是"旧抄"本。据考，志中题"旧抄"者，早自清初，晚至嘉道，时界相当宽松。如传抄的四库馆阁的《永乐大典》辑逸本、张金吾《金文最》传抄本，都著录为旧抄。

　　《善本书室藏书志》收书的第二大特点是其藏书来源，能吸收前代著名藏书家之一二，令人有豹窥一斑之感。若柳诒徵先生所说："自明以来，收藏家如范氏天一阁、项氏万卷堂、祁氏澹生堂、毛氏汲古阁、钱氏绛云楼、曹氏静惕堂、朱氏潜采堂、黄氏千顷堂、王氏池北书库、顾氏秀野草堂、钱氏述古堂、曹氏栋亭、赵氏小山堂、吴氏瓶花斋、孙氏寿松堂、王氏十万卷楼、马氏小玲珑山馆、汪氏开万楼、鲍氏知不足斋、黄氏士礼居、吴氏拜经楼、袁氏五砚楼、何氏蝶隐园、许氏鉴止水斋、严氏芳茮堂、张氏爱日精庐、陈氏稽瑞楼、马氏汉晋斋、袁氏卧雪庐、马氏汉唐斋、汪氏艺芸书舍、瞿氏恬裕堂、蒋氏别下斋、劳氏丹铅精舍、郁氏宜稼堂、朱氏结一庐、李氏瞿硎石室之书，展转流逸，著之掌录，少或一二种，多至数十百部。"大凡藏书大家之书，都有一个或数个主要来源。丁则不然，明清间大大小小藏书楼的旧藏，在《善本书室藏书志》中，多能找到一二，翻卷一阅，犹如"万楼博览会"。加之丁丙对藏书印章记载尤详，对藏弆源流和藏家生平屡有述略，故而具有较高的藏书史史料价值。

除此两大特点，《善本书室藏书志》收书的版本还有以下几个方面值得一提。一是有一批名家批校本，若惠栋、何焯、吴翌凤、黄丕烈、顾千里、孙星衍、邵懿辰、劳权诸校本，各有一二。最多卢文弨校本，略计之，有《孟子赵注》、《左氏补注》、《说文解字系传》、《仪礼识误》、《竹书纪年》、《逸周书》、《史通训故补》、《直斋书录解题》、《春秋繁露》、《新语》、《孔子家语》、《论衡》、《焦氏易林》、《列子》、《颜氏家训》、《东坡志林》、《挥麈前录》、《对床夜语》、《荷亭辨论》、《涧泉日记》、《松陵集》等。丁志中收录的近刻本也大多因为有名家批校的缘故。如卢文弨校过的武英殿聚珍本《老子道德经》、《蛮书》、《鹖冠子》、《云谷杂记》、《文苑英华辨证》、《碧溪诗话》等。二是有一批稿本。缪荃孙所谓"拾乡先辈之丛残"，主要即指乡先贤手稿。比如籍贯钱塘的厉鹗《东城杂记》、吴农祥《梧园诗文集》、倪涛《武林石刻记》、丁敬《武林金石记》、黄易《小蓬莱阁金石目》、应㧑谦《性理大中》、周京《无悔斋集》等。籍贯秀水的俞汝言《春秋平议》、万光泰《元秘史略》、朱稻孙《六峰阁手稿》等。三是有一批日本和朝鲜刻本、抄本。如日本文化年代刻《孝经》、《论语集解》、《孟子音义》、《续刻唐开成石刻并五经文字九经字样》、《隶续》、《大德重校圣济总录》，文政年代刻本《孝经孔氏传》，宽政年间刻本《御注孝经》，宽永年间刻《翻译名义集》，天明年间刻《群书治要》，延宝年间刻《书经讲义会编》，天保年间影宋刻《尔雅》，元和年间刻《新雕皇宋事实类苑》、翻刻影宋台州本《荀子》、《唐才子传》，以及日本写本《论语义疏》、《黄帝内经太素》、《黄帝内经明堂》、影宋抄《传家秘宝脉证口诀并方》等。高丽本有《四书章句》、《诗经大全》、活字印本《桂苑笔耕》等。四是有一批四库进呈本、四库底本。以上四种版本类型，虽无大量，价值却不小。

《善本书室藏书志》收书的版本价值，是决定其目录参考价值的主要因素。且丁氏八千卷楼藏书至今完好保存，故书志的实用性比其他藏书目录更强。

三、《善本书室藏书志》书录解题的特点

《善本书室藏书志》按丁丙自述，是沿袭《读书敏求记》、《爱日精庐藏书志》的编例，但也稍有变例。它的著录有一定格式。所录各本首行顶格记书名、卷数，下以小字记版本与原藏家。次行低一格照录原书卷端原题著作者或编辑校补者姓名、籍贯、职衔等，与众不同。如：“《礼经会元》四卷，元刊本，怡府藏书。宋龙图阁学士、光禄大夫、赠开府仪同三司、南阳郡开国公、食邑二千一百户、实封一百户、谥文康叶时著。”“《丧服制考》八卷，精抄本，秀水后学朱建子辰始氏辑，长男丕武谨校。”第三行低二格撰记解题。以分行错格的书写形式，突显著录内容的区别。

《善本书室藏书志》解题的内容，据丁丙自述，乃“每书列其文字异同之大致，名人收藏之源流”。缪荃孙序则概括为“考其事实，胪其得失，载其行款，陈其异同”。但是，王欣夫的评价则

认为其考订不如瞿目精审，"而搜集材料却非常丰富"。考稽各篇，王说比较切中。丁志载录文献有两种情况。一种注明摘自原书序跋、藏书题识。如《礼经会元》节录"至正二十六年丙午后学陈基序"、"至正二十五年六世孙叶广居识语"。《丧服制考》整篇载录康熙四十八年作者自序。明赵清常抄本《东国史略》载录"万历庚戌清常赵琦美题记"。影写元本《元统元年进士题名录》悉录钱大昕题识。此外，还经常引录《经籍跋文》、《拜经楼藏书题跋记》、《薰习录》、《古泉山馆题跋记》中的考述。另一种没有注明是哪一家的文字，乍看以为是丁丙的考订心得，其实大多是抄录、摘节或改写别人的东西，采自《四库全书总目提要》者尤甚。如《黄四如先生六经四书讲稿》下记曰："其书多述朱子绪论，然亦时出新义，发前儒所未发。"《明本排字九经直音》下记曰："明本者，明州所刊，即今宁波府也。其书不用反切，故曰直音。所音俱根据《经典释文》，犹为近古。《释文》一字数音者，皆并存之。"又《熊先生经说》下记曰："此书说《易》，亦言先天后天、河图洛书，《书》亦言《洪范》错简，《诗》亦不主小序，《春秋》亦不主三传，独于《礼经》疏证明白。"这些言语都能在《四库全书总目提要》里找到。诸如此类，绝非偶然，而且相当普遍。可以这么说，凡四库已收之书，丁志除对版本记录稍有补充外，少有自己的考订意见。对四库未收和后出之书，丁志解题大多是叙其藏弆、刊刻源流，并没有做到"每书皆列其文字异同"。

四、《善本书室藏书志》的学术价值

缪荃孙《〈善本书室藏书志〉序》认为，目录之学发展至清，"例益加密，至于考撰人之仕履，释作书之宗旨，显征正史，僻采稗官，扬其所长，纠其不逮，《四库提要》实集古今之大成。若夫辨版刻之朝代，订钞校之精粗，则黄氏莸圃蹊径独辟"。并称丁志"实能上窥《提要》，下兼士礼居之长，赏鉴、考订两家合而为一，可谓书目中惊人秘笈"。赏鉴、考订合而为一，是清后期目录提要发展的方向。《善本书室藏书志》虽兼有两者，但大都是载录他人言论，少有发明。故只能"上窥"、"下兼"而已，不能与《四库提要》、士礼居题跋相匹比。后来王欣夫指其不及瞿目考订精审，长泽规矩也指其"往往失考于版本"，皆不失为实事求是之论。然而今人却有未察其详者，一味称赞"提要撰写精详，既涉及作者生平，也兼谈作品内容，既品评得失，又兼及版本事宜"，并引《王昌龄诗集》提要为例。其实这段"精详"的提要大都采自晁公武《郡斋读书志》和陈振孙《直斋书录解题》，是编而不是撰，学术性稍逊一等。《善本书室藏书志》在编写著录格式上有些创意，但并不怎么重要。版本著录体例尚欠缜密谨严。比如藩府刊本一般都予明确著录，但楚藩刊《丁鹤年集》却含混地著录作明刊本。所以，《善本书室藏书志》的目录价值主要是因为它汇集了较丰富的材料来反映丁丙珍贵藏书的基本特征，从书目编纂方法和学术研究成果方面来衡量，算不得什么"书目中惊人之秘笈"。

《善本书室藏书志》之所以最终以这样的面目问世，与编志时间仓促不无关系。试想在仅半年左右的时间里，写成二千六百余部书录解题，"辰集西散，日撰解题二十部"。如此进度，凡有编目体验的人都会明白，这样的"急就篇"能组织起丰富的材料，并要而不繁地摘引节录，已属不易，要想进一步深入是不可能的。

对目录学、版本学研究影响较大的倒反而是丁丙在《善本书室藏书志跋》里提出的四条善本标准。台湾著名目录版本学家昌彼得说："这一善本标准一直沿用到民国初年。1933 年，国立北平图书馆出版的善本书目即依照此标准，并又编印《善本书目乙编》，以著录明万历以后的刻本及清初所刻而较罕见的版本。1947年江苏省国学图书馆出版的书目，在书名下分别注明甲或乙或不注。注甲字是依丁丙的善本标准，注乙字者则与《北平图书馆善目乙编》的标准略同，不注者是普通本。1956 年台湾中央图书馆出版的善本书目，亦沿其例分成甲、乙两编。到了 1968 年，台湾所出版的各大图书馆藏善本联合目录所采的标准又降低了一些，不再分为甲乙，凡是明亡一六四四年以前的刻本皆列入善本，再加上清初所刻而传世较少的版本。"新中国成立以后，大陆各大图书馆的善本书目也基本如此。因编纂《全国古籍善本书目录》而引发的对善本涵义的学术讨论，众说纷纭而暂归一是，丁丙的标准仍是其理论基础。从这一意义上讲，刊载四条善本标准的丁丙《〈善本书室藏书志〉跋》和按此标准选编的《善本书室藏书志》，在清代目录学史上的作用和地位，就万万不能低估了。

五、《八千卷楼书目》概述

《八千卷楼书目》是丁申、丁丙的藏书总目。关于这部书目的编纂者，各种书目著录不一，有题丁丙，有题丁立中，还有题丁仁的。按孙峻《〈八千卷楼书目〉序》说，是丁丙"编目二十卷，命和甫孝廉录之"。但罗矩《〈八千卷楼书目〉序》的说法是丁丙"命哲嗣和甫孝廉编纂书目"。因此暂以丁丙、丁立中同为编者。

《八千卷楼书目》二十卷，收录了包括八千卷楼、小八千卷楼和后八千卷楼在内的一万五千余种藏书，按《四库总目》分类编次。它以一种书立目，而不是以一种版本立目，和《孙氏祠堂书目》一样。即在著录一书之书名、卷数、作者之下，具列该书的各种藏本，包括丛书本。如《荀子》下著录明虞九章刊本、世德堂刊本、《十子全书》本、《古逸丛书》本、日本翻宋台州本、浙局刊本、《子书百种》本、思贤讲舍刊本等。但没有《孙氏祠堂书目》著录得细致，诸如同书异本在卷数、作者题名等方面的差异，都没有很好反映。它采用错格著录的方式，如《善本书室藏书志》一样，即顶格著录《四库总目》已收之书，低一格著录《四库存目》收入之书，低二格著录四库未收之书。这固然是与丁氏昆仲分库庋藏的内容相配合，倒也给阅读、检索者分辨四库已收未收之书带来了方便。

《八千卷楼书目》是无解题的藏书简目，成书晚于《善本书室藏书志》，学术参考价值也不如《藏书志》。它的主要作用是帮助后人了解丁氏昆仲的收藏。今人文章或以为它"考据精确，鉴别分明"，差如无的放矢的空泛之论。更不宜把它作为丁丙目录著作的代表而放在《善本书室藏书志》之前。

《善本书室藏书志》只有光绪二十七年（1901）丁氏自刊本一种版本，印数不多。《八千卷楼书目》于民国十二年（1923）由丁仁以仿宋聚珍版印行。那时八千卷楼藏书已易置金陵，丁仁印行此目是为了让后世知道丁氏先祖在藏书史上写下的光辉一页："日月不居，星霜十易，书虽亡而目尚存，不及此而梓之，必澌灭而不传也。"

《日本访书志》和《观海堂藏书目》

一、杨守敬及其日本访书活动

杨守敬，字惺吾，号邻苏，生于道光十九年（1839），卒于民国四年（1915），湖北宜都人。同治元年（1862）中举，后会试屡屡落榜，遂潜心研学，不思仕进。光绪五年（1879），应驻日公使何如璋之邀，东渡扶桑，任公使随员。后黎庶昌继任公使，杨守敬也履此职。旅日期间，孜孜搜求日藏汉籍珍善秘本。光绪十年（1884）卸任回国，退隐乡里数年。后复出应聘两湖书院地理教习、勤成学堂总教长等职。辛亥革命后，避居沪上。民国三年（1914），受袁世凯聘，出任参政院参政。越年而卒。

杨守敬治学富有建树，著述齐身。他以《水经注疏》、《历代舆地图》、《汉书地理志补校》、《隋书地理志考证》等专著，奠定了一代史地大家的学术地位。罗振玉曾评述杨守敬的地理学，王念孙、段玉裁的小学和李善兰的算学，是清代三大"绝学"。杨守敬还精擅金石碑帖、版刻目录之学，对书艺理论也颇有造诣，在清末藏书家中也属上流。这方面的著述有《集帖目录》、《续补寰宇访碑录》、《望堂金石》、《藏书绝句》、《汇刻举要》、《书学迩言》等。王重民编有《杨惺吾先生著述考》。

　　驻外公使随员，本是微不足道的吏职，然而身为学者的杨守敬却藉此良机做成了一桩前无古人、后启来者的好事情——海外访书，并完成了一部震动学术界的目录大著——《日本访书志》。

　　古代典籍是中华文明对外传播的主要载体。汉籍是古代汉字文化圈诸国的共同文化财富。至少在公元六世纪末，汉籍就传入了日本列岛。日人藤原佐世撰《日本国见在书目录》著录隋唐时代传入日本的汉籍数量，相当于两《唐志》著录书籍的一半。据日本《江户时代唐船舶载书籍的研究》附索引统计，江户时代从长崎传入的书籍多达七千八百九十三种。由于扶桑之国气候宜人，少霉烂蠹蚀之虞，贵族、寺院严护有法，而汉籍的故乡却兵燹频生，书厄接踵，以致许多中华古籍竟成飘零异邦的绝版孤魂。特别是那些隋唐时代传去的古钞本，以及源自古本的日本抄本、刻本，其版本价值之珍贵，可谓无与伦比。清初，日本学者山井鼎据足利学藏活字本，著成《七经孟子考文》一书，传入中国，令乾嘉考据家们惊羡不已。十九世纪初，日人林述斋编刊《佚存丛书》十七种，其中十种被阮元采入《四库全书未收书目》。清代藏书家、目录学家们对日藏汉籍的价值，认识逐步加深，只是渡洋访书的时机未到而已。而这个机会终于被钟爱并深谙治书之道的杨守敬抓到了。

　　杨守敬旅日之时，正值明治维新之际。西风东渐，以中华文明为根底的日本传统文化结构剧烈震荡，"举国士大夫弃古书如敝屣"。这无疑给了杨守敬搜访古书的天赐良机。但这并不等于说访书乃轻易之举，其间曲折艰辛，在《日本访书志》里备有记载。杨守敬访求古书一般有两种途径。一是书市交易，"日游于市，板已毁者，莫不购之，其不可以金币得者，则以所携汉魏六朝碑板交易之"。"当时宋本书流传彼国最多，触目皆是"，而日本人历来重古本轻宋元以下刻本，所以杨守敬的交易多能得手。途径之二，是通过书友中介，索骥于各公私藏书处。比如《经籍访古志》作者森立之，熟悉国内收藏情况，《经籍访古志》收编日本国内六十多家藏书处收藏的汉籍善本六百五十四种，是当时最完善的日藏汉籍目录。杨守敬既与森立之相交，乃假志寻索，如鱼得水，事半而功倍。他还结识了枫山官库书记官巖谷修，为观赏抄录该库珍善古本大开方便之门。又结识了著名医官兼藏书家小岛学古，得以一睹其珍藏古医书的真面。就这样不断扩大收访的线索和范围，结果获见连《经籍访古志》都未著录的汉籍善本数百种。他费尽心机购获的南宋三山黄唐刻本《尚书注疏》是最早一部《尚书》注疏合刻本，在《日本访书志》里，杨守敬这样记着："余至日本，竭力搜访，久之，乃闻在西京大阪收藏家。余嘱书估信致求之，往返数四，议价不成。及差满归国，道出神户，迺亲乘轮车至大阪物色之。其人仍居奇不肯售。余以为日本古籍有所见，志在必得，况此宋椠经书为海内孤本，交臂失之，留此遗憾。幸归装尚有余金，乃破悭得之。携书归时，同行者方诧余独自入大阪，及携书归舟，把玩不置，莫不窃笑癖而痴，而余不顾也。"所以，若没有对祖国民族历史文献的癖好和痴心，即有天赐良机，也难能作为。

访书是藏书家一种具有学术考察意义的活动，决不是一般想象中买书那样微不足道的事。杨守敬日本访书活动更有重大意义。傅增湘说："昔邻苏老人随轺江户，究心经籍，由是访书之志、留真之谱作焉。"除编撰《日本访书志》，辑刻《留真谱》外，还襄助黎庶昌辑刊《古逸丛书》，并购回或抄录了三万多卷古籍善本，其中许多是中国久佚的珍罕版本。这还仅仅是具体的收获和成果，而其影响所在，远不止此。首先，汉籍在日本的流播，自唐以后，主要靠商人交易，交流的深度和层次受到限制。是杨守敬开了近代学者海外访书活动的先河，沟通了日本藏书界文献信息交流的渠道，拓宽了中国文献研究的视角和范围，并打通了中外学者学术交流的新领域。继其踵迹，张元济、傅增湘、董康等先后东渡日本访书，罗振玉、向达、王重民等远涉重洋，访书英、法、加、美。他们的访书活动及其学术成果，构成近代中国古典文献学研究的一个很有光彩的部分。不仅如此，杨守敬访书活动也刺激了日本的文化学术界。他在《日本访书志》中记述说："余之初来也，书肆于旧版尚不甚珍重。及余购求不已，其国之好事者，遂亦往往出重值而争购之。于是旧本日稀，书估得一嘉靖本，亦视为秘籍，而余力竭矣。然以余一人好尚之笃，使彼国已弃之肉，复登于俎，自今以往，谅不至拉杂而摧烧之矣。则彼之视为奇货，固余所厚望也。"让中国古代典籍的珍贵文化价值引起世界的重视，其意义无疑是巨大的。数十年后，皕宋楼珍藏秘籍悉载东瀛，岛田翰抑制不住报复的欣喜之情说："昔黎莼斋驻节吾都，与宜都杨君惺吾购求古本，一时为之都市一空，数穷必复。"这当然是杨守敬所始料不及的。

二、《日本访书志》的编撰缘起

杨守敬《〈日本访书志〉自序》述其编志经过，曰："每得一书，即略为考其原委，别纸记之。久之，得廿余册，拟归后与同人互相考证，为之提要。暨归，赴黄冈教官任，同好者绝无其人，此稿遂束高阁。而远方妮古之士，尝以书来索观其目，因检旧稿，涂乙不易辨。时守敬又就馆省垣，原书多藏黄洲，未能一一整理，乃先以字画清晰者付书手录之，厘为十六卷。见闻之疏陋，体例之舛错，皆所不免。又其中不尽罕见之书，而惊人秘籍尚多未录出者，良以精力衰颓，襄助无人，致斯缺憾。倘天假之年，或当并出所得异本，尽以告世人也。"自序把《访书志》的编纂原委和经过说得很明白，但检其书志，似乎还有些问题该说得更明白些。

其一，各书目所载《日本访书志》，都著录作光绪二十三年（1897）宜都杨氏刻本，盖根据该本内封页有"光绪丁酉邻苏园开雕"长方牌记。但细察该本各卷书页字体很不统一，而且多有同一篇解题却空隔数行，另换版面的现象，是此书之成，非一时之事。又杨守敬自序落款年月在光绪辛丑，可知《日本访书志》于光绪二十三年开雕，于光绪二十七年（1901）告竣。其二，《日本访书志》各篇解题大多不记撰写年月。偶有记年月者，大致在光绪壬午、癸未、甲申、乙酉这几年，即光绪八年（1882）至光绪十一年（1885）间，这正是杨守敬在日本的最后三年和回国后一年。另有几篇撰写更晚，如宋刻《脉经》解题撰于光绪十九年（1893），《外台秘要方》解题撰于光绪二十三年（1897）。又《尚书正义》解题末记曰："丙戌（光绪十二年，1886）又携入都，以付德化李木斋。"《尚书注疏》解题中曰："今归南皮张制府。"《孟浩然诗集》解题曰："元禄庚午刻本。余归后，闻黄尧圃所藏宋本尚存吴中，则此本未足奇也。"这些显然是光绪十二年以后补入的。至于绝大多数不记撰写年月的解题，根据杨守敬自序和《日本访书志》版本的具体情况考察，基本上可以认定是在日本访书时即得即记的。

因此，《日本访书志》原稿初成于杨守敬离开日本回到中国之时，以后稍有修补增订，于光绪二十三年付梓，光绪二十五年印成问世。这部杨氏自刻本是《日本访书志》的唯一版本，可惜该本文字舛讹甚夥。

三、《日本访书志》的收书特点和目录性质

《日本访书志》十六卷。卷一至四经部，收书六十二种；卷五至六史部，收书二十四种；卷七至十一子部，收书七十三种；卷十二至十四集部，收书五十五种；卷十五佛经；卷十六补遗，收书十二种。共收书（不含佛经）二百二十六种。

所收图书中宋刻本约三十七种，元刻本二十七种，明刻本五十五种，影宋抄本十四种，旧抄本二十种，古钞本二十六种，日本刊本抄本约三十五种，朝鲜刻本十六种，名家批校本数种。其中属海内孤本的有宋三山黄唐刻《尚书注疏》、南宋临安府棚北大街陈宅书籍铺刻《李推官披沙集》、北宋天圣本《齐民要术》残稿、宋刻《史略》等。又如古钞卷子本《春秋左传集解》，被森立之《经籍访古志》誉为"日本惊人秘笈第一，是六朝之遗，非唐宋本所得比数"。日本影写古钞本《贞观政要》，与通行的戈直注本颇多异文。有不少图书收录了多种异本。如《大广益会玉篇》收录北宋刊本、元翠岩精舍刊本及其他元刊三种、明刊一种。《尔雅》收录了影钞蜀大字本、重翻北宋本、元注疏合刻本、明景泰七年刻本。《广韵》收录了北宋刻本、宋刻本及元刻三种、明刻二种。《贞

观政要》收录了古钞本、影抄文化六年刊本、影旧抄本、旧抄本和文政元年阿波介、藤原以文用日藏诸古本与戈直注本的合校本。《脉经》收录了宋刊、影元抄、明刊本各一种。《文选》有古钞卷子本二种、宋刻李善注本一种。

《日本访书志》收录小学、医书和总集最多。经部书共四卷，小学类著作尽占两卷，种数超出其他各种经学类著作。子部书共五卷，医书也占两卷，尤多古本、宋刻。如影宋抄卷子改折本《黄帝内经太素》、卷子本《黄帝明堂》、宋刊《本草衍义》、影北宋本《伤寒论》、影北宋本《外台秘要方》、南宋嘉定何氏刻本《脉经》等。由于"汉方医"（中医）在古代日本生活中具有重要意义，所以无论皇家贵族还是民间私人，都很重视搜集收藏汉籍医书。因此医书成了《日本访书志》最丰硕的部分。其中杨守敬得自小岛学古家的最多。集部书共三卷，总集又占两卷。其中《文馆词林》十四卷比林述斋《逸存丛书》本溢出十卷，而林氏四卷本当初传入中国，已被"中土惊为秘笈"。

《日本访书志》还收录了不少日本学者的汉籍整理研究著作，如空海撰《篆隶万象名义》、《文镜秘府论》，僧昌住撰《新撰字镜》，村上天皇子具平亲王撰《弘决外典钞》，沙门信瑞撰《净土三部经音义》等等。再举《医心方》为例，这是一部由中国血统的著名医师丹波康赖编集的长达三十卷的医学概要，摘录流传于日本的中国古医书几百种，"有但见于《隋志》者，有不见于《隋》《唐》《宋志》，但见于其国《见在书目》者，亦有独见于此书所引，不见于著录家者"。《医心方》编成于公元984年（日本永观二年、北宋雍熙元年），在其后数世纪的漫长岁月里，一直靠钞本传世，直至公元1854年（日本安政元年、清咸丰四年），才由一位供职幕府将军后宫的医师多纪元坚，根据卷子本模刻印行。丹波康赖是个认真谨慎的学者，择摘章节段落文字完全按购自中国的原本，即使明显讹脱和重出之文也不改动，而是用眉注说明讹误之处，保存了唐代原本的所有特点，"即为常见之书而所见之本大异"。因此《医心方》具有很高的佚存文献价值。现代荷兰汉学家高罗佩的著名学术著作《中国古代房内考》，就大量参考该书摘引的古代房中书、医书、相书和医方等，这些书至今大多已无处可寻。

由此可见《日本访书志》虽然"不尽罕见之书"，但确也够得上善本书目了。

《日本访书志》中收录的古籍善本书绝大部分属杨守敬藏书。少数非其所藏的，有代黎庶昌辑刊《古逸丛书》而搜购。黎庶昌继何如璋、许景澄出任驻日公使，也发现日藏汉籍的惊人价值，遂生影刊《古逸丛书》之念，并嘱守敬亟力搜访。志中凡注明"刻入《古逸丛书》"的书籍，多数是黎庶昌的藏本。还有替黎的女婿张沆购买的影宋本《尚书释音》等。另外，《访书志》记录的对象都是在日本所见的原本，而实际上他并没有全部把这些访见之书带回来，有些只是影抄或抄录而已。所以，严格地说，《日本访书志》是经眼录、知见目录。但因为毕竟绝大部分还是杨守敬的藏书，所以仍可以用作他的藏书目录。

四、《日本访书志》的解题特点和目录价值

《日本访书志》每书各篇，皆"略为考其原委"。这"略考原委"就是解题。所以《日本访书志》是一部有解题的善本书目。

　　《日本访书志》解题的特点是重在版本考订。先是注记版本形式特征，对国内久佚、仅存日本的版本记录尤详。而后视各书具体情况考其原委，内容各有侧重不同，大致可析为以下几个方面：

　　（一）考订版刻源流。如明宗文堂刻本《初学记》，解题详述《初学记》的明嘉靖九洲书屋本、安氏桂坡馆本、晋藩本、万历徐守铭本、陈大科本、虎林沈宗培本及古香斋本之间的源流关系。

　　（二）校比文字篇目异同。如古钞本《贞观政要》，解题将之与戈直注本详作比勘，别为校记附后。他如元刻《论语注疏》、明刊《太平广记》等，勘校异文的篇幅都较大，不像一般目录解题只举一二例子。

　　（三）辨正《四库全书总目提要》或森立之《经籍访古志》在著录或考订上的失误。如古钞本《徐状元补注蒙求》解题即是。如影北宋本《伤寒论》题曰："日本著录家皆以赵开美本为最古，而此本尚存其国，未见甄异。"

　　（四）考述该本在日本的藏弆源流，略述自己获见该本的经过，评说该本的特殊价值。如宋刊《本草衍义》解题指出："有明一代，遂无刊本，而四库不得著录，此当急为流布者也。"

　　（五）载录珍罕版本的原书序跋或其他文献资料。如《医心方》解题载录多纪元昕、多纪元佶序。倭版《中庸章句》摘录朱子跋。宋椠《方舆胜览》摘录两浙转运司禁绝翻版的"告白"。有些甚至不嫌其烦地罗列藏本细目，如《冥报记》附列辑本增补条目。古钞佛经列目的更多。

　　（六）对一些少见之书，解题也作内容提要。如朝鲜刻本《朝鲜国大典通约》。或提示该书作用价值。如朝鲜刻本《东国史略》解题曰："方今朝鲜为我外藩最要之区域，俄人俯瞰于北，日本垂涎于东，英法各国又皆与之互市立约，几成蜂涌之势，则欲保我边陲，尤宜详其立国本末，而资我筹策。"

《日本访书志》属藏书志体例，但不像《爱日精庐藏书志》那般载录详而题记略，"考其原委"要比载录资料更为突出。各篇长短不一，长则有十八页之多，短的仅半页纸。所以，它的风格较近乎读书题跋记。

杨守敬考订版本原委有不少值得取鉴的精到之论，但也有失误或不周到的地方。这主要是因为他旅日在外，行箧藏书有限，缺少更多的异本比勘参证的缘故，也因为这是他"每得一书，略为考其原委"的急就篇。杨守敬心里明白，所以回国后并不急于出书，而是准备找同好切磋考订，再作提要。但事与愿违，结果还是基本上以原稿付梓，留下缺憾。然而这并不能掩去《日本访书志》的学术价值。

《日本访书志》的目录价值当首先在于它翔实可靠地反映了杨守敬在日本访见并购藏或抄藏的一大批珍贵古籍版本，后来藏家转获其中一二部，即惊喜不已，供为镇库之宝。这些版本大多流存至今，《日本访书志》仍不失其查考的功用。其次，《访书志》第一次以中国学者的眼光，反映了日藏汉籍的历史和现状，并反映了作者的访书历程，是最集中反映杨守敬日本访书活动的历史文献。我们在前文已叙述了这次访书活动的重要学术意义和影响，因此其书的文献意义和价值可不言而喻。其三，《日本访书志》的编制形式犹如知见目录，而且是第一部以海外藏汉籍为著录对象的知见目录，它的解题内容要比莫友芝《宋元旧本经眼录》、《邵亭传本知见录》更翔尽充实，对这一目录体制的发展不无影响。

五、《观海堂书目》和《日本访书志补》

杨守敬访日归来，其藏书连同"少壮入都，日游市上，节衣缩食而得"者，已号称"藏书数十万卷，海内孤本，迹逾万卷"，俨然清末一大藏书家，书楼名"观海堂"。守敬晚年，善本书藏已稍有售让。及民国四年（1915），守敬既殁，遗书之大宗被北洋政府以三万五千元之价买下。民国八年（1919），徐世昌总统拨其部分书交松坡图书馆收藏，善本则多储于集灵囿。民国十五年（1926），这些书移归故宫博物院图书馆，庋架大高殿，即故宫博物院图书馆分馆。民国十八年（1929），又易藏寿安宫，专室守护，公开阅览。民国二十八年（1939），守敬子勉之把售余的通行本六千零九十三册、图八十幅出让给湖北省图书馆。

杨守敬是否为观海堂藏书编过书目，不得而知。但书归公馆后，故宫博物院图书馆曾为之编制过两本书目。一本是《大高殿所藏观海堂书目》不分卷，民国十五年（1926）油印本。书目著录书名、作者、卷数、册数、版本、备考等项，按四库法分类排次，首增"十三经汇刻"，末添"丛书"类。另一种民国二十一年（1932）铅印本《故宫所藏观海堂书目》四卷，是书移寿安宫后，由故宫博物院图书馆馆员何澄一编撰的。何依杨原题著录版本，并书名、撰者、卷册数诸项，以四部为次，丛书附末，与前一部书目无大异。但它比前目有用之处在于目后附有何澄一撰《各书版本改正表》，订正原题版本之失考，诚为可贵。也是使用、研究《日本访书志》应该备用的参考之书，可惜少有人知。这两部是正式的杨守敬藏书目，但却是后人编撰的，影响及价值远不及《日本访书志》。

　　民国十五年（1926），王重民任职故宫博物院图书馆，得以目睹杨氏观海堂遗书，并以邻苏老人抱憾"惊人秘笈尚多未录出者"为念，就杨氏批本逐录序跋，参之他书，复以数年之力，辑成《日本访书志补》不分卷，初载《图书馆学季刊》，民国十九年（1930）由中华图书馆协会铅印出版，收入《中华图书馆协会丛书》第三种。《补志》收录杨志图书四十六种，其中经书十七种，史书六种，子书十二种，集部书十一种。所题版本有古钞卷子本、日本影古钞本、日本古写本、影日本旧写本、宋元明刊本、影抄宋本、日本刊本、《古逸丛书》校本、小岛学古校本，以及武英殿聚珍本、《稗海》本等。这些版本多半已见著于《日本访书志》，王重民《补志》乃辑其未收的藏书题记。这些题记或写于光绪癸未、甲寅年访日之时，但更多是光绪十四年、十六年、十九年，乃至民国元年，在上海寓庐撰题的。所以题记中常有杨守敬晚年对《日本访书志》解题的修正或补充考订。今后重印《日本访书志》，自当附入王重民的《补志》和何澄一的《改正表》。

《群碧楼书目初编》、《群碧楼善本书录》和《寒瘦山房鬻存善本书目》

一、邓邦述及其群碧楼藏书始末

　　群碧楼主人邓邦述是光绪末年新冒出的书林豪客。邦述字孝先，号正闇，江苏江宁人，生于同治七年（1868），卒于民国二十八年（1939）。邓的曾祖父就是当年协同林则徐禁烟、抗击英军而赫赫有名的邓廷桢。祖父邓尔咸，安徽候补知县。父邓嘉缜，官襄阳、锦州、奉天等地知府。邓邦述光绪二十四年（1898）登戊戌科进士，与傅沅叔同年，同选庶吉士，授翰林院编修。后入端方幕府，是端方派往欧美诸国考察宪政的诸大臣之一。归国后放外官吉林省交涉司使。宣统二年（1910）晋升吉林民政司使，官从二品。民国元年（1911），一度出任东三省盐运使。旋去职，改应赵尔巽聘为清史馆纂修，与修太祖至世宗五朝本纪。民国七年（1918）出选江苏省参议员，参加过"安福会"。民国十年以后潜居吴县，直至终年。

邓邦述自述藏书缘起曰："余年二十二，始就婚于虞山，外舅能静赵先生筑天放楼，藏书数万卷，得读未见之籍，然于宋元版本，懵然未之觉也。年三十一，通籍翰林，佣书于外，不足以饩家。及光绪辛丑，入浭阳尚书幕中，尚书收藏金石书画甚富，始稍稍知考订鉴别之学。间及书籍，而余修脯日赆。甲辰居吴门，罄所入之余，尽以买书，然其时虽贫，犹无债也。明年乙巳，遍游环球。又明年，归居京师，始收宋、元、抄本。居京师不足一年，积书万余卷。厂肆书贾，云集响应，昕夕候于门者常十数人。遇善本，往往出善价不吝，每用以自豪。"可见邓邦述藏书并无祖基，是端方"匋斋"中金石古籍启发了他效法的志趣，从而在人到中年的三十七岁之后，倾囊购书，数年之内，积为大家，称豪书林。邓邦述书楼初名"双沤居"。光绪三十二年（1906）由欧美考察返回，途经上海时由吴中书友柳蓉邨代为觅得黄丕烈士礼居旧藏宋本《李群玉诗集》、《碧云集》。又受黄丕烈"碧云群玉之居"印章的启示，改名藏书处为"群碧楼"，并由此起端，开始了对宋元旧本的重点收藏。

和许多清末藏书家的命运一般，邓邦述藏书，聚成也速，散佚也速。辛亥首义，断送了才踏上青云之路的邓邦述的锦绣前程，断绝了他的财源。"不一年，辟居津门，几无以为活，乃举宋本七八种出以易米"。事实上，邓邦述履职东北时大购其书是负债欠款的。他自述曰："自丁未迄今，虽官于外，书友访余者空谷足音，连岁不绝，而债负满前。"否则，不至于一旦丢官就窘迫到"几无以为活"的地步。所以，正如他自己说的，"昔者借债以买书，今且将鬻书以偿债"。从那以后，他"收书之兴于是乎大衰"。不过鬻书同时，"见有善本，亦稍稍搜集"。但"宋刻日昂，视同辈插架日富，余乃日瑟缩而不敢问津"。只得降其次收置明刊佳本，以"不必宋椠名抄然后足餍欲望"之类的话，来聊以自慰。民国十一年（1922）夏，邓邦述"以长安居大不易，幡然归吴中"。数年之后，竟潦倒落魄到"家无余财"、"逋负山积，遂不克举火"的地步。民国十六年（1927）春，无奈"茹痛持一单向人求鬻，既不欲付诸海外，且无人为我张目"。幸亏由蔡元培出面斡旋，为中央研究院以五万元之价购得大部分善本精刊。及抗战前，邓余下的藏书又被杭州"九峰旧庐"主人王体仁购去一批。邓故世后，遗留的图书于民国二十九年（1940）被中央图书馆派员在上海秘密悉数收购，总计约一千一百余部，一万五六千册。邓氏群碧楼自始及终不足二十年。伦明《辛亥以来藏书纪事诗》咏邓邦述曰："半生仕宦为书穷，可奈书随债俱空。"

群碧楼藏书虽然聚散匆匆，但幸而不像海源阁那样屡遭兵匪糟蹋，也没有重蹈皕宋楼的覆辙。邓邦述生前身后整批售与的藏主都是公家图书馆，经过沧海桑田之变迁，至今妥好保存在台湾地区，虽有海峡阻隔，毕竟留在了中国人的手里。大陆学人遥望海天，暂难见邓氏旧藏珍籍真容。而邓邦述在书散之前就编订了一系列的藏书目录，使求知者尚能管窥其瑰。

二、《群碧楼书目初编》
的编纂由起、收书特点和编例

　　邓邦述编的第一部目录是光绪三十二年（1906）手写的《双沤

居藏书目初编》。这时邓还没有开始大规模收觅宋元旧本，书目收书总计不过五百多部，宋元本寥寥十二部，清刊本都包括在内。其版本情况与以后几部书目难以匹比。且其体例统收清刊近刊，说明他当时还没有形成宗遵王、荛圃，专嗜旧本的藏书思想。所以《双沤居藏书目初编》并不重要。

《群碧楼书目初编》九卷，编订于宣统三年（1911）六月，时距邓邦述解职不到半年。虽然那时他还身为民牧，但岌岌可危的预感已布置胸中。编纂书目的初衷即缘于彼时彼地的心境。邓在书目自序中曰："所以写此目者有三惧焉。新学大昌，典籍渐废，秘书旧本不惟读者日稀，且恐知者复罕，不为表章，则秦火虽熄，仍同灭亡，此一惧也。中学西渐，欧美之人虽不辨之无，而独喜蒐讨，硕宋遗籍转入东瀛，敦煌坠简复非吾有，后之学者欲抱残守缺，亦云难矣，此二惧也。家本寒素，世袭清德，虽为民牧，时念山林，然而买山无资，楼如虚构，谹台累筑，贫无所归，昔者借债以买书，今且将鬻书以偿债，及身而散，恐遂不逮子孙，此三惧也。"当时形势确如其言，其他私藏之家也大都怀有同样的忧虑之心，不过邓邦述正处在转入逆境的道口，心情格外凄凉而已。所以他急于"草写一群碧楼藏目付印，聊以备检查也"，一旦失去辛苦搜罗的珍藏，还能留下一份索骥的文征。

《群碧楼书目初编》是一部善本书目，凡收录宋本八百一十六卷，元本二千七百四十三卷，抄本五千三百三十八卷，明本一万五千四百八十八卷，批校本八百四十九卷，总计二万四千九百六十四卷。按宋元明抄校稿版本类别部居各书。邓邦述属收藏、鉴赏一派藏书家，"自比于遵王、荛圃"，自嘲有骨董家习气。当然，他是自我欣赏的。所以他编写《群碧楼书目初编》不入通行之本，甚至连清刻也不收。除宋元古刻以外，《群碧楼书目初编》收录的明本也相当精彩，他收明刊限止嘉靖，收嘉靖本一百五十种左右，号称"百靖斋"。清末民初藏书家俱珍重嘉靖刊本，如陶湘、吴梅、邓邦述三人，都以搜集百部嘉靖本为目标，结果陶湘"百嘉室"超出两百，居首位，邓则次后。《书目初编》特辟嘉靖刊本专卷，过去书目很少见及。书目收录的抄校稿本中，也有不少令人惊羡的好东西。如明抄中的穴砚斋抄本唐宋笔记小说，是该类书籍传本中较早的善本，具有较高的版本校勘价值。如稿本中的陈鳣《三家诗拾遗》、黄宗羲《宋儒学案》等。清名家抄本有钱谦益、季振宜相继抄辑的《全唐诗》，孔继涵抄校本《旧五代史》等。从图书内容来看，《群碧楼书目初编》著录之书以史、集两部分居多。

《群碧楼书目初编》仅著录书名、作者、卷数、册数、版本等基本情况，不及考订解题。目中虽附有"书衣杂识"若干篇，即藏书题识，但仅占很少比例。因此从整体上看，它还是一部简目。另外《群碧楼书目初编》编订于书楼鼎盛之时，乃某阶段的藏书总目。邓邦述藏书进进出出，欲知其一生经手何许，则须合观另两部书目。

三、《群碧楼善本书录》和
《寒瘦山房鬻存善本书目》概述

《群碧楼善本书录》是1927年邓邦述为出售给中央图书馆的

那批最精善的图书版本所编的目录。为什么要编这样一部书目呢？邓邦述自序曰："书非吾有，必印此目者，以目经手写而书衣杂识日积月多，并录于各目之次，不欲废此编校之勤，期与世之好古君子一证其得失也。"所以《书录》是一部藏书志体裁的目录。

邓邦述是个鉴赏派藏书家，群碧楼藏珍善之本很多留有他的手校手识。据《台湾公藏善本书目人名索引》载，凡有邓校跋题记的书籍计一百八十八部。邓服膺黄荛翁，题跋中小诗曰："群碧当年率一楼，复翁题字足千秋。藏家海内尊荛圃，不数前人记敏求"。故其跋记书尾与黄跋风格一致，大都是品评版刻优劣，鉴别版本时代真伪，记述藏弆源流，得书经过，及书林中遗闻佚事。据邓自述，他再编善本书录的目的，主要是想把自己积年治书之心得保存下来，公诸同好。也正因为增入这部分内容，便使书录的学术性高出书目初编。

《群碧楼善本书录》共六卷。卷一宋本、卷二元本、卷三明本（翻宋本及正德前刊本）、卷四明嘉靖本、卷五抄校本、卷六钞校本（集部）。共收书一万三千一百八卷，仅及《群碧楼书目初编》二万四千九百六十四卷之半，盖"鬻已过半矣"。但亦有《书目初编》所不及的地方，"若宋本则前目祇八百十六卷，尚有审定而剔除者，今目得九百五十九卷，又加增焉"。比如所藏宋本最著名的除《李群玉诗集》和《碧云集》外，《善本书录》多收了一部《唐李推官披沙集》，这部书当年杨守敬从日本携归故国，邓经傅增湘中介，从张元济处购获。这三部书都是唐人小集，又都是南宋临安府陈宅书籍铺刊印的"书棚本"中的珍品，在中国古代版刻史、出版史上具有典型意义和研究价值。而且三个作者都姓李，邓邦述曾别名藏书室曰"三李盦"，治藏书印曰"披玉云斋"。这三部宋刊精品，邓曾誓言"吾将抱此以没世"，但此时已无力承诺。《善本书录》所收书衣题识对此颇有记述。

邓邦述编完《群碧楼善本书录》后，又将其鬻剩之书中的部分精本，另编《寒瘦山房鬻存善本书目》七卷。寒瘦山房也是邓邦述藏书处的别名。邓藏明刊中有两部精本，一部是弘治刊的孟郊《孟东野诗集》，一部是明初刊的贾岛《贾浪仙长江集》，于是取"郊寒岛瘦"的典故，名藏书处曰"寒瘦山房"。《寒瘦山房鬻存善本书目》也按版本类别分卷排列。卷一宋本、元本、景宋抄本、景元抄本，卷二明刻本，卷三嘉靖刻本，卷四抄校本，卷五明抄本、名人手抄本，卷六名人手校本，卷七自校本。自校本中有邓邦述用力最勤的一部钱曾《读书敏求记》。他从光绪三十一年（1905）起，在所藏抄本上校以或借或购之异本，过录黄丕烈、劳权等诸名家批校，直到底本上"书眉纸缝，朱墨殆遍"。鬻存书目所收各书的邓邦述题识，亦随目而附。

《群碧楼善本书录》和《寒瘦山房鬻存善本书目》俱有民国十六年（1927）邓氏家刊本，但印数不多，今已少见。邓邦述的几种善本书目在目录体制等方面并无什么新的改进或发展。它们的学术意义和目录价值，主要在于反映了清末民初邓邦述一度珍藏的，而且至今犹存公馆的珍贵版本，以及书目所附"书衣笔识"反映的邓邦述版本学思想和方法。

《观古堂藏书目》和《郋园读书志》

一、叶德辉及其观古堂藏书

  《观古堂藏书目》和《郋园读书志》是清末藏书家叶德辉编撰的两部私藏目录。叶德辉，字奂彬，一作焕彬，号直山，一号郋园。生于清同治三年（1864），卒于民国十六年（1927）。叶氏奉宋代叶梦得为六世祖，"世家南阳，自宋南渡，迁越迁吴，号为望族"，太平天国时期徙至湖南长沙。光绪十八年（1892），叶德辉"成进士，以主事用，观政吏部"，旋辄以乞养告假归籍。自此至终的三四十年间，湖南一直是他研经治学、参政议政的舞台。当时，政治变革风云际会，岳麓湘水更处风暴中心。叶德辉政治上顽固保守，竭力维护封建帝制、孔孟道统，在戊戌维新、辛亥革命以及大革命运动中，都站在革命派和进步力量的对立面，终遭工农群众运动镇压。并由此以著名劣绅的"头衔"在中国近现代史上恶声远扬。但"其人固不足取，其学实有可传"。作为一个学者，叶德辉在经学、史学、文字学、版本目录校勘学等多方面都有很深的功力，成绩斐然，著述齐身，如《郋园论学书札》、《郋园小学四种》、《郋园诗文集》、《郋园山居文录》、《观古堂诗文集》

及《书林清话》等。他又以藏书名家、刻书著称，校刻书籍数十百种，多以行世，在保存、整理古籍方面自有不小的功绩。当然，叶德辉的学术活动和学术撰述，有不少部分与其政治立场、观点、态度相关，但也有较纯学术性的部分，有"不过如是"的平庸之作，也有颇可取值的精粹之说。

平心而论，在叶德辉广泛涉猎的学术领域及其所取得的成就中，唯以版本、目录学为多为重。如《书林清话》是我国第一部有系统的书史，是版本学的奠基之作，学界似已定论。他编纂校刊的《观古堂书目丛刻》，总汇宋、明、清历代官、私书目重要而罕传者十五种，在中国书目文献整理出版史上亦堪称空前之举，其实效至今犹存。《藏书十约》是他藏书活动的经验总结，不失为古代藏书楼发展史的一篇文献。《书目答问斠补》与《校正书目答问序》，则反映了他在版本目录学上的真知灼见，足为后人治学借鉴。除此之外，当然还有下文要重点评述的《观古堂藏书目》和《郋园读书志》两部重要的书目著述。叶德辉在版本目录学研究中的丰硕成果，得益于他的藏书活动和宏富收藏。谭卓垣《清代藏书楼发展史》评价《书林清话》时即称："他以自家的藏书和他同时的一些藏书家的藏书为基础进行研究，成功地叙述了中国雕版的历史、各代刻书的优劣以及关于图书的掌故。"

叶氏家道殷实，喜好收藏，"凡经籍、金石、书画、陶瓷、钱币，无不罗致"，以"赏鉴为人生第一乐事"。清季末世，叠更丧乱。江浙文物之会，图籍荡佚，板刻多毁，印本渐稀。叶德辉积半生心力，累万巨资，至辛亥时，插架已达卷十六万有奇，以重刻计之，在二十万卷之外，后十余年间又有扩弘。以此巨数，在当时藏书家中既属不易，亦为翘楚。叶氏藏书大抵有以下几个来源。一是先祖遗书，系其曾祖、祖父二世积聚，迁湘时携"楹书数巨箧"，中有乡先贤顾亭林、惠栋、钱大昕诸书，汲古阁刊经史、唐宋诗文集，及先祖宋人叶氏著述。虽卷帙不多，但叶氏"朝夕讽诵"，"摩挲手泽"，收藏之癖即由之而生。二是叶氏二度进京，于厂肆中搜访所得。尤以光绪十五、十六年（1889—1890）在京时，正值前朝藏家商丘宋兰挥纬萧草堂、曲阜孔继涵红榈书屋异本散出。叶氏先后觅得明活字本《太平御览》、万历重刻本《太平御览》、前后七子诗文集及康、雍诸老藏校善本诸书，共二十箱，捆载南归，所获甚大。三是光绪十二、十三年（1886—1887）间，湖南大藏书家袁漱六卧雪庐藏书散出，袁氏收藏宏富，其源盖出自阳湖孙星衍平津馆，仅《汉书》宋元刊本即多至十许部，余则可知。袁书善本多被李木斋收得，叶德辉则拾其残余，或抄或配，亦称可观。四是在他通籍乞假田居十数年内，得善化张氏藏书中的王士禛池北书库、马国翰玉函山房故物。庚子以后，又以己刻丛书与日本人易换日本影刻宋元本医书及卷子诸本，海内朋好或以家刻新书交易。

叶氏观古堂藏书有两大特点。其一，考究版本。但他对版本的搜讨，并不在嗜收宋元旧椠，而在于重视别本异本及时刻善本。他曾说自己所藏，"宋元本虽不多见，亦时有一脔之尝"，"宋本以北宋胶泥活字本《韦苏州集》、金刻《埤雅》、宋刻《南岳总胜集》、南宋刻陈玉父本《玉台新咏》为冠。元刻以敖继公《仪礼集说》、婺州本《荀子》、大德本绘图《列女传》、张伯颜本《文选》为冠"。这些与当时海内大家相比，自然如小巫之见大巫，且其中犹有疑而未确的版本。这既由当时藏书界的客观环境和他本人的客观条件所限——因为宋元旧本流传有绪，于当世皆已各有其主，坐拥者非遭重大变故，决不会轻易散出。而即有零落，凭叶德辉的财力，虽可称雄乡曲，也不必能一一罗致。同时，也取决于他对版本发展的认识。他认为："南宋人重北宋本，元明人重宋本，国朝收藏家并重元明本。旧刻愈稀，则近刻亦贵。犹之鉴赏书画，宣和二谱多收六朝唐人，《吴氏消夏记》《陶氏红豆树馆书画记》兼取近代，后之视今，犹今之视昔，理固然已。"故他收书的重点，一为明刻和清私家精校精刻本，"于宋元明抄外，尤好收国朝诸儒家塾精校精刊之本"。二为异本，"每得一书，必广求众本，考其异同，盖不如是不足以言考据也"。比如他在京师搜访"《皇清经解》中专本单行之书，颇有初印佳本"。在购置宋筠、孔继涵藏书时，以"力不能全有，择其目所缺载及刻有异同者购之"。由于叶德辉藏书有明确的版本观念，故其"明刻至多"，"旧刻孤本、名校集部，更不暇详举"。故其"重本、别本数倍于《四库》"，"别本、重本之多，往往为前此藏书家所未有"。此外，他以已刻丛书交易日本影刻宋元本医书及卷子诸本，也反映了他对版本价值的更深认识。叶德辉嗜求明清善刻与别本重本构成了他藏书的最大特色，也反映出他对版本研究的先人一步。所以，版本学的奠基之作《书林清话》出自其手，决非偶然。

观古堂藏书特点之二是有用书多，即注意书籍内容的可读性，而不仅仅取其版本价值。叶德辉在《藏书十约》"购置"中说："置书先经部，次史部，次丛书。经先《十三经》，史先《二十四史》，丛书先其种类多、校刻精者。"有人据此评价说，这"说明他藏书的标准，首先是政治标准，熟读经史，猎取功名，保持爵禄，维护名教是其藏书的基本目的"。此言虽不必无理，却未免偏激而执词过严。实际上，叶的这个观点正说明他是以读书为目的的藏书。

作为一个忠实的封建卫道士，读书自有其为政治服务的一面，但也不能皆归于政治。事实上，他虽以经史为先，却不唯经史为重。从《郋园读书志》著录看，经部书凡九十六种，史部书凡九十七种，子部书凡一百二十六种，而集部却有三百四十九种。用他弟子的话来说，是"凡四部要籍无不搜罗"，用他自己的话来说，是"不至有阅世借人之苦"。又比如，在他校刻的诸书中，对《元朝秘史》和《通历》两部史籍评价较高，这两本书虽不是叶氏所藏，但他展转借阅，检校刊印，也说明他对书籍的重视并不唯以政治为标准。正如谢国桢先生所说："论其人实无可取，然精于目录之学，能于正经正史之外，独具别裁，旁取史料，开后人治学之门径。"从以上两个特点不难看出，叶德辉藏书属于一种讲究版本的学者型的藏书。这既构成了他藏书的特点，也构成了他两部藏书目录《观古堂藏书目》和《郋园读书志》的基本特点。

二、《观古堂藏书目》的编纂特点

观古堂是叶德辉的藏书楼，在长沙洪家井寓宅内。叶德辉于目录之学，"终身好之而未有已"，尝谓："目录之学，不独扩增闻见，亦且阐扬幽潜。""薄录之学，所以考一代典籍之存亡，私家之藏，所以补一朝馆阁之阙略。譬如入五侯之厨，虽不得遍尝其鲭膳，而览其食谱，不犹愈于过屠门而大嚼乎。""不通目录，不知古书之存亡。不知古书之存亡，一切伪撰抄撮、张冠李戴之书杂然滥收，淆乱耳目。此目录之学所以必时时勤考也。"叶德辉如此重视书目，自然不会不对自己的私藏部居纲纪。从光绪二十七、二十八年起，叶德辉即开始对他颇具规模的藏书编撰目录，初定部类，成《观古堂藏书目录》四卷。这部初稿，叶德辉并不满意，据他所言："目录之学，分类至难，吾之为此聊以记录，不可示人也。"可知他对书目初稿的分类，尤为犯难，也可见他对编目的审慎。辛亥革命开始，叶德辉为躲避革命风暴而自省城迁至郊邑朱亭乡。他担忧"兵燹之后，书必散亡，书亡而目存，亦聊作前尘之梦影而已"，故而随身携带《观古堂藏书目录》重为编订，"以志一生精力之所注"。三四年间，目稿经数次更写，始告成。1916年，由其子启倬以活字排印。

《观古堂藏书目》虽然是叶德辉的私藏书目，但并不囊括他的所有，这不仅因为自稿成付印以后又年有续藏，还因为他另撰《郋园读书志》。故"此目于一切宋元刻本、名校旧抄，大半载而未尽"，但对"明以来精刻善本，则详录靡遗"。由于这部分书是观古堂收藏的重点和特色，所以书目虽不全，却亦具有了代表性。伦明《辛亥以来藏书纪事诗·叶德辉》说："自编《观古堂书目》，亦无甚佳本。"仅从宋元旧刻而作估论，未免有失偏颇。《观古堂藏书目》是一部简目，其可取之处在于对版本的著录比较详细，尤其是明清两代。故叶德辉自以为"此目可以补正张文襄《书目答问》之缺误，亦足备清史艺文志之史材"。叶德辉编定此目之前，曾花费大量精力对《书目答问》作补正工作，"手校张氏书目，至三四本之多"（据《郋园读书志》卷四著录有五本）。他对张目的虽录版本而不详，颇有訾议。认为："各书下注载原刻本或通行本，乃共同之辞，其书究为何时何人所刊行，不可知也。一注中偶载元号，又不记年月岁名，如明之嘉靖、万历皆享国四十余年，我朝康熙、乾隆皆享国六十余年。其中岁月有初、中、晚之殊，刻本有先后之别，今略而不具，使阅者摸索不得其详，亦一蔽也。凡国朝人著作及诗文集，有及身自刻者，有友人代刻者，有子孙汇刻者，故有单行本、丛书本之不同，目中多未分辨。至集部全不载刻本，或不知其卷之多少，亦似草草成书，随手滥写者，是可怪也。"因此，他在《观古堂藏书目》中对版本的分辨，较《书目答问》更为细缕明晰。又因《书目答问》是推举书目，版本以通行的近刻时刻为主，而《观古堂藏书目》也以清刻善本为大宗，故所以称其可补正缺误，并不为过。对清史艺文志也确有备作史材之功用。

　　《观古堂藏书目》的分类，也是叶德辉自以为得意的地方。有的评论说："他自称'分类与《四库》不同'，其实它的分类法基本上与《四库总目》、《书目答问》相似。经、史、子、集四大类，完全相同，只是在每大类内部的分类上略有增减，次序上略有变化而已。"其实，中国古代图书分类法自《隋书经籍志》确定经、史、子、集四部之后，就基本上是在这个大框架内求变化、求发展，变化发展的标志即是细类的增减和次序的更换。所以不能以此认为《观古堂藏书目》的分类是毫无价值的。《观古堂藏书目》分类的优点在于比较多地使用三级类目。辛亥时期是中国旧学发展的终极时期，学术发展的漫长渊源和纷繁流别产生了众多形式内容迥异的图书。目录的最高功用在于"考镜源流，辨章学术"，所以类目划分越细越合宜，越能体现它的功用。比如金石一类，《四库》辖目录类中，《书目答问》另列一类是为一种发展，《观古堂藏书目》又下分"目录"、"图像"、"文字"、"都会郡县志"、"考释"、"义例"等属，对各种类型的金石学著作书籍再作区分，当然也是一个发展。这一发展符合金石学的学术特点及其著作特点，对现代编纂古籍目录的分类仍有参考借鉴的作用。当然，它的分类法也有不少不合理的地方，这里就不一一剖陈了。从学术价值来看，叶德辉撰的另一部书目《郋园读书志》比《观古堂藏书目》更高。

三、《郋园读书志》的体例特点和学术价值

《郋园读书志》十六卷，是叶德辉藏书题跋记、读书笔记的集录总汇。其子启倬《〈观古堂藏书目〉跋》亦称之为"郋园藏书题跋记"。叶德辉藏书的目的是方便读书，他读书治学的方式之一是作题跋。他认为："凡读一书，必知作者意旨之所在。既知其意旨所在矣，如日久未之温习，则必依稀惝恍，日知而月忘。故余于所读之书，必于余幅笔记数语，或论本书之得失，或辨两刻之异同，故能刻骨铭心，对客澜翻不竭。""每得一书，必缀一跋，或校其文字异同，或述其版刻原委，无不纤细毕详。"题跋记、读书记作为一种特殊的目录形式体裁，至叶德辉时早已形成，并出现了不少体例内容俱佳的作品。叶德辉题跋作于藏书读书时，虽零散于各书卷尾，但辑录成书的构想早已有之。他尝谓弟子刘肇隅曰："宋晁公武《郡斋读书志》、陈振孙《直斋书录解题》，异日吾子为余汇辑成书，即可援其例也。"民国五年（1916），叶深虑藏书不保，贻书诸子侄，"属将书跋次第钞出，意谓藏书不幸不保，尚可留一影日"。由侄启鉴诠次，至民国十五年（1926）编定。民国十七年（1928）排印于上海澹园。

《郋园读书志》十六卷，依经、史、子、集四部分类。卷一、二为经部凡九十六种，卷三、四为史凡九十七种，卷五、六为子凡一百二十六种，卷七至十六是集部凡三百八十九种，总共七百

零八种。所志之书，近刻多而宋元少，以经部九十六种为例，其中题宋刻者二，元刻者二。这除了收藏的客观原因外，还因为叶德辉认为："各家题跋日记于宋元佳处已详尽靡遗，虽有收藏，无庸置论，惟明刻近刻他人所不措意者，宜亟亟为之表彰。"当然，这种看法早在乾嘉时代就已萌生，如专嗜宋元的黄丕烈到晚年也呼吁要重视对明刻的研究。到了清末民初，这种研究的发展态势愈发明朗，而且还理所当然地扩大到清前、中期的善刻佳本。仍以经部为例，版本多为明嘉、万刻本，清康、乾、嘉、道刻本，以及些许日本覆刻本和稿本。这些版本在当时也许不稀罕，但延至今日则太半是为善本。根据《郎园读书志》的这一特色，叶自称可为"他日续修四库全书之蓝本"。如果说"蓝本"未免溢美的话，说它可"补纪、阮二公提要之阙书"则不为过也。《郎园读书志》的这一特点是对嘉道以来传统的继承。叶启鉴为《读书志》作后序时说："宋元旧本愈久而愈不传，然则今日之士无宋元本即不读书乎？是不然矣。昔瞿中溶《古泉山馆题跋记》专载仿宋元精刻诸书。钱仪吉《曝书杂记》每得一书，不论刻本新旧，必有记述，论其得失源流，版行以来翻雕数四，海内藏书家藉以为时刻之考镜，而张文襄《书目答问》且列之于儒家考订书。此洪亮吉所谓考订家之藏书，既足方轨晁陈，亦与孙黄之书并行不悖。天下事后之视今，犹乎今之视昔，更阅三百年后宋元消灭，则此仿雕善本必将代兴，此可以理断者也。"

《郎园读书志》体例上的特点，以刘肇隅的话来说，即"体近述古《敏求记》，较多考证之资，例本甘泉《杂记》，兼寓抉择之意。""是固合考证、校雠、收藏、鉴赏为一家。"以他自己的话来说，是"或论其著述之指要，或考其抄刻之源流，记叙撰人时代、仕履及其成书之年月，著书之大略"，"或辨论一书之是非，与作者之得失"。简单地说，就是鉴赏、考订兼合并举。但就各篇来看，则因书因本而异，各有侧重。若宋董逌《广川书跋》明锡山秦氏雁里草堂抄本与明文氏玉兰堂藏抄本两跋，皆以"校"为重，取毛晋《津逮秘书》本校比，乃知"字迹虽似拙劣，审是据传本传迻"，文字胜毛本。后者详载名家印记十数方，藏弆有绪似属优善，但与秦抄一校，即知其谬误为毛本同。若阮元手辑稿本《三家诗稿》跋则以"鉴定"为重，详述其确定为阮元手稿的考订证据。若宋刊蝴蝶装本《逸周书王会解补注》跋，则以"鉴赏"为主，详载其版式及文字特点。若明万历凌氏朱墨套印本《吕氏春秋》跋，则以考述《吕氏春秋》刊刻源流为主，兼评凌氏朱墨印本之得失。若《书目答问》跋多至五篇，皆为"辨论一书之是非与作者之得失"。有评介《读书志》说"于每书往往首载作者姓名、籍贯、仕履及著书大略，然后述授受之源流，及缮刻之异同"。其实并没有这样的定式。读书题跋记类型书目的特点就是比较自由，不拘一格，不像藏书志那样篇篇一律格式。

《郎园读书志》卷十一至十五凡五卷，乃清人诗文集。体例与他篇稍异。这是因为陈云伯、舒铁云曾戏撰《乾嘉诗坛点将录》，取乾隆初元迄嘉庆末季百余年中诗家，配以《水浒》小说之天罡地煞百有八人，副者四十一人，附额外一人，除隐姓埋名者四人，共得百四十有六人。虽一时游戏之文，颇有资于掌故。叶氏向喜收国朝人诗文集，得乾嘉间作者于《点将录》已百有余家，因拟为《乾嘉诗坛点将录诗征》一书，逐一将各家诗检读一过，每家撰一提要，于作者里贯仕迹及其诗之渊源派别异同，与其人之遗闻轶事，采掇详记。故视他书题跋体例稍殊。这一部分共收诗文集一百十六种，确为研究清代文学史，尤其是乾嘉时代文学史的有用文献。《郎园读书志》中还保存了不少中国版刻史、藏书史的资料。尤其是近代部分，皆叶氏目睹耳闻，尤为可贵。

《郎园读书志》除了从各个视角反映书的特点外，也表述了叶氏在版本、目录、校勘学，在经学、史学、文字学、诗学等方面的学术思想，以及他的政治观、历史观、人生观等，是研究叶德辉本人的第一手史料。又因为叶德辉是那个时代具有典型性的人物，故而具有更深一层的意义。当然，《郎园读书志》的各篇题跋也有鉴定考订版本不确的地方，但对于后人研究古籍版本仍不失为一部有用的参考书。尽管《郎园读书志》夹杂着不少思想糟粕，但对于后人研究这个历史人物也不失为一本资料价值较高的参考文献。

《观古堂藏书目》和《郎园读书志》皆只原刻流传，至今已经七八十年，存世者已不多矣。

《木犀轩藏书题记及书录》

一、李盛铎及其木犀轩藏书

"木犀轩"是"近代最负重望的藏书家"之一李盛铎的藏书楼。盛铎字嶬樵，一字椒微，号木斋，晚号盦嘉居士，生于咸丰八年（1858），卒于民国二十六年（1937），江西德化今（九江人）。他出身富商之家，直至盛铎上一辈始由商入仕。父明墀，官至湖南巡抚。李盛铎于光绪十五年（1889）中一甲二名进士，授翰林院编修。他仕途顺达，历任江南道监察御史、出使日本国大臣、内阁侍读学士、京师大学堂总办、顺天府丞、太常寺卿、比利时公使，并任出使各国政治考察大臣，出洋考察宪政，在英国接受牛津、剑桥两校名誉学位。宣统中，历任山西提法使、山西布政使、署理巡抚。清室逊位后，复于民国政府中出任山西民政长、大总统顾问，并与孙宝琦同任访日特使。后当选为参政院参政、国政商榷会会长。在近代中国政治风云更迭变幻的各个时期，都有李盛铎参与其中的身影。民国九年（1920）安福会解散，这才退隐天津秋山街寓居，终老于斯。

木犀轩是李氏相传四代的藏书楼。初由盛铎曾祖李恕于道光元年（1821）所建，书楼坐落在九江庐山莲花峰下宋代大儒周敦颐墓侧，储书十万卷。太平天国时期，书、楼俱毁，乱后重加修葺。李明墀"生平好聚书，廉俸所余辄购置经籍"。李盛铎虽有遗业可继，但真正使木犀轩成为名重海内的巨藏，还在于他本人将近半个世纪的不懈收集。李氏藏书总计达九千零八十七种，而且这个数字还是在李盛铎身后移书北大时的统计，如果加上光绪十九年（1893）扬州寓宅失火被焚的二百箱书，则数量更为惊人。那次被毁的藏书中，"多明人集部世间不经见之本"，损失之大，依叶昌炽语，"亦江左文献之厄也"。木犀轩是李盛铎庋藏善本之处，又是李氏藏书楼的总名。他另辟各专室储藏各类书籍文献。如"建初堂"藏先代遗书，"甘露簃"藏御纂钦定图籍，"古欣阁"藏先贤遗著，"俪青阁"藏师友翰墨，"两晋六朝三唐五代妙墨之轩"藏写经及名人墨迹，"延昌书库"藏铅石影印图籍。

　　木犀轩珍藏善本有三大来源。首先是他在光绪初年，随父宦游湖南，适逢湘潭大藏家袁芳瑛卧雪庐藏书散出，一时购者麇集，李氏得其十之一二，然颇多精粹，如宋刊八行本《周礼注疏》、大字本《尚书孔传》、黄善夫刊本《后汉书》等。此举奠定了木犀轩日后称雄海内的基址。来源之二是李盛铎在出使日本期间，因友人、著名汉籍目录学家岛田翰的指点帮助，获购了不少国内久佚的宋元旧刻和日本、朝鲜古刻古写本。而李盛铎此前曾从沪上日人岸田吟香处购得一批日本古刊本、活字本和旧抄本。这两批书又构成了木犀轩收藏的一大特色。来源之三是在辛亥革命前后，因时局动荡，世道变迁，北方藏书故家如曲阜孔氏、商丘宋氏、意园盛氏、聊城杨氏等府中珍藏秘册，纷纷散出，流入京华书肆。盛铎时而去琉璃厂访书淘书，书贾则时时挟书以叩李府，或重金购置，或借钞转录，不数年，增益丰饶。如海源阁"四经四史斋"宝藏之一的《史记》，及原荛圃"百宋一廛"旧物的宋刻《孟浩然集》、《孟东野集》、《山谷大全集》等，皆归木犀轩插架。

木犀轩藏书量大，更以"精"著称当世。与李盛铎同时代的黄濬曾说："近日藏书世称傅沅叔丈之藏园。然以予所知，尚未逮李木斋先生之精。"苏精《近代藏书三十家》说木犀轩藏书中，"宋元古本约三百部，明刊本二千余部，抄本及稿本二千余部，合计这些所谓善本约占木犀轩全部的半数，对一般藏书家而言，岂仅琳琅满目，简直就是天文数字了"。

一般认为，木犀轩藏书之"精"在于三端。一为宋元旧刻，不仅数量超众，而且拥有不少在中国古代出版史上具有典型意义的名本。如宋绍熙间浙东茶盐司刻本《周礼注疏》是第一部《周礼》注疏合刊本。《尚书孔传》也是传世诸本中的最早者。宋建阳刘之问家塾刊《汉书》、黄善夫家塾刻《后汉书》、元延祐间圆沙书院刊《山堂先生群书考索》、至大年间余志安勤有堂刊《分类补注李太白诗》、宋刻元明递修公文纸印本《桯史》等等，都是史家举例必提的版本。其二，木犀轩汇集了日本、朝鲜古旧刊本、抄本、活字印本一千余种，占总数的九分之一。如日本影宋抄本《太平圣惠方》、传抄宋本《杨氏家藏方》、《魏氏家藏方》等珍罕古医书，日本明和七年铜活字印本《新雕皇宋事实类苑》，庆长四年排印本《新刊素王事纪》、《圣朝通制孔子庙祀》，以及朝鲜中宗时代用"乙亥字"排印的《圣宋名贤五百家播芳大全文粹》等。其三，多名家抄校稿本。如明姚舜咨影宋抄本《云麓漫钞》、柳大中抄本《庶斋老学丛谈》、叶林宗抄本《贞白先生隐居集》、钱穀手抄本《昼上人集》、汲古阁影宋抄本《谢宣城集》。稿本有戴震、孔继涵、翁方纲、焦循、惠栋等乾嘉诸老遗著，校本有钱谦益、何焯、王鸣盛、黄丕烈、顾千里、吴骞、陈鳣、吴翌凤、劳权等名家手迹，版本价值极高。

以上三"精"，学界公认。其实，木犀轩收藏的明代刊本也很出众，诸多明初刻本和嘉靖仿宋刻本，尤为他家所不及。只因他精品珍本太多，以至这些明代佳本都排不上号。此外李盛铎还收藏过大量敦煌卷子和清内阁大库档案，是古代和近代的珍贵历史文献。这批敦煌卷子是李盛铎任学部大臣时，在运送敦煌残籍从甘肃到北京途中，利用职权，挑取最好者归诸私囊。抗战时，流入日本。那批清内阁大库档案，先由罗振玉发现，民国十四年（1925），某国以重金求售于罗氏。李得知后，即以一万六千元抢先购得，租屋分藏在北平、天津。民国十七年（1928），由傅斯年提议，被政府以一万八千元收归公有，现存台湾。李盛铎据所藏善本辑刻了两部丛书，《木犀轩丛书》二十六种，《木犀轩丛书续刻》六种。民国二十八年（1939），北平伪政府以四十万元完整地购下了李氏木犀轩藏书，并交北京大学文学院典藏。这批书现仍藏北京大学图书馆，是该馆古籍收藏中最有学术参考价值的专藏之一。

木犀轩藏书的珍贵版本价值和现实参考意义，自然使木犀轩藏书目录显得格外重要。

二、《木犀轩藏书书录》
的编纂缘起和著录特点

　　李盛铎既嗜书，亦"酷爱目录校雠之学"。他生前编就《木犀轩收藏旧本书目》、《木犀轩宋本书目》、《木犀轩元版书目》和初编《木犀轩藏书书录》手稿二十册，并在其藏书中留下不少题记跋尾。

　　《旧本书目》、《宋本书目》、《元版书目》都是简单的簿记登录，极少传世。书归北大后，由赵万里主持整理并重新编写成《北京大学图书馆藏李氏书目》，于一九五六年出版。那是反映木犀轩藏书的一部总目，较李编三目更完整、准确，但它已不是李盛铎的目录著作，非此当述者。李氏《木犀轩藏书书录》稿本，用黄绿格纸撰写，行草字体，书页上方多次题有"初编"字样，书中时见勾划涂抹，装订次序偶有倒误。以此考之，当是未经誊录的未定未竟之稿。书稿分经、史、子、集四卷，共二十册，原藏科学院图书馆，一九六三年转让给北大图书馆，以成书目合璧之美。原稿未题书名，北大图书馆入藏后暂以《李盛铎藏书书目提要》之名编入目录。后又经北大图书馆张玉范整理，与藏书题记合辑一编，冠名《木犀轩藏书题记及书录》，于一九八五年北京大学出版社出版。

　　《木犀轩藏书书录》共收书一千四百六十四种，其中宋元刊本约一百二十余种（这是张玉范整理本根据《北大图书馆藏李氏书目》的著录核准更定的数字，若据稿本原著录统计则更多）。其余是明刻本，日本、朝鲜古刻古抄本，明清旧抄本，名家批校本，稿本和一部分木犀轩抄本。虽然只占木犀轩藏书总量的六分之一弱，善本的二分之一弱，但木犀轩精华大半在内，虽然其中也收录了一些普通版本，如传抄阁本、木犀轩抄本等，但仍可视作木犀轩善本书录。卷一经部，分易、书、诗、礼、春秋、孝经、五经总义、四书、乐、小学十类。卷二史部，分正史、编年、纪事本末、别史、杂史、诏令奏议、传记、史钞、载记、地理、职官、政书、目录、史评十三类。卷三子部，分儒家、兵家、法家、农家、医家、天文算法、术数、艺术、谱录、杂家、类书、小说家、释家、道家十四类。卷四集部，分楚词、别集（汉至唐、宋、金至元、明、清）、总集、诗文评、词曲五类。

　　《木犀轩藏书书录》的内容着重于记录图书特征，诸如卷帙编次、缺卷配叶、行格字数、版心题字、卷端题署、刻工姓名、讳字牌记、收藏印章、原书序跋、藏书题跋、附录附图等等。各项详略大体视版本而异，对稀见名贵版本记录稍详，而对某些抄本的著录却极其疏简。如《太平治迹统类》三十卷："抄本。宋彭百川撰。传抄阁本。"《北狩行录》一卷："抄本。题蔡鞗撰。从旧抄本传录。"《南烬纪闻录》一卷："旧抄本。题宋辛弃疾著。"《平猺记》一卷："旧抄本。标题次行题元前史官虞集。"偶有考证版本、提要书旨的内容，如《礼记熊皇异同》不分卷一册："抄本。乌程沈垚录《正义》所引熊氏、皇氏说之互异者，或熊、皇说与他氏异者，加以按语考证。"《卫藏纪略》一册："著者名海，佚其姓。书末略纪宦迹，谓由四川荣经县典史，调泰宁巡检，升叙永照磨。自辛亥、壬子派运藏饷，又因部中行取口外舆图、户口、风俗，委清查绘图采访。甲寅、乙卯间果亲王派委护送达赖喇嘛，后管里塘粮务。奔驰塞外几及十年，风俗人情、语言服食知其大概，绘图集记以志不忘云。书中所记打箭铲、口内外、土司、贡赋、官制及藏中道途、要隘、俗尚、物产，暨康雍两朝历年交涉各事，尚可见其涯略。惜卷首残缺，并其书原名亦不可知，姑题为《卫藏纪略》，存之备留心边事者之采择耳。"这属提要一类，书中极少。《尔雅》三卷："明初刊本。按《释训》'绰绰缓也'，注云'皆宽缓也'。悠悠、偁偁、丕丕、简简、存存、懋懋、庸庸、绰绰尽重语。元本及闽、监、毛本俱脱，惟雪窗本此注独全，此本亦完具，当与雪窗同出一源矣。"《草书韵会》五卷："日本旧刊本。按此书之序为《滏水集》所未载。"《韦苏州集》十卷《拾遗》一卷："明仿宋刊本。是书有南宋书棚本，十行十八字。此刻即从彼翻刻，颇为神似，但无'陈家书籍铺'一行及每叶刻工人名耳。旧为湘潭袁氏所藏，亦误认为宋刻矣。"这类略涉考订的作者按语在《书录》中也偶尔见之。

《木犀轩藏书书录》在著录上存在一些不足之处，归纳起来大致有以下几个方面。（一）作者项著录不统一，且多有疏漏。如《国史补》著录"唐李肇撰"。《北里志》著录"标题次行题'唐翰林学士孙棨撰'。"而若《唐语林》、《清波杂志》、《桯史》、《苕溪集》、《陵阳先生集》、《屏山集》、《鸿庆居士文集》、《雪溪诗》等大量书的作者名却不予见录。（二）版本类别项著录略为粗简。一般只著录宋刊本、元刊本、明初刊本、明刊本、旧抄本等等，不少宋刊元印、元刊明印、宋刻元明递修本没有注明，不少能确定是某代某朝某年刊印的版本，以及能确定是明抄、清初抄、某家抄的版本，都未能细加区别。鉴定错误的情况也非个别，主要误在以明仿宋刊为宋刊，明初刊为元刊。（三）载录前贤重要题跋遗漏颇多。如明初刊本《司马太师温国文正公传家集》原藏耿氏万卷精华楼，有耿文光手写题记数则，考订议论该版本源流与价值，甚有见地。盛铎仅用"有旧人题字谓明天顺间刊本"一句略过。如《说文解字》三十卷影宋抄本中有孙星衍手跋，曰："此本从王少寇藏祠宋本影抄。戊辰三月钱文学侗到德州见付，酬赠工价银七十两。时又借额盐政宋本粗校一过，大略相同，惟有一二处少异。如又部'鬘'，此本作'神也'，额本作'引也'之类，恐是补叶改写之异。今拟重刊以额本为定。宋刻如'蝉媛蜉游'之属，不作'蝉媛蜉蝣'，胜于毛本者指不胜屈。吾后人其宝藏之。人日记于平津馆，五松居士。"这段跋文在《平津馆鉴藏书籍记》和《廉石居藏书记》里都没有见录，可惜李盛铎也把它疏漏了。

综上所述，《木犀轩藏书书录》既极少作者考订按语，著录体例又不很完整统一，故其体制仍属一般目录，没有达到藏书志的程度。这种不统一、不完善，跟《书录》原稿的未定性质大有关系。也就是若天假以年，李盛铎或许能修改得好一些。虽然《木犀轩藏书书录》在目录编纂上没有为古典目录学的发展作出新的贡献，但它仍不失为一部有着较高参考价值的书目著作。其之所以价值高，首先是因为李氏木犀轩藏书在中国近代藏书史上的重要地位。李氏所藏珍善古旧版本大多流传有绪，有的前藏者无书目传世，如袁芳瑛卧雪庐，有的有书目著录但所载资料不一定相同，如杨氏海源阁。因此《书录》记录的资料对研究这批书籍很有用。其次是因为李氏木犀轩藏书完整保存至今，读者可以直接利用它，而欲用之，必先读其目录。虽然还有《北京大学图书馆藏李氏书目》，由赵万里等专家纠正了《书录》的某些错误，但从总体上看，《书目》著录还不及《书录》，至少两者是可以参互使用的。况且通行的新版整理本在原稿各条下附录了《李氏书目》的审鉴和著录，适当增补了一些有参考价值的题记校语，对原稿的不足时有补正，给综合参考两部书目提供了便利。但整理本增附的内容过多，如遇年代则附注公元，似可不必。但毕竟是一部很实用的古籍目录。

三、《木犀轩藏书题记》的内容特点

《木犀轩藏书题记》是整理者从木犀轩藏书中辑录出来的李盛铎题记汇编，共一百七十三篇，按经史子集编序。经部分易、书、礼、乐、春秋、四书、小学七类，史部分纪传、编年、史抄史表、传记、地理、政书、书目、金石八类，子部分儒家、兵家、医家、天文算法、术数、艺术、杂家、类书、释家、道家十类，集部分总集、别集、曲、诗文评四类。

题记诸书，大多不是木犀轩藏书中的最佳最珍版本，而是以明清刻本或清抄本为主。这是否说明，对那些历经名家收藏鉴赏题跋考订的善本，李盛铎已没有什么更多的东西可说了。尽管如此，李盛铎题记仍然围绕版本问题做文章，其主要内容是考证版本源流，校比版本文字，评判版本优劣，考述版本流传始末及得书经过等，对一些罕见之书，则概述书旨，提要内容，对《四库提要》某些失误亦偶有补正。这些都是清代藏书题跋共有的特点，但由于李盛铎题记的对象大多是普通本，着重考述普通版本的特点和价值，就成了《木犀轩藏书题记》最有优势的地方。

如康熙刻本薛凤祚《薛氏遗书》跋曰："薛仪甫先生以天算名于康熙间，与梅勿庵、王晓阉诸人为世所推重。其遗书除《天步真原》刻之金山钱氏外，其它种流传绝尠。十余年前，余在京师以重值购得半部，同乡蔡燕生从友人家乞得残本恰可补足，此本遂置燕生所，以燕生极究心于西法五星、占验、选择也。丙辰秋，游沪市，阅四明卢氏所售有是书全帙二部，因择一模印在前者购归。今日风尚皆重宋元椠暨抄本书，估于此种刻本极不经意，乃以贱值得之，为此游第一快事也。"此例可窥其搜藏版本别具心机。

又如明万历四十三年朱谋㙔刻本《宋端明学士蔡忠惠文集》跋曰："《端明集》，《宋史》载六十卷、《奏议》十卷。《通考》及《郡斋读书志》皆作十七卷。《直斋书录解题》作三十六卷，《四库》著录亦三十六卷，《提要》谓王十朋所编三十六卷，元代散佚，明谢肇淛尝从叶向高入秘阁检寻，仅有目无书，迨万历中，莆田卢廷选得抄本于豫章俞氏，御史陈一元刻于南昌，析为四十卷。而兴化知府蔡善继再刻，仍为三十六卷，附以徐火勃所辑《别纪》十卷。至乾隆中，蔡氏刊本又编二十九卷。是宋人集部史籍著录卷帙之不同，每次刊刻卷第之分并，未有如《忠惠文集》之甚者也。此为陈一元刻于南昌之四十卷本，每卷前列一元暨布政使李长庚、按察使沈蒸、知县马鸣起衔名四行，惟每卷尾有万历乙卯南州朱谋㙔、李克家重校二行，且附兴公《别纪》十卷，或是郁仪重刊陈本，或以陈板重校增刊《别纪》印行，皆未可知。藏书家著录亦未及此本，其罕传已可概见。"又云："是集宋本今藏杨氏海源阁，杨氏胤嗣无人，高阁尘封秘籍，一见不可得。元明三百年间，终以陈本为第一刻，读《端明集》者不能不以是本为旧帙也。"清末民初，万历刊本并不为藏家所重，李盛铎不以一般看法所囿，指出此万历本的价值，足为后人取法。

又比如同治间金陵书局刻本张文虎《校刊史记集解索隐正义札记》，在当时是普通得不要再普通的版本了，李跋则专为考证《札记》中所称"旧刻本"，当是明正德十年白鹿洞书院刻《史记》。同治间潄喜斋刊本《艺芸书舍宋元本书目》跋，专述汪士钟藏书的去向。光绪二年浙江书局刻《二十二子》本《庄子》跋，述及辛亥间有书贾持宋本《庄子》求售的经过。读毕皆能获得意外收获。

《木犀轩藏书题记》中几部稿本题记的参考价值也比较大。如焦循《注易日记》、惠栋《后汉书补注》、顾观光《九数存古》、阮葵生《七录斋诗抄》等。一些藏家极少著录的俚俗之书，如《天文鬼料窍》、《阴阳定论》、《大定新编便览》、《类编阴阳备用差毂奇书》、《近事会元》、《家塾事亲》、《梨园按试乐府新声》等，经李氏题记，使读者增知长识。

但李盛铎藏书题记还不能用"精审"二字概括，无论是校比文字，还是考镜源流，运用材料不够翔实，其学术性取中而已。

《双鉴楼善本书目》、《双鉴楼藏书续记》与《藏园群书经眼录》、《藏园群书题记》

一、傅增湘藏书特点及其藏书思想

傅增湘，字沅叔，号双鉴楼主人、藏园居士、藏园老人，别署姜斝、书潜、清泉逸叟、长春室主人。生于清同治十一年（1872），卒于1949年。四川江安人。清光绪戊戌科进士，选庶吉士。1905年起先后创办天津女子公学、高等女校、北洋女学师范学堂。1909年署直隶提学使，北洋政府时期曾任教育总长。1911年被选为中央教育会副会长。如果说傅增湘的前半生是以教育家名世的话，那么他的后半生则以藏书家、目录版本校勘学家和古籍整理专家入史。其时，"海内言目录者，靡不以先生为宗"。

傅增湘"双鉴楼"，因珍藏宋、元本《资治通鉴》两部而得名。晚年以所居有山石花木之胜，取东坡"万人如海一身藏"之句，颜之曰"藏园"。生平先后收藏达二十万余卷之富。据1929年统计，已收藏宋、金刻本约一百五十种，四千六百余卷，元刻本数十种，三千七百余卷，明清精刻精校本、名家抄、校、稿本三万余卷。此后交易频繁，曾经其藏之旧刻精本几倍。傅增湘双鉴楼藏书渊源有绪："昔先祖北河公雅嗜儒素，丁乱离之会，锐意以收书为事，曾得兴文涑《鉴》，为莫邰亭、吴挚甫所激赏，是为余家藏书之始。"傅增湘"幼而薰习，殆若性成，弱冠以来，无日不与书卷相亲"。但在他挂冠之前，虽"插架森然，四部之储略具"，却"多缘求学所资而吾家未有者为急"，是属为读书而藏书。及辛亥之时，"旅居沪渎，得交沈寐叟、杨邻苏、缪艺风诸先辈，饫闻绪论，始知版本雠校之相资，而旧刻名钞之足贵。遂乃刻意搜罗，思有以绍承先绪"。所以他真正耽嗜藏书，是在四十岁以后。

　　辛亥时代是中国近代政治、经济、文化急剧动荡变革的时代，与之相连，文化典籍的聚散也极为频繁。所谓"天一散若云烟，海源踬于戎马"，大家庋藏零落肆铺，东瀛西邦则捆载舶运。这种局面对耽志于此的傅增湘无疑是有利的，况且他有很高的资望和交游，"往往无意而逢孤帙，或廉直而获奇珍"。与历来藏家不同的是，傅增湘不是坐守书楼等候沽者上门，而是主动"出击"，四处搜访。他"雅好清游，长江左右，探幽选胜，笋屐经行，恒挟册自随，而归装所得，动且盈箧。耽玩既久，癖痼渐深，时遇可欣之品、希睹之编，轻则典衣，大者割庄，必收归帐秘而始快"。所以，作为一个新起的藏书家，傅增湘收藏的宋元旧椠、明清善本的数量确实可称雄海内。而且，傅增湘访书并不局限于搜购，还着意著录所见善本秘籍。公藏者，如北平图书馆、江南图书馆、故宫图书馆、上海商务印书馆涵芬楼。私藏者，如瞿氏铁琴铜剑楼、杨氏海源阁、卢氏抱经楼、潘氏滂喜斋、长白盛昱、宜都杨守敬、江阴缪荃孙、嘉兴沈曾植、德化李盛铎、南陵徐乃昌、乌程蒋汝藻、上虞罗振玉、海盐张元济、江宁邓邦述、临清徐坊、吴县顾麟士、吴兴张钧衡、武进陶湘、萧山朱文钧、浭阳张允亮、吴兴刘承幹、宝应刘启瑞、项城袁克文、南海潘宗周、至德周暹等。以及北京、天津、上海、苏州、南京、扬州、杭州所见。更有 1929 年东渡扶桑，于宫内图书寮、静嘉堂等所见。访书活动是近代兴起的藏书和目录工作的一种形式，自莫邵亭《知见传本书目》《宋元旧本经眼录》、杨邻苏《日本访书志》问世后，即形成书目的一种体裁。及至傅增湘，不仅访书范围远出诸公，而且获得的学术成果也卓然于诸公之上。他的这种目录学的实践活动，堪称前无古人，后无来者，在中国藏书史、目录学史上是值得特书一笔的。

　　傅增湘藏书的另一特点是"随弃随收"，时常以书易书，书籍在他手中流通得比较快。如 1929 年编定《双鉴楼善本书目》。阅年，"偶自检视，则目存而书去者，十已二三"。后人以为这是傅增湘总结历代藏家教训而"大彻大悟"的表现，所谓"每慨黄荛圃、张月霄辈汲汲一世，晚岁乃空诸一切，盖由役于物而不知役物，卒以自困"。但仅此还不足以说明他的彻悟。傅增湘说过这么一段话："夫人生百年，暂同寄寓，物之聚散，速于转轮。举吾辈耽玩之资，咸昔贤保藏之力，又焉知今日矜为帐秘者，他日宁不委之覆瓿乎？天一散若云烟，海源蹶于戎马，'神物护持'，殆成虚语！而天禄旧藏，重光蓺火，液池新筑，突起岑楼，瑶函玉笈，富埒琅嬛。信知私家之守，不敌公库之藏矣。"这才是他"癖嗜既深，殆难自解"之后的彻悟之"道"，是超出一般藏书家遭际书厄后悲天怨人的真知灼见。当然，这也是中国传统藏书楼的解体而走向新式图书馆的客观形势对傅增湘影响所致，但他毕竟作了正确的判断和抉择。中国近现代真正为保存文献为宗旨的藏书家大多走上这条归宿，自然不是受傅的影响，而是受历史规律的影响。傅增湘所藏通行本捐赠四川大学，手校本等捐献北京图书馆，其它亦大都转入公藏，至今国家图书馆收入他的善本七百余种。

傅增湘藏书散出较快还有其私人的经济原因。他给张元济的信中多处提到："藏书不能终守，自古已然。吾辈际此乱世，此等身外物为累已甚。兼以负债日深，势非斥去一部分不可。""大儿忠谟成婚后……明春拟赴德国留学，然手续尚未办妥，用费更须预筹，恐又须售书数部矣。"1929 年正月，傅为"亡室营葬"，"精力赀用，实已竭尽无余，此后更当从事省啬，并专心卖书，以弥债窟，但此一年中非得三万元不能济事，故无论宋元抄校精善普通各本，苟能得价，即陆续去之，更无余力收入矣"。

傅增湘精于鉴定。余嘉锡称："藏园先生之于书，如贪夫之陇百货，奇珍异宝，竹头木屑，细大不捐，手权轻重，目辨真赝，人不能为毫发欺。盖其见之者博，故察之也详。"他不仅"缩食之资，倾于坊市"，且"炳烛之耀，耗于丹铅"，"暇时辄取新旧刻本躬自校雠，丹黄不去手，矻矻穷日夜不休，凡所校都一万数千余卷皆已定，可缮写""每遇宋元本或明抄本，必以他本过校一次"，"每日校书，以三十页为度"。一生中，凡校书七百九十七种，一万六千三百零一卷。余嘉锡尝论傅之校书曰："至于校雠之学，尤先生专门名家。平生所校书，于旧本不轻改，亦不曲徇，务求得古人之真面目，如段若膺所谓'以郑还郑，以孔还孔'。其于向、歆父子虽未知何如，至于宋之刘原父、岳倦翁，清之何义门、顾千里，未能或之先也。"评价至高。傅增湘自己这么说："余夙喜校雠，仰睎卢、陆，拾补摭遗，嗣当有作，冀夺炳烛之微明，少裨学术，庶免玩物丧志，来骨董之讥耳。"所以，傅增湘是"读书者之藏书"，是集校勘、鉴赏于一身的藏书家。

"文字典籍，天下公器"，这是傅增湘藏书的一个十分突出的指导思想。他批评那些不懂此理的藏书家说："大腹之贾、乳臭之儿，攀附雅流，托为韵致，万金挥手，百城自尊。然五经不知，三史挂壁，以锦褒牙签之富，侈紫标黄榜之雄，其人固无足论矣。其或豪门贵胄，雅好芸香，蒐异罗珍，辇金四出。诸子百家，循目而求备；金源天水，按谱以索真。观其目录流传，非不灿然美富，而鉴衡多爽，兰艾杂陈，徒取訾于世论。且此事为冷淡生活，要存儒素家风，持以积月累岁之功，助以节衣缩食之力，致之弥艰，斯玩之弥永。若汲汲以取盈，宁复醇醲而有味？此其人虽坐拥万签，以云藏书，则未敢许也。亦有故家贤俊，当代胜流，与古为徒，佞宋成癖。或殚一生之精力，或袭先世之储藏，鉴别既精，网罗尤广。然秘惜自私，散亡是懔，孤本秘籍，坚不示人，严鐍重扃，手未轻触，甚至守'借人不孝'之训，求通一觌或录一副而不可得。凡入库之书，即罹永巷长门之酷，即前贤遗著，亦付诸走蟫穴蠹之丛。此其人既以多藏是惧，遂不恤与古人为仇，虽谓之藏书而书可亡也。"故其既不耿耿于私藏之聚散，更"择其罕见者若干种付之劂，尤不吝通假"。张元济影印《四部丛刊》，藏园"尽出家世藏书，如宋刻则有《史记》、《魏书》、《南齐书》、《唐书》、《五代史》，元刻则有《南》、《北》、《辽》、《金》四史，虽缺完不一，而罕异为多，乐在观成，未容吝惜"。《张元济、傅增湘论书尺牍》（1934 年）中录载商借藏园藏书的信札及傅氏提供的"双鉴楼藏书供《四部丛刊》续编选印目录"，可知他是亲身躬行，以实践他的藏书为天下公器的思想。这一思想和举动在当时藏书界中具有先知先行的意义，是现代文明观念对传统藏书观念的冲击。傅增湘曾用"始之以鉴存，继之以校勘，卒之以传播"三句话来概括董康的藏书特点，其实，运用于他自己，似更为恰当。

二、《双鉴楼善本书目》和《双鉴楼藏书续记》

傅增湘"自中年以后，习为目录之学"，传世的著作大多是目录，若《双鉴楼善本书目》、《双鉴楼藏书续记》、《藏园续收善本书目》、《双鉴楼珍藏宋金元秘本目录》、《双鉴楼主人补记莫氏知见传本书目》、《藏园群书经眼录》、《藏园群书题记》、《藏园校书录》、《藏园东游别录》、《藏园校记》、《藏园序跋集录》等。其目录著作之宏富，于历代藏家中堪称首屈一指。以上著述，或已印行，或仍存稿，现择其要而述之。

《双鉴楼善本书目》四卷、《双鉴楼藏书续记》二卷是傅增湘两部已刊行的藏书目录。《双鉴楼善本书目》编定于1929年，是傅增湘自辛亥后十八年来"刻意搜罗"的善本汇录，而辛亥前插架的"四部之储"普通本并不在焉。凡收录宋、辽、金本三千四百余卷，元本二千三百余卷，并明刊、各家抄校本共三万卷。傅增湘原意采张金吾《爱日精庐藏书志》、瞿镛《铁琴铜剑楼藏书目录》二家之例，详著解题，写成藏书志形式的书目，但"属稿未竟"，即以此简目先予付梓，旨在"义主简要，取便披寻"。他为什么急于求"成"？从他的自序里或许可看出一点端倪："且历观近代胜流，若盛意园、端匋斋、徐梧生诸公，当其盛时，家富万签，名声炬赫，骎骎与南瞿北杨齐驱方驾。而鼎革未几，楹书咸佚，求其家藏簿籍，渺不可得。未尝不叹风流之易歇，而吾辈守先待后，勤勤著录之愈不容已也。"但此说虽非言不由衷，却也没有吐露实情。他在给张元济的信里说："书目简本一月后可脱稿付刊，此亦待沽之张本、广告之资料。艺风所云目成而书去，初未尝不笑之，今乃知其言之沉痛也。"所以《双鉴楼善本书目》之所以编成一部学术价值不大的简目，实在是事出有因的。

《双鉴楼藏书续记》收录傅 1930 年一年之中购藏的古籍。1929 年 10 月，傅赴日访书，扶桑官私秘籍，咸得披览。阅四旬，归返北平，一边拟写日本观书小记，一边稍事收集。"或积年悬想，一旦而见投，或冷肆徘徊，无意而有获。"鉴于自己藏书散出之速（一年之内，《双鉴楼善本书目》藏录之书已易去二三），又感于《书目》"迫促付雕，未遑题记"，且担忧"时世迁移，风流歇绝，西山不守，长恩无灵"，故于寒腊岁末，荟一年所收，写成此目。《续目》不同《善本书目》的一个特点是它并非"善本书目"，"古今版刻并录，新旧钞写兼甄"，甚至连"近著杂编"也入目。但这些新书虽"无关闳旨，然或为挽近所稀觏，或为知旧所留贻"。《续目》不同于《善本书目》的第二个特点是它并非简目，而是书目与藏书题记相结合的藏书志。"举凡行格、板式、卷第、编次、序跋、题识、收藏印章咸著于篇，用资稽考。至如版本源流、文字异同，披校所及，亦缀简末"。《续目》一书，傅氏自视较高，谓"此近来一大工作也"。但此目虽详，数仅五十一篇。作为一部解题目录虽有其价值，但以藏园邺架衡之，未免沧海一滴。所以，傅增湘虽有《双鉴楼善本书目》和《双鉴楼藏书续记》两部藏书目录传世，但出于特殊原因，都没能完整地反映他的藏书。嗣后，他收藏又有更迭。因此他晚年时曾有此愿，曰："近十年续收善本不下数千卷，拟续编一目，各加题跋考订，与前目相辅而行，而从前库藏善本未撰题跋者尚有少半，亦宜趁此补齐重刻。第此事决非旦夕可以讫事者，侍近来精神亦大不如前，记忆颇差，文思复滞，子弟既不能代劳，门人能继此业者亦少。只得乘此余光，黾勉自奋耳。"惜终未偿愿。虽不无遗憾，但他以及他的哲嗣又先后刊出《藏园群书经眼录》、《藏园群书题记》等不同于藏书目录的目录著作，价值、影响可谓更甚，并亦似更能反映他的藏书特点。

三、《藏园群书经眼录》
的编撰过程及内容特点

访书目录是近代新起的一种目录形式，收录对象不限于一家私藏，凡经眼知见之善本皆泛载之。自莫友芝《郘亭知见传本目录》、《宋元旧本经眼录》问世以后，"世竞传之"，效尤者日众。它是我国传统藏书楼走向解体时代的产物，由此可见中国目录学的发展与藏书有着紧密的联系。傅增湘自辛亥以后，历年访书必携带笔记和《郘亭知见传本书目》一本，所见善本详记在笔记上，题名为《藏园瞥录》或《藏园经眼录》，又把各书行款、牌记、序跋、摘要记在《知见传本书目》上，以便检索核对，题名为《双鉴楼主人补记郘亭知见传本书目》。他作此详录，即为日后汇集整理成书做准备。1940 年，傅增湘在给张元济的信里即提到他心中酝酿已久的《藏园故书经眼录》："自辛亥冬客沪时始，目有所见，辄笔于编。近十年来稍懈，然所积已二十余册，若类次编成，亦可称书林之巨观。其中秘籍异书尤复不鲜，大足为后来考订之资。"嗣后十年之中，又积增至四十余册。傅晚年曾准备手自裁定，统一体例，编成问世，却因病未能实现，但仍在病中指授嗣子对全稿需要订正处做了记录或标志。值得告慰的是，在相隔三十年之后，傅公夙志终于了却，那就是1980年中华书局出版的由傅增湘先生嗣孙傅熹年整理的《藏园群书经眼录》。

《藏园群书经眼录》十九卷（计经部二卷、史部四卷、子部五卷，集部八卷），附总目一卷。全书共收录刊本、活字本、抄校稿本等各种善本约四千五百种，洋洋百余万言。四部分类依四库为基准，并参考《北京图书馆善本书目》、《北京大学图书馆藏李氏书目》和上海图书馆、江苏省图书馆善本书目的分类。此目以佚存的《藏园瞥录》、《藏园经眼录》三十八册手稿为蓝本，参之以傅氏日记、札记、题跋、识语等著作或撰稿及《补记郘亭知见传本书目》中的批注，并记忆所及的傅增湘亲口授定的修改意见，略作订正，无依据的一仍其旧。尽管整理者谦称"不可能把先祖晚年的改订意见无遗地反映出来"，却无疑是忠实于原稿和作者原旨的可信之作。前文曾述傅增湘南北访书，踪迹天涯，天禄邺架，坊肆冷摊，所见甚广，所录甚详。原稿三十八册中，记国内公私藏家及书肆者二十九册，是全书的主干，七册记自藏部分善本，另二册记1929年东渡扶桑访书所见。三十八册录书五千种，整理时删去明嘉靖后的复本。收录之广，几可包括近代流传的重要善本。由于时隔不久，这些书除少数流散国外，绝大多数至今仍保存在全国各图书馆和文物管理部门，所以这部目录是了解近代所存善本概貌和流传、存佚情况的绝无仅有的史料荟萃。

诸书著录末皆记收藏者和观书的时间和地点，若"常熟瞿氏藏，乙卯八月见于罟里"，若"斐英阁送阅，辛巳十月"，若"余藏"。如能于目后附录一索引，分列国内公私书坊、日本经见及已藏，对今人了解近代善本的分布流传情况更为方便。这是《经眼录》的第一可贵之处。《经眼录》体例划一整齐，首标书名卷数，其下小字记作者和存卷，正文列载时代、版本、版式、本书序跋、刻书牌记、后人题识、收藏印记，最后是作者的鉴定意见或评论。拟亦当属书目与题跋合一的藏书志类型的目录著作。不过并非篇篇都撰题跋，有的书可说的话不多，即作简录，不敷衍成文，这类过总数之大半。对一些不经见的古籍，除著录版本形式特征外，还略述其内容梗概，或分卷标目，或略考其作者。这类中以抄本居多。如旧写本《西藏见闻录》二卷条："卷上事迹、疆域、山川、贡赋、时节、物产居室、经营、兵戎、刑法。卷下服制、饮食、宴会、嫁娶、医卜、丧葬、梵刹，喇嘛、方语、程途。"若旧写本清顾采撰《容阳纪游录》不分卷条："盖纪荆州西南容美宣慰司田舜年而作也。舜年字眉生，号九峰，为唐田弘正之后，以郡庠生袭父职，以功封骠骑将军。博雅能文，所著有《田氏一家言》、《容世述录》、《廿一史纂要》、《六经撮旨》诸书。顾氏以孔东塘（尚任）之介，赍书往游。以康熙甲申二月四日发枝江，遍游山中诸胜，七月初八归，纪其山川风土人物及述游酬和诸篇皆附焉。"所以，以为藏书志于书之内容一般不涉及的看法并不确当。宋陈振孙《直斋书录解题》、晁公武《郡斋读书志》皆可作藏书志，仅其时不记或少记版本而详述内容，清张金吾《爱日精庐藏书志》出，志即以版本为主，少及内容。《藏园群书经眼录》因书而异，或在版本，或在内容，两者结合，亦可谓是其特点和发展。

　　《经眼录》所据手稿中二册系日本访书志。傅增湘受杨守敬、张元济、董康等人影响，"知沧瀛咫尺，古籍多存，目想神游，卅年于兹矣"。民国十八年（1929）秋，他于挂职故宫图书馆馆长之后，决计东游访书。他先到京都，后访东京，日光、箱根、叶山、热海均一到。四旬时光，与日本汉籍学者长泽、田中、狩野等相伴，先后观阅了包括日本宫内省图书寮、内阁文库、东洋文库、岩崎氏静嘉堂、内藤氏恭仁山庄、前田氏尊经阁及西京东福寺著古刹藏善本。并手持张元济日本访书札记为先导，循图索骥，洵为省力。于静嘉堂观书尤为细致，"其伪者为之纠正不少"，自以为"此行最快意之事"。但傅增湘滞留东瀛不足一月，时间仓促，又途中感寒，引起胃痛宿疾，加以咳嗽，连日出游均强自支持，只得"以身体之健否，定游程之长短，好书固未能遍观，好山水亦无暇细玩"。加之"历览名区，舟车四出，鹿鹿鲜暇"，故"于东西两京官私藏书，未遑周访"。在东京，又因"天气不佳，阴雨连日"，连藏书名震中土的足利学校亦未得一往。且因"经眼之始，迫于晷刻，手记多涉疏简"。回京后，傅即着手拟写日本观书记，"略加考证"。民国十九年三月廿三日，傅写定清稿，题名《藏园东游别录》，凡四卷。该录亦取藏书志形式，"凡口线边栏、刊工字数、卷叶完缺、尺幅高广，咸著于编。偶有异同，辄附己见"。并于序中列述已知藏处而未及观阅的为吾国所久佚的"断种秘籍"，"以俟异日，倘后有作者"，即可"按图而索，据册见稽"。《东游别录》刊定后，即在《国闻周报》上载出。《国闻周报》印数有限，且时隔半个世纪，欲查考已不易。《经眼录》与之同出一辙，可代而观之。《东游别录》与杨守敬《日本访书志》、董康《书舶庸谭》、张元济日本访书记一并构成了近代中国目录学的新枝，是研究中日古代书籍文化流传的珍贵资料，也是中日近代文化交流史上的几段风流佳话。中日两国图书目录学者界的前辈为学谊互相交往，开创了极好的开端，结出丰硕之果。惜近几十年中未有承续。其实，对日藏汉籍的调查研究仍然是一个很有价值的课题。

四、《藏园群书题记》的编撰过程与内容特点

《藏园群书题记》是傅增湘另一部目录学力作。以题跋记、读书记为形式的书目已经有了一个相当的发展时期，由于它具有更高的学术价值，所以更为学术造诣高的藏书家所青睐。在民国时代私家藏书楼中，论藏书数量、质量，能与双鉴楼相伯仲的还有几家。他们或也编书目、藏书志，却不能写出像傅增湘那样高水平的藏书题记来。

傅增湘撰写藏书题跋不像一般人那样"每读一书，辄为题跋一首"，而是相对集中在某一段时期的有计划的撰作。自辛亥收书以来，傅往往于得书、读书、校书后作简录或校记，题跋是对那些重要而确有感受的古籍著录或校记的拓展，决非仓促草就之作。他在校《文苑英华》时说："全部整理颇需时日，即撰一跋文亦非令率可就。"他生平藏书二十万卷，其中经过用善本手自校勘的约一万六千卷，每校勘一书，都在卷尾缀写小记，说明此书的学术渊源、版刻源流和校勘的所得，较重要的则拓为长篇的跋记。数十年间，累积题跋近七百篇，而前述卷尾随手小记还不在内。撰写的时间主要集中在 1933 年至 1944 年间。1933 年 3 月间，他在给张元济的信中提到："近来校书课略减，而以撰题跋为急，大约间日可成一首，意欲将所藏善本遍行撰记，此事或须三

年乃毕耳。"从 1930 年起天津《国闻周刊》便陆续出版专辑《藏园
群书题记》四集，这件事当对傅有促成之功。他给张元济信中吐
露说："群书题记俟《周刊》一年登完（恐不能全登），亦拟汇刊数
卷。"1935 年后，傅仍"撰长跋寄《国闻周刊》社，不知何以尚未刊
布"。实因"报社迁移，遂尔中辍"。亦促成他在 1938 年把自己从
1935 年至 1938 年间撰写的题跋一百四十八篇编集，因报社汇编
本先行于世，遂题为《藏园群书题记续集》六卷，藏园排印出版。
《续集》出版后，朋友传观，大加称许，欲合观初集，以备参稽。
然报社印本，坊肆业已告罄，故于 1942 年，取前稿略加釐正，重
事编排，编为《藏园群书题记初集》八卷，凡一百六十二篇，于
1943 年由藏园排行出版。《初集》与《国闻周刊》专辑《藏园群书题
记》四集文字、内容基本一样，然不尽相同，如《校文苑英华跋》
一篇，系近年所作，《国闻周刊》不载。所以这实际上是藏园题跋
（1935 年前）的同书异本。

　　1938 年后，傅增湘又撰作不已。他在《初集识语》感慨万分
地说："至近岁以来，戢影都门，知交寥落，赏析无缘，暮景侵
寻，见闻益陋。然帐秘重披，辄加鉴别，或丹铅余暇，不废题评，
雪纂风钞，积稿又复盈尺。当乘炳烛之明，粗为甄叙，综其成数，
约得二百余篇。亦欲订为三集，庶以就正同人。惟工艰纸贵，岁
月难期，头白汗青，古人所叹，姑存此言，以自慰耳。"此后数
年风烛，傅缠绵病榻，书写艰难，校勘著述被迫中辍，但于《藏
园群书题记》独钟爱而不能释。竭尽全力，反复披阅，屡有增删。
不仅把 1938 年至 1944 年间所撰二百一十六篇题跋和《初》、《续集》
失收的各篇编成《三集》八卷，了却夙愿。还对所跋各宋元刊又都
反覆考证它的序跋著录，排比刻工姓名，验证雕版的字体风气，

辨别摹印的早晚，对所跋的明清各书也搜罗各种版本，比较异同。一些当年受朋友嘱托作跋而不得不有迁就的地方，这时也都无所顾恤，加以改定。那些还在疑似之间的，就宁从割舍，务在实事求是，以求信今传后。所订正的地方即指授嗣子晋生先生笔受，孙熹年课余也随从誊录。如此三数年间，大致删订一过。可惜《三集》已成雏形而未问世，傅增湘即撒手辞世了。在经过三十余度春光秋月之后，傅沅老的题记删定稿本终于由其哲嗣整理出版了。

1989 年上海古籍出版社出版的《藏园群书题记》是原《初集》、《续集》、《三集》的总汇重编，总计五百八十一篇题跋，按四库分类，编为二十卷。经一卷三十一篇，史四卷一百一十一篇，子五卷一百四十七篇，集十卷二百九十三篇。由于是根据傅增湘晚年删订稿本进行整理的（所收各篇，手稿尚存约占十分之九），所以其中一些书籍的鉴定意见和以前有不同，亦校改了原排印的误字。所以对《初集》、《续集》来说，它还是个补订本。

《藏园群书题记》除了在篇数字数上为历来题跋书目之冠外，还有什么优异之处呢？余嘉锡先生为《续集》序，尝谓："《藏书题记》于版本、校雠二者，自道其所得，实能开自来目录家所未有。"他认为目录的功用即在使人知"此书何为而作，版本之可资考证者安在，文字之可供雠校者谓何"。傅增湘于版本"见之者博，察之也详"，"手权轻重，目辨真赝，人不能为毫发欺"，"于校雠之学，尤专门名家"。题记"叙版本之异同，辨字句之讹谬"，"使学者因以窥见版本文字之异同"，正得目录学之真谛。在通读藏园题记之后，可以确信此言不假。傅增湘题记在作版本鉴定时既尊重前贤，广引博征，又不拘泥陈说，多方考证，不仅提供了精确的鉴定结论，而且提供了如何鉴定的方式方法。如《宋淳熙刊小字本通鉴纪事本末跋》、《明本水东日记跋》等。题记在作版本文字校订时，非但详校善本优胜处，于谬误宏多之本亦能一一标明，使人知其不能依傍。如《宋刊汉隶字源跋》、《宋蜀刻安仁赵谏议本南华真经注跋》等。在题跋目录中以校勘著称者，向推清陈鳢《经籍跋文》。余嘉锡以为《藏园题记》与之相比，"精密相似，而博赡过之"。此论绝不为过。

　　题记的第二个优异处也如余嘉锡所提示的："至于撰人仕履、著书旨意，必详人所不能详，其常见者则略焉。"藏园群书大多已为四库收录，《四库总目》虽不及版本，疏略校雠，然言作者旨意，考其履历尤详。故题记于见诸四库之书则略其著书旨意、撰人仕履，不见四库者，则详考之。这也体现了他撰作谨慎精练的治学态度。如《龚孝拱手书小学三种跋》述龚自珍之子橙事迹，重在辨驳"世传其晚号半伦，及导引英军焚圆明园事，皆非其实"。《明岳元声刊本愧郯录跋》略作者岳珂事迹，而述刊刻者岳元声事迹，因其乃岳氏后裔而世人鲜知。如《赵秋谷评点李诗补注跋》，则重在评论秋谷评骘之语。

　　此外，题记中还有不少考述版刻源流，介绍版本知识的文字。如《题百衲本史记》对"百衲"名称所由，百衲《史记》的各种本子，以及因百衲《史记》而派生的"百衲之制者"，如百衲《宋文鉴》、《春秋经传集解》、《唐文粹》等。使人读之而大长见识，而《藏园群书经眼录》的著录就不及。从这里也可以看出藏书志和题跋书目的不同处。如《明金台汪谅刊本史记跋》，首起即缘纪明刊《史记》后世通行称善本者，有震泽王氏、金台汪氏、关西廖氏及秦藩府刻凡四本，且一一叙其所源，较其优劣。这个说法在最新

出版标点本《史记》时为整理者引用。其它如中国书史制度方面的
知识，在全书各篇题跋中亦多有出现。一览全书，可使人于古籍
版本学、中国藏书史、目录史等方面收获甚巨。同时对我们了解
他在这些方面的学术观点也大有裨益。这也为此书的一大特点。

　　在有些题跋中，傅增湘抒发读后感想，缘史议时。如《校靖
康要录跋》在考述版本，校比文字，考据作者之后，曰："余校
勘既终，综靖康十六月之事观之，未尝不悄然而深悲，怫然而愤
怒，盖自古亡国之惨，被祸之烈，未有加于此时者也。然推其祸
败之源，则由和战不决基之，而用人不当、党争不息又其次焉
耳。……呜呼！披观史册，国家败亡之祸覆辙相仍，持国政者，
值危疑震撼之交，宜衡量彼己，以决进退之策。言战则合全国之
力以赴之，言和则树十年之计以待之，慎勿徘徊路歧，旷日引年，
坐致后时之悔，为读史凭吊之资，斯幸矣。"这篇洋洋千字的读史
笔记，对了解傅增湘的政治观点极为有用。从这里也可以看到，
虽然傅后半生杜绝宦门，潜心书志，丹铅终日，但其忧国之心仍
怦怦而动。又如《明抄本大金国志跋》也有类似的文字，曰："余
校读此志，窃见国家败亡之兆常伏于全盛之时，其持盈保泰之机
械，秉国者宜先事而立防，毋事至而图救，则于国本治原之道庶
几矣。"类似这样的题跋虽不多，但勾稽汇集起来，正是研究他政
治、历史思想观点的珍贵文献。

　　还有些题记则侧重从学术上发议论，如《汉天师世家跋》，在
对传本略作介绍后，即"因兹书所述，撮其大要，列为世表，举
其肇始之原，与夫昌大之故，俾谈宗教者有所考焉"。完全可以把
它看成是一篇研究中国道教兴衰史的学术论文。以上两个特点尤
为其它目录著作所不及。

　　而且《题记》文辞亦善，读来饶然生趣，决不像有些题跋目录，千篇一律，枯躁乏味，使人昏昏然而掩卷不迭。因此，完全有理由说，《藏园群书题记》不仅在傅增湘的目录学著作中是最有价值的一部，而且在历代众多的题跋目录中也称得上是出类拔萃的举世之作。近来有名为中国目录学家传略的编著，竟无傅增湘之名，真是难以原谅的缺憾！

　　新版《藏园群书题记》卷前有总目，卷后有题跋书名与作者人名索引，查阅方便。卷前附余嘉锡撰《续集》序和傅增湘撰《〈初集〉识语》。卷后附《双鉴楼藏书杂咏》一百二十六首和序跋杂文中有关版本、目录、校雠、藏书者二十二篇，对研究傅增湘的藏书、目录工作和成就尤具意义。

后　记

　　和拙著《古籍版本学概论》一样,《近三百年古籍目录举要》也是将我历年来为研究生授课的讲义稿整理而成的,不过只撷取了其中私家藏书目录部分,并非讲稿全部。十年前,我忝列教席,曾为设计古典目录学课程教学内容而煞费苦心。前贤论著,比比皆是,小子既无新编的学识,与其拼凑百衲,不如别辟蹊径,拾遗补阙,避开理论阐述,讲些实用知识为好。由是想到使我获益匪浅的清代暨近代私家藏书目录。那时在上海图书馆任古籍编目员,遇到疑难,除了向起潜、景郑、凤起诸师求教问学外,更多的是依靠这些无声的老师指导门径,释疑解难。正如起潜师一再说的那样,书目是古籍整理工作者必不可少的锁钥。然而,尽管几乎所有的目录学论著都异口同声地强调清代私家藏书目录在中国目录学史上的重要地位,却又几乎都缺少较为详尽的介绍和研究,难解求知者渴。我暗忖自己对这些书目的认识,全从实践中来,略有心得,虽无大用,似也不无小补,故决定诉诸文字求教同道。于是便有了举其要目、略加考述的初衷和初稿。以后边教学边修改,逐步把范围扩充到除公藏目录和史志目录外的各种类型私家目录,并力图把这些原本为构成清代目录发展的要素贯串起来,阐述其间的内在联系,而不只是孤立地概述其要。还幻想着将来能以此为基础，新编清代与近代的目录学史。

因起潜师的一再奖掖推荐，华东师大出版社又一次接受了拙稿。鸣谢感激之余，自觉更应谨慎行事。于是才节取全稿中相对成熟的私家藏书目录部分，复加整理，交稿梓印。拙稿取目录之目录的传统形式编写，各篇内容也基本按藏撰者传略、书目编例特点和学术价值的传统格局编排。如果要说有什么特点的话，那就是尽力从目录学发展的角度去考察各书目纵向和横向之间的联系，以求让清代与近代私家藏书目录的学术发展轨迹隐约其中。当然，这只是笔者的一厢之愿，是否能体现出来，当由方家评说。书目择要的标准，大致取学术性和资料性两个方面，自然亦难免挂一漏万，敬请广大读者不吝指正。

后记至此，不禁忆及十余年前离开上海图书馆时，起潜师为我书赠条幅，于边款殷殷题曰："佐之同志，致力目录之学，辨章学术，考镜源流，坚持数年，收效必宏。"呜呼，十余年光阴匆匆，似白驹过隙。弟子不敏，学业无进，深负恩师教诲期望，唯此小小芹献，聊补歉疚之心。

最后，谨再次深深感谢起潜、景郑师为本书题签。尤为难得的是，起潜师在百忙中扶病为本书赐序。师恩如山，只能补报于来日。

严佐之

1993 年 6 月记于华东师大古籍所

再版后记

崇文书局新编"古典·新知"丛书，幸承不弃，将拙著《近三百年古籍目录举要》收纳其中，这等好事，自是我万万没想到的。责编老师嘱我写篇再版后记，我当然不敢怠慢，但除了鸣谢感激，一时却不知该写些什么才是。想了想，要不就顺着初版《后记》的几句话，申述其中言而未尽的意思。

先说"书目是古籍整理工作者必不可少的锁钥"一句，那是起潜先生一再强调的。此话瞿凤起先生也说过，他曾风趣地用钥匙开锁来比喻潘景郑先生对书目之熟，说："我们这里，要数潘先生身上钥匙最多。他腰眼里挂着一大串钥匙，这把钥匙打不开门锁，就另换一把，那把也打不开，就再换一把，总有一把打得开。"古籍目录，尤其是版本目录的"锁钥"之用，可谓大矣。无论古籍编目鉴定，抑或整理研究，都需要懂得版本目录、熟悉版本目录。黄永年先生十分重视版本目录，并有其独特的见解。他定义版本目录为"版本的目录，即各种古籍各自有哪些版本以及版本的渊源和善否的关系的目录"，认为"这是古籍版本学的又一个重要组成部分"。他还现身说法，给大家说了个故事："在琉璃厂和其他经营古籍的旧书店里流传的关于我的'神话'。这就是说我在旧书店买书时，从不用把书从架上取下来翻看，只要从架上看一眼书根，就可以说出是什么时候的什么刻本，好像我有什么'特异功能'似的。其实我哪有什么'特异功能'，我也不相信真有什么透过外封可以看到内容之类的所谓'特异功能'。这无非是我旧书见得多一些，版本目录比别人熟一些，一看挂着的书名标签，就记得此书有哪几种刻本再从书根的黄白新旧，就可判断此书是明刻白棉纸本或清初毛太纸本，或者其他什么刻本什么纸印本，如此而已，岂有他哉！"上述引文皆摘自黄先生《古籍版本学》，之所以逐录不嫌其烦，是因为拙著所举各种古籍目录，亦皆属版本目录，故特借黄公之言，以明拙著"锁钥"之用。

又"拙稿取目录之目录的传统形式编写"一句。所谓"目录之目录"就是专收书目的书目。清末周贞亮、李之鼎编撰的《书目举要》，是最早的"目录之目录"，其将历代书目分成十一类，"藏书"乃其中一类。日本书志学家长泽规矩也编撰的《中国版本目录学书籍解题》也是"目录之目录"，其下细分十八类，"家藏"乃其中之一。又民国初《国立北平图书馆书目（目录类）》之"图书目录"部分，下分"著录"、"收藏"二大类，"收藏类"下再分"公藏"、"私藏"、"图书馆书目"三属。此所谓"家藏""私藏"，非通常说的某家私藏目录，而是特指综录诸家私藏目录的书目，属于目录学书目类型中的专科目录。是"目录之目录"由来已久，谓之传统形式，宜不为过。拙著列举近三百年私家藏书要目，"每一书目皆作提要"，故亦当作如是观。

再一句是"书目择要的标准，大致取学术性和资料性两个方面"，说的是拙著选目举要的两条标准，也是我通常考察、评判私藏书目之价值的两项基本原则。学术性主要是看其如何分类、如何编目，图书分类是否与以往书目有所不同、有所创意，编目体制用的是简目还是题跋记还是书志，有否进步、有否创例。资料性是看其收录图书版本情况如何，不只是数量多少问题，更在于品种的丰富性、多样性或特殊性与否，如所收皆宋元版书或明版书，多抄校稿本或名家题跋本，多未见之书或专门之书等。考察、评估书目的目录学文献价值，须学术性与资料性二者兼顾合观。如《孙氏祠堂书目》是孙星衍为其置存于家族祠堂的藏书编制的目录，专供宗族子弟读书之用，所收大多常用书、通行本，资料性很是一般。但采用的图书分类和编目体制皆与众不同，是一部兼有导读、推荐书目性质的藏书目录，在清代藏书目录史上堪称奇葩一朵，论学术性则非同一般。如徐乾学《传世楼书目》《传是楼宋元本书目》，著录简单至极，分类繁琐最甚，学术性显然不高。但徐氏藏书与钱谦益绛云楼烬余书藏一脉相承，是清代藏书源流中的重要环节，则其资料性之重要亦显而可见。

拙著初版至今已有三十余年，古典目录学发展突飞猛进，对私家藏书楼及其书目的研究，尤其令人瞩目。拙著涉及的近三百年古籍目录，绝大多数都有后出转精的研究成果，则其相形见绌，实非一丁半点。只是拙著取"目录之目录"之传统体式，以"学术性""资料性"为要素互作纵向横向比较，使有清一代私藏"版本目录"的学术发展轨迹得以隐约其中，体现了目录学"辨章学术，考镜源流"的功能与意义，是虽时至今日，似仍有阅读参考的价值。

为尊重历史，经与责编老师商定，此次再版对原书内容结构、观点表述不作任何修改，一切保持原貌，但于旧版文字错讹处，则下功夫仔细核对，一一订正。在校对过程中，发现旧版失校，严重至极，不禁羞赧汗下。兹特向购读旧版拙著的学友，致以深深歉意。

　　后记至此，还是要为自己三十年前旧著的再世，谨向崇文书局表达衷心谢忱！

严佐之

2025 年 4 月于上海

图书在版编目（CIP）数据

近三百年古籍目录举要 / 严佐之著. -- 武汉：崇
文书局，2025. 7. -- ISBN 978-7-5403-7735-9

Ⅰ . Z838

中国国家版本馆 CIP 数据核字第 2024HK6397 号

近三百年古籍目录举要
JIN SANBAINIAN GUJI MULU JUYAO

丛　　书　古典·新起
策　　划　李艳丽
责任编辑　李艳丽
封面设计　甘淑媛
责任校对　郭晓敏
责任印制　邵雨奇
出版发行　长江出版传媒｜崇文书局
地　　址　武汉市雄楚大街 268 号 C 座 11 层
电　　话　（027）87679712　　邮政编码　430070
印　　刷　湖北恒泰印务有限公司
开　　本　880mm×1230mm　1/32
印　　张　9.375
字　　数　210 千
版　　次　2025 年 7 月第 1 版
印　　次　2025 年 7 月第 1 次印刷
定　　价　96.00 元